YOU & ME

Ein neues halbes Leben

Any Cherubim

Er trat auf mich zu, strich eine Träne aus meinem Gesicht. „Ich will dir niemals wehtun, aber es ist schwer, weil ich weiß, dass ich keine andere Wahl habe."

Die Zeit läuft. Liam ist nicht aufzuhalten – sein Plan steht. Lisa muss das verhindern und bricht bei ihm ein – in seine Wohnung und in sein Herz.

Dabei entdeckt sie die grausame Vergangenheit und eine schreckliche Zukunft. Sie verlieben sich, doch Liam und Lisa dürfen das niemals zulassen – zu schmutzig ist ihre gemeinsame Geschichte.
Der Leser wird sich wünschen, die beiden hätten sich zu einer anderen Zeit oder in einer besseren Welt kennengelernt.

For Shelly
Friends are Friends forever

Prolog

Sieben Monate zuvor ...

»Sie können bei mir mitfahren. Zu unserer Werkstatt ist es nicht weit«, sagte der Fahrer vom Abschleppdienst, während er die Auffahrrampe per Knopfdruck wieder hochfahren ließ.

Etwas nervös kletterte ich in den Schlepper. Bis jetzt hatte mein Plan funktioniert und der Mann schöpfte keinen Verdacht. Er stieg neben mir ein und startete den Motor.

Es war wirklich nicht weit bis nach Ghent, dem verschlafenen Nest mitten im Nirgendwo. Aber wenn Aidan mir sein Auto nicht ausgeliehen hätte, dann wäre mein Vorhaben allein schon an der Strecke von New York City nach Ghent gescheitert. Ich vermisste mein altes Auto, das ich leider verkaufen musste.

»Sie sind nicht von hier, oder?«, wollte er wissen, als wir die Landstraße entlangfuhren.

»Äh, nein. Ich komme aus New York.«

»Und wo wollen Sie hin?«

»Nach Claremont. Ich besuche da jemanden«, sagte ich und war froh, auf all seine Fragen eine Antwort parat zu haben. Vorbereitung und Organisation waren eben alles.

»Dann haben Sie ja Glück. Auf der Strecke gibt es nicht sehr viele Werkstätten.« Er wischte sich den Schweiß von der Stirn und nahm dabei seine Schildmütze ab. Lichtes, graues Haar und eine Halbglatze kamen zum Vorschein. »Jetzt hoffe ich nur, dass Alex noch einen Ersatzreifen hat.«

Das hoffte ich auch, aber selbst wenn nicht, wäre das

kein Beinbruch. Wichtig war, in die Werkstatt zu kommen und seinen Sohn zu sehen.
Auf dem Armaturenbrett herrschte ein Durcheinander. Papier, ein Schraubenzieher, weiteres Werkzeug, bei dem ich keine Ahnung hatte, wofür man es gebrauchen konnte, und allerlei andere Dinge lagen unordentlich über die gesamte Breite verteilt. Mum mit ihrem Sauberkeitsfimmel hätte hier sofort aufgeräumt.
Er schaltete das Radio ein. »Ich hoffe, ein wenig Musik stört Sie nicht.«
»Nein, nur zu!«
Musik ertönte in der Fahrerkabine und erst jetzt entdeckte ich ein Foto auf dem Armaturenbrett, welches schon etwas mitgenommen aussah.
Zwei Teenager lachten in die Kamera. Sie sahen glücklich und unbeschwert aus. Natürlich wusste ich, wer die beiden waren. Alexander und Jess Holding – seine Kinder.
»Wie heißen Sie?«, lockte er mich aus meinen Gedanken.
»Green, Lisa Green. Nennen Sie mich einfach Lisa.« Ich lächelte ihm zu.
»Okay, Lisa. Falls mein Sohn den Reifen nicht vorrätig hat, dann können Sie in Magrets kleiner Pension übernachten. Spätestens morgen sollte der Reifen dann montiert sein.«
Damit hatte ich schon gerechnet. Es war Wochenende und Neil hatte mir freigegeben. Endlich hatte sich mal eine Gelegenheit geboten, meine Überstunden abzubauen.
Ich nickte einverstanden. »Sind das Ihre Kinder, Mr. ...?«
»Holding, aber sagen Sie Ben zu mir.« Er grinste. »Und

ja, das sind meine Kinder. Da waren sie jünger. Inzwischen hat mein Sohn Alex die Werkstatt übernommen und wohnt zusammen mit seiner zukünftigen Frau Melissa bei mir. Jess studiert.« Stolz schwang in seiner Stimme mit.
Ich wunderte mich, wie freizügig er solche privaten Details erzählte. Schweigend fuhren wir am Ortsschild Ghent vorbei und ab jetzt war es wichtig, mit Fingerspitzengefühl an die ganze Sache heranzugehen.
Ben lenkte den Schlepper in eine Hofeinfahrt. In großen Buchstaben stand der Name Holding über der Werkstatt. Ein paar Autos standen verlassen auf dem Hof und Ben wirbelte ein wenig Staub auf, als er neben dem Gebäude abbremste.
»So, da wären wir. Ich mache mich sofort an die Arbeit.«
Wir stiegen aus, und während Ben mein Auto vom Schlepper ließ, sah ich mich um. Aidan würde mir wahrscheinlich den Hals umdrehen, wenn er von der absichtlich herbeigeführten Panne erfahren würde. Bei dem Gedanken an sein entsetztes Gesicht grinste ich.
Aus der Werkstatt ertönte ein Countrysong und die Motorhaube eines Cabriolets stand offen.
»Du bist wunderschön, Mel!«
»Du findest mich schön? Also wirklich, Alex! Entweder brauchst du dringend eine Brille oder du verwechselst „schön“ mit „fett“!«
»So ein Unfug! Für mich bist du die schönste Frau auf der Welt. Ganz ehrlich!«
Ich trat näher. Dann hörte ich Gekicher, ein lautes Schmatzen und kurz darauf ein leises Stöhnen.
»Nicht hier, Alex. Dein Vater ist doch gerade gekommen und ich will nicht, dass er ...«

Ups! Wie immer war mein Timing perfekt. Ich schaffte es mal wieder, in die unmöglichsten Situationen zu stolpern.
Ich war total aufgeregt und mein Gewissen meldete sich, was ich gleich abzustellen versuchte.
Jetzt stand ich nur noch ein paar Schritte von Alexander Holding entfernt, während mein Herz zerspringen wollte.
Ich räusperte mich. »Äh, hallo?«
Ein Männerkopf erschien. »Oh, entschuldigen Sie bitte.«
Ein junger Mann erhob sich und stieg aus dem Auto aus. Er hatte blondes, etwas durcheinander gewirbeltes Haar. Hektisch ordnete er es und lächelte dabei peinlich berührt.
Er hatte sich nicht sehr viel verändert. Er war lediglich erwachsen geworden. Sein blauer Overall stand bis zum Bauchnabel offen, ein paar Brusthaare schauten hervor. Er zog den Reißverschluss zu.
Sofort fielen mir die kleinen Narben auf seinem linken Handgelenk auf. Als er meinen Blick bemerkte, legte er seine Hände hinter den Rücken.
Er lächelte mich aber dennoch freundlich an. Ich sollte etwas sagen, sonst würde es unangenehm werden.
»Hi. Ich hatte eine Reifenpanne und Ihr Vater hat mich von der Landstraße aufgegabelt, da ich leider keinen Ersatzreifen dabei hatte.«
Jetzt kam auch die junge Frau zum Vorschein. Sie war hübsch. Ihr langes, braunes Haar hatte sie zu einem Pferdeschwanz zusammengebunden. Ihre Wangen waren leicht gerötet. Mein Blick wanderte zu ihrem Bauch und vor Überraschung bekam ich keinen Ton heraus. Sie war schwanger. Siebter Monat, vielleicht

auch schon weiter. Mit Schwangerschaften kannte ich mich nicht aus, aber ihr dicker Bauch war deutlich sichtbar.
»Okay, dann lassen Sie uns mal Ihren Wagen ansehen«, unterbrach er die Stille.
Er drehte sich zu ihr. »Pause beendet, Schatz.«
»Sieht ganz so aus«, sagte sie lächelnd, nickte mir zu und verschwand durch eine Tür im Inneren der Werkstatt.
»Dann wollen wir mal sehen, wo genau das Problem liegt«, meinte er und lief an mir vorbei – ich ihm hinterher. Irgendwie hatte ich mir unsere erste Begegnung anders vorgestellt. Ich war gut vorbereitet, aber die Tatsache, dass er bald Vater werden würde, erschütterte mich. Es brachte mich so durcheinander, dass ich mich nicht traute, nach den Briefen zu fragen. Ein Baby! Verdammt! Ratlos sah ich zu, wie er zu meinem Wagen ging. Meine Hände ballten sich zu Fäusten und meine Nägel bohrten sich in mein Fleisch. Ich schluckte, schloss meine Augen und riss mich zusammen.
Es war eine blöde Idee gewesen, hierher zu kommen. Vielleicht hatte Alex die Vergangenheit hinter sich gelassen, die Sache vergessen und ein für alle Mal damit abgeschlossen?
Er schien glücklich, er würde Vater werden. Ich wollte nicht diejenige sein, die die Schatten unserer Vergangenheit wieder ins Licht zerrte.
»Mrs. Green? Sie haben Glück. In einer halben Stunde können Sie Ihre Fahrt fortsetzen.«
Ich zuckte zusammen, als mich sein Vater aus meinen Gedanken riss. Ich nickte ihm zu und fasste den Entschluss, Alex wenigstens unauffällig ein paar

wichtige Informationen zu hinterlassen, damit er nicht völlig aus allen Wolken fiel, wenn er es erfahren würde.

Kapitel 1

Lisa

Heiß und stickig spürte ich seine sanfte Stimme an meinem Ohr. Er hielt mich im Arm, wiegte mich wie ein Baby hin und her. Mein Herz raste und mein Blut pulsierte, während er leise auf mich einredete. Ich schmeckte Blut, vermischt mit Tränen. Mein Nacken brannte wie Feuer und in der Luft hing der Geruch von verkohltem Fleisch – meinem Fleisch.
Es waren fürchterliche Schmerzen – körperlich wie seelisch. Nichts vermochte sie zu lindern, außer vielleicht der Tod.
Es waren grausame, schreckliche Bilder, die ich nicht vergessen konnte. Unweigerlich tauchten sie aus dem Nichts auf. Ich war in ihnen gefangen, konnte alles erneut fühlen. Verzweifelt versuchte ich, sie von mir zu drängen, sie so klein wie möglich zu halten – doch ich war machtlos, durchlebte immer wieder das gleiche Szenario.
Jemand räusperte sich. »Mrs. Green?«
Mit aller Kraft stieß ich die Erinnerungen von mir. Meine Hände ballten sich zu Fäusten, ich schluckte meine aufkommenden Tränen herunter und zwang mich, aufzusehen.
Ein schlanker Typ mit Schlapphut und Trenchcoat riss mich aus meinen Gedanken. Er war vom Regen durchnässt.
Es tat gut, in dieses fremde Gesicht zu blicken. Dadurch wusste ich, dass es vorbei und ich in Sicherheit war. In diesem Augenblick war ich ihm so dankbar! Mit seinem

Auftauchen beendete er diesen Albtraum und ich war wieder in der Gegenwart, in New York, mitten in Manhattan, in einem kleinen Restaurant, in dem ich mit dem Typen verabredet war.
»Sind Sie Mr. Barlow?«
Er nickte, schob einen Stuhl zurück und setzte sich.
»Es tut mir leid, dass es etwas länger gedauert hat. Diesmal haben wir ihn gefunden.« Er zog einen weißen Umschlag heraus und legte ihn auf den Tisch. Langsam schob er ihn mir entgegen.
Mein Magen flatterte, ich konnte meinen Blick nicht von dem Briefkuvert abwenden. Würde ich jetzt endlich eine Antwort auf meine Fragen erhalten?
Meine Finger griffen nach dem Umschlag und öffneten ihn.
Mr. Barlow lehnte sich zurück und gab mir Zeit, den Inhalt durchzusehen.
Es waren Fotos, sie zeigten einen jungen Mann. Mein Herz raste, als ich ihn mir genauer ansah.
Er hatte dunkle, kurze Haare und ein hübsches Gesicht. Er trug ein weißes T-Shirt und ausgeblichene Jeans. Unter den Ärmeln seines Shirts ragten Tattoos hervor, genau erkennen konnte ich die schwarzen Tribals jedoch nicht. Er schien viel Sport zu treiben, war muskulös und breit gebaut.
Auf einem der Abzüge lächelte er, es war ein schönes Lächeln, welches sein ganzes Gesicht einnahm – nur seine braunen, dunklen Augen blieben geheimnisvoll. Ich wusste, was er zu verbergen versuchte.
Die Bilder zeigten ihn in einer Bar, er stand dort hinter dem Tresen und wusste nicht, dass er fotografiert wurde.
»Sein Name ist Liam Norris. Er arbeitet in einer Kneipe

namens Maboo, nicht weit vom Central Park, auf der Upper Eastside. Er lebt allein«, sagte Mr. Barlow.
»Ich kenne das Maboo«, murmelte ich und betrachtete sorgfältig alle Fotos.
Eine Kellnerin trat an unseren Tisch und zückte ihren Bestellblock.
»Äh ... für mich nichts, danke!«, winkte Mr. Barlow ab und sah mich erwartungsvoll an, während die Kellnerin mürrisch verschwand.
»Oh, natürlich!« Der Privatdetektiv wartete auf sein Geld. Schnell steckte ich die Bilder in das Kuvert zurück und verstaute dieses in meiner Handtasche. Dabei zog ich meinen Umschlag heraus und schob ihn Mr. Barlow zu. Viele Monate hatte ich meine Trinkgelder zusammengespart, um an diese Informationen zu gelangen. »Ist alles drin. Ich habe es mehrfach gezählt. Sie können gerne nachsehen.«
»Ich vertraue Ihnen«, sagte er, nahm den Umschlag an sich und steckte ihn in die Innentasche seines Trenchcoats. »Vielen Dank. Wenn Sie unsere Hilfe wieder einmal benötigen, dann ...«
»... dann melde ich mich«, vervollständigte ich seinen Satz. Er erhob sich, nickte mir grüßend zu und verließ das Restaurant. Vom Fenster aus sah ich ihm nach, wie er in den Regen verschwand.
Liam Norris. Er arbeitete also im Maboo. Mit Hannah war ich schon einmal dort gewesen. Es war ein komisches Gefühl, ihm so nahe gewesen zu sein, ohne es gewusst zu haben.
Liam Norris. Das war nicht sein richtiger Name, so, wie Lisa Green nicht meiner war.
Ich wollte meinen wahren Namen in New York nicht behalten, konnte ihn nicht ertragen. Es gab zu viele

Menschen, denen sich mein wahrer Nachname ins Gedächtnis gebrannt hatte. Mit Lisa Green konnte ich in New York leben, niemand würde mich erkennen und so konnte ich mich ungestört auf die Suche nach ihm – Liam Norris – machen.

Kapitel 2

Lisa

Es war niemals leicht gewesen, Laura Melory zu sein. Ein Teil meiner Seele war zersprungen und mein Herz war an dieser Sache zerborsten.
Zu Hause in Little Falls kannten alle meinen richtigen Namen – und meine Vergangenheit. Dort war ich aufgewachsen, hatte eine unbeschwerte Kindheit und eine glückliche Familie gehabt. Bis zu dem Tag, an dem sich unser ganzes Leben verändert hatte.
Eine unsichtbare Barriere war zwischen den Mädchen in meiner Klasse, den Menschen in Little Falls und meiner Familie entstanden. Niemand gab mir die Schuld, aber ich wusste, dass alle über mich sprachen und schnell ein Lächeln aufsetzten, sobald ich ihre Blicke bemerkte.
Ich hatte tausend Fragen, auf die niemand eine Antwort wusste – selbst Mum nicht. Sie wollte nicht darüber sprechen, schwieg von dem Tage an, an dem man ihn verurteilt hatte.
Sie versuchte stark zu sein und mir Halt zu geben. Oft hörte ich, wie sie in die Kissen weinte.
Ich träumte davon, fortzugehen, alles hinter mir zu lassen und ein anonymes Leben zu führen.
Schließlich hielt ich es nicht mehr länger aus. Ich musste raus, sehnte mich nach der Ferne, die mich alles vergessen lassen könnte.
Mir konnte niemand helfen, egal, wie viele Stunden Mum mich in eine Therapie steckte. Ich war nicht fähig, ein normales Leben zu führen, und je älter ich

wurde, desto schlimmer fühlte ich mich.
Der Tag, an dem ich nach New York zog, war für Mum schlimm. Sie glaubte, versagt zu haben, meinte, ich würde sie verlassen. Anfangs versuchte sie, mir die Idee von einem Architekturstudium in dieser riesigen Stadt auszureden. Sie hatte Angst um mich. New York war groß und ich allein.
Aber als ich im Briefkasten die Teilstipendiums-Zusage fand, war ich fasziniert von der Vorstellung, endlich jemand anderes zu sein. Dort war ich eine von vielen – Lisa Green, Studentin, Kellnerin – und frei. Etwas Neues würde beginnen.
Ich schnitt mein dunkles Haar, färbte es hellblond, änderte meinen Kleidungsstil und meinen Namen. Ich fühlte mich wie ein neuer Mensch. Wenn ich in den Spiegel sah, erkannte ich mich kaum wieder. Genau diese Veränderungen machten mein Leben in New York leicht. Little Falls hinter mir zu lassen, war das Beste, was ich je getan hatte. Ich war sicher, dass der »Skinburner von Little Falls« mich hier niemals finden könnte.

***

Es war kurz vor Mitternacht, als ich die Straße zum Maboo entlanglief. Von weitem strahlte mir die Beleuchtung des Clubs entgegen. Ich war nervöser als sonst, denn heute würde ich Liam folgen.
Nachdem der Privatdetektiv mir endlich die Bilder gegeben hatte, brauchte ich einen ganzen Monat, um meinen Mut und meine Entschlossenheit wiederzufinden. Leider war Liam in der Zwischenzeit umgezogen. Bei der Adresse, die der Privatdetektiv mir

gegeben hatte, war er nicht mehr anzutreffen. Erst letzte Woche hatte ich Liam das erste Mal aufgesucht und ihn heimlich beobachtet. Seitdem tat ich das öfters, um herauszufinden, wo er nun wohnte.
Im Halbdunkeln blieb ich direkt auf der anderen Straßenseite stehen. Das schäbige Gefühl, ihn wie eine Stalkerin zu beobachten, musste ich abschütteln und überquerte die Straße. Sein Gesicht hatte sich in mein Gedächtnis gebrannt und ich war mir sicher, ihn unter Tausenden von Männern erkennen zu können.
Eine Weile blieb ich an der Hausmauer vom Maboo stehen. Leute gingen an mir vorbei, achteten nicht auf mich.
Auf Zehenspitzen blickte ich durch das Fenster der Bar, das durch die Wärme von innen leicht beschlagen war. Das Licht war gedämmt und der Bass dröhnte in meiner Brust. Wie erwartet war das Maboo auch an diesem Freitagabend gut besucht.
Der Wind wehte eisige Luft durch die Straße, meine Finger waren schon ganz rot vor Kälte und meine Zehen konnte ich kaum noch spüren. Meine Güte! Ich würde mir den Tod holen, und gerade jetzt konnte ich mir eine Erkältung wegen des Studiums nicht leisten. Aber meine Enttäuschung darüber, dass ich ihn noch nicht entdeckt hatte, ließ mich weiter ausharren.
Und dann konnte ich ihn für einen kurzen Moment sehen. Er stand hinter dem Tresen und unterhielt sich mit einer jungen Frau.
In den letzten Tagen, während ich ihn beobachtet hatte, war mir klar geworden, dass er kein Kind von Traurigkeit war. Oft wurde er von jungen Frauen begleitet, die es eindeutig auf ihn abgesehen hatten.
In ein paar Minuten müsste er Feierabend haben und

mit ein bisschen Glück würde er sein Spielzeug für die Nacht mit nach Hause nehmen. Ungestört könnte ich ihm dann folgen und so herausfinden, wo er wohnte. Vorsichtig sah ich mich um und versteckte mich hinter einem Müllcontainer am Hintereingang vom Maboo. Hier roch es wirklich eklig, aber wenn ich Liam unbemerkt folgen wollte, dann musste ich diesen Gestank aushalten.
Nach ein paar Minuten öffnete sich die Hintertür, ein Typ mit blonden Haaren trat heraus und zündete sich eine Zigarette an. Nachdenklich blies er den Rauch in den Nachthimmel.
Auch ihn hatte ich schon öfters hier, in der Bar gesehen und ich vermutete, dass ihm der Club gehörte.
Ein weiteres Mal glitt die Tür auf und Liam erschien. Er zog seine Lederjacke an und versuchte, die Kälte zu vertreiben, er pustete in seine Hände. Doch wo war die Frau, die ich bei ihm gesehen hatte? Wollte er etwa die Nacht heute alleine verbringen? Falls dies sein Plan war, dann würde er damit meinen durcheinanderbringen.
»Alles klar, Liam?«, fragte der Typ und drückte seine Zigarette auf dem Teerboden aus. »Wo ist die Kleine?«
»Ich hab sie nach Hause geschickt«, antwortete Liam. Seine Stimme klang angenehm tief und ein sanfter Unterton schwang mit, der mir eine Gänsehaut bescherte.
Der Typ lachte. »Auch der mächtigste Stier braucht mal eine Pause.«
»Du sagst es«, lachte Liam, klopfte ihm auf die Schulter und machte sich auf den Weg.
»Bis morgen!«
Mein Blick folgte ihm, Meter für Meter entfernte er

sich. Ich saß fest. Der Typ sah ihm hinterher und drehte sich nur langsam zum Eingang, Liam war schon fast außer Sichtweite.
Die Tür fiel hinter dem Typen ins Schloss und ich rannte los. Hoffentlich hatte ich ihn jetzt nicht verloren!
Als ich die Hauptstraße erreichte, blickte ich nach allen Seiten und konnte ihn gerade noch zwischen ein paar Leuten entdecken. Ich beeilte mich und holte auf.
Ein wenig außer Atem verlangsamte ich meine Schritte, schließlich wollte ich nicht auffallen. Mit einem größeren Abstand folgte ich ihm Richtung Port Morris. Wo in aller Welt wollte er hin?
Wir verließen das von Nachtschwärmern belebte Viertel, somit war ich gezwungen, den Abstand zwischen uns wieder zu vergrößern, damit er mich nicht bemerkte.
Nach weiteren Minuten betrat Liam ein Flachdachgebäude. Auf einem Schild stand:

»Mendez Fleischfabrik«

Was wollte er denn hier?
Ich lief die Seitenstraße entlang, bis ich auf den großen Hof blicken konnte. Es war mehr eine Lagerhalle. Gabelstapler beluden Lastwagen auf der anderen Seite der Halle und ein paar Männer schleppten schwere Säcke. Ich war mir nicht sicher, aber ich glaubte, Liam darunter zu erkennen.
Ich versuchte, näher heranzukommen. Schließlich gelangte ich an einen Zaun, der das Grundstück dieser Firma begrenzte und mir den weiteren Zutritt versperrte. Ich versteckte mich hinter einem Container, die Gefahr, entdeckt zu werden, war groß, denn nicht weit von mir entfernt war Liam. Seine Lederjacke hatte

er ausgezogen und nur in T-Shirt und Jeans half er, Säcke abzuladen.
Ich fröstelte bei seinem Anblick. Er schuftete wie ein Verrückter. Kein Wunder, dass ihm heiß war.
Eine Weile sah ich ihm noch dabei zu, beschloss aber dann, es für heute gut sein zu lassen, und machte mich auf den Rückweg.

***

Die nächtlichen Touren machten sich langsam unter meinen Augen bemerkbar und morgens kam ich immer schlechter aus den Federn. Zweimal war ich diese Woche schon zu spät zu meinem Kurs erschienen, was mir Sorgenfalten von Aidan und missbilligende Blicke von meinen Professoren einbrachte.
Leise betrat ich den Hörsaal und huschte schnell zu meinem Platz. Ich war so froh, dass Prof. Waterly seinen Vortrag nicht unterbrach, sondern mein Erscheinen einfach ignorierte.
»Das ist nicht dein Ernst, Lisa«, flüsterte mir Aidan zu, als ich mich leise neben ihn setzte. »Schon wieder? Ich glaube, du schuldest mir eine Erklärung.«
Ich zog die Unterlagen aus meiner Tasche und hielt mitten in der Bewegung inne. »Wir sind kein Paar, Aidan. Also lass mich in Frieden, okay?« Ich richtete meinen Blick nach vorne zum Professor und versuchte, dem heutigen Thema zu folgen. Allerdings hinderte mich Aidan daran, aufmerksam den Worten von Prof. Waterly zu folgen.
»Ich meine es ernst. Was ist los mit dir? Du benimmst dich wirklich merkwürdig.«
Das Letzte, was ich wollte, war, Aidan zu belügen. Je

weniger er wusste, desto besser.
»Nicht jetzt, okay?«
Lange ruhten seine Augen auf mir, dann gab er sich endlich geschlagen und sah wieder nach vorne. Aber ich wusste, spätestens nach dem Kurs würde ich ihm Rede und Antwort stehen müssen.
Prof. Waterly mühte sich noch die restlichen Minuten ab und ich musste leider erkennen, dass ich mir den morgendlichen Stress hätte sparen können. Ich kam kaum mit und verstand ehrlich gesagt nur Bahnhof.
Aidan packte seine Sachen zusammen und verließ nach dem Kurs den Saal. Eilig schnappte ich meine Tasche und lief ihm hinterher. »Aidan, warte!«, rief ich. Doch ich wusste genau, dass er sauer auf mich war. Natürlich hielt er nicht an.
»Mrs. Green? Hätten Sie kurz eine Minute?« Prof. Waterly stand vor dem Pult und sah mich ruhig und abwartend an.
Ich ließ die Schultern hängen. Enttäuscht und angespannt ging ich zu ihm.
»Ich weiß ... «, begann ich, als er seinen Mund öffnete und mit der Predigt anfangen wollte.
»Das glaube ich kaum, Mrs. Green.« Damit brachte er mich zum Schweigen.
»Ganz egal, was bei Ihnen gerade nicht stimmt, wenn Sie noch einmal meinen Kurs durch Ihr Zuspätkommen stören, werfe ich Sie raus. Haben Sie mich verstanden?«
»Ja, Sir!« Tausend Ausreden lagen mir auf der Zunge, doch sein strenger Blick vernichtete jede Notlüge.
Er nickte und signalisierte mir damit, dass unser Gespräch beendet war. Ich wollte gerade durch die Tür verschwinden, da rief er mich noch einmal.

»Ach, Mrs. Green?«
»Ja?«
»Nehmen Sie Ihr Studium wieder auf und konzentrieren Sie sich auf das Wesentliche. Sonst werden Sie nicht mehr lange ein Mitglied dieser Akademie sein.«
Puh, ich steckte wirklich in Schwierigkeiten!
Eilig machte ich mich auf den Weg zur Mensa. Mit einem Salat und einem Brötchen setzte ich mich an den Tisch, an dem Aidan und ich immer saßen.
Aidan blieb auch beim Mittagessen still. Er antwortete nur, wenn ich ihn etwas fragte.
Ich schob den Teller von mir. Der Appetit war mir vergangen. Wie groß würde mein schlechtes Gewissen noch werden? Ich mochte ihn, er war wirklich ein Freund.
Als ich damals an die Uni kam, freundeten wir uns schnell an, auch wenn es für mich neu und fremd war, ständig jemanden an meiner Seite zu haben, mit dem ich hauptsächlich über alltägliche Dinge sprechen konnte.
Er half mir beim Lernen und verbrachte mehr Zeit mit mir, als gut für ihn gewesen wäre. Wenn er meine wahre Identität kennen würde, würde er sich von mir zurückziehen und mich anstarren, wie alle anderen in Little Falls es bisher getan hatten. Allein der Gedanke daran schmerzte und deshalb war es wichtig, dass niemand jemals die Wahrheit erfuhr.
»Es tut mir leid«, versuchte ich ihn wieder versöhnlich zu stimmen.
Er sah auf, aber an mir vorbei. »Weißt du, ich bin nicht irgendjemand. Eigentlich dachte ich, wir sind Freunde. Und Freunde erzählen sich doch alles, oder?«

»Wir sind Freunde«, bestätigte ich mit Nachdruck.
»Davon bemerke ich aber nicht viel. Jedes Mal, wenn ich anrufe, erwische ich nur den Anrufbeantworter. Du rufst nie zurück. Ich leihe dir mein Auto und du erzählst mir noch nicht einmal, was du vorhast. Alle meine Einladungen lehnst du ab und du scheinst mehr Nächte unterwegs zu sein, als dir gut tun. Du kannst mir ehrlich sagen, wenn du jemanden kennengelernt hast.«
Ich senkte meinen Blick und fühlte mich schuldig. Er hatte recht. Ich war wirklich nicht fair zu ihm, aber ich hatte keine andere Wahl. Fieberhaft überlegte ich, wie ich es wiedergutmachen könnte.
»Nein, es ist nicht so, wie du denkst. Da ist niemand. Aber in letzter Zeit habe ich viel zu tun, verstehst du? Ich habe ein paar familiäre Probleme, über die ich nicht sprechen kann. Das alles hat nichts mit dir zu tun.«
Ich sah in sein Gesicht, hoffte, das würde ihn zufriedenstellen.
Warum hängte sich Aidan ausgerechnet an mich? Er sah gut aus, war witzig, charmant und ein einfühlsamer Typ. Eigentlich genau die Eigenschaften, die fast jede Studentin an einem Kerl suchte. Er war beliebt, wurde ständig zu irgendwelchen Partys eingeladen, hatte ganz eindeutige Angebote. Und was tat er?
Er vergeudete seine Zeit mit einer kaputten Seele wie mir.
»Na gut, dann beweise es und geh mit mir am Wochenende was trinken.«
Ich verzog den Mund und sah ihn schief an. Er würde nie aufgeben.
»Du kannst auch eine Freundin mitbringen, wenn du

dich dann wohler fühlst.«
Und jetzt fand ich es schon wieder süß, dass er nichts unversucht ließ, nur um endlich ein „Ja" von mir zu bekommen.
Ich nickte und schließlich breitete sich ein Strahlen über seinem Gesicht aus. Dann zog er einen Ordner aus seiner Tasche und kramte ein paar Blätter zusammen.
»Hier! Das solltest du nacharbeiten. Schreib es ab und bring mir die Unterlagen morgen wieder.«
Zögernd nahm ich die Papiere an mich. Ich war ihm so dankbar. Wie konnte ich das alles nur wiedergutmachen?
»Ich muss los, Süße.«
Bevor er aus meinem Blickfeld verschwand, rief ich ihm noch einmal hinterher.
»Aidan?«
Er drehte sich zu mir um.
»Danke«, formte ich tonlos.
Er zwinkerte mir lächelnd zu und ich war froh, dass sein Ärger verflogen war. Wie oft hatte er mir schon geholfen. Mir war klar, dass er sich eines Tages mehr versprach. Doch zu einer Liebesbeziehung mit ihm war ich einfach nicht fähig, auch wenn ich oft vorgab, die coole oder die selbstsichere Lisa zu sein. Im Grunde war ich Laura Melory – gebrochen und allein.

***

Zwei Stunden später stand ich nachdenklich vor meinem Briefkasten und ließ meine Gedanken zu dem Tag vor ein paar Monaten zurückwandern. Der Gang zum Briefkasten war eigentlich nichts Besonderes gewesen. Doch das sollte sich an diesem Tag ändern.

Schon der Umschlag und der Absender des Briefes, den ich aus dem Briefkasten zog, riefen Erinnerungen und alte Gefühle in mir wach, die ich mit Mühe und Not tief in mir vergraben hatte. Alles wurde wieder so präsent in meinem Kopf, dass ich scharf die Luft einsog und den Umschlag fallen ließ.
Er hatte mich ausfindig gemacht und das, obwohl er im Gefängnis saß. Bis heute fragte ich mich, wie er meine Adresse herausgefunden hatte. Niemand wusste, dass aus Laura Melory, Lisa Green geworden war, außer Tante Nancy, Mum und meinem Stiefvater Peter.
In mir zog sich alles zusammen, als ich heute ein weiteres Mal einen vertrauten Umschlag aus dem Briefkasten zog. Ich irrte mich nicht – gleicher Absender und Stempel. Ich brauchte ihn nicht zu öffnen, ich wusste auch so, welchen Inhalt er haben würde. Meine Nackenhaare stellten sich auf. Meine Gedanken spielten verrückt und ich musste ein paar Mal schlucken, bevor ich in der Lage war, den Umschlag in die Tasche zu stecken und die Stufen zu meiner Wohnung hinaufzulaufen.
Mein Anrufbeantworter leuchtete. Ich drückte auf den Abspielknopf und hörte die Nachrichten ab, während ich mich umzog.
Mimi, meine Katze, schlich dabei um meine Beine.
»Hi meine Süße!« Ich kraulte sie am Kopf, was sie besonders gerne mochte, und erkannte Tante Nancys Stimme.
»Ja, schon wieder ich. Wo steckst du denn? Und wieso meldest du dich nicht? Meine Güte! Eine Studentin wird doch noch ein wenig Zeit für ihre Tante übrig haben. Dein Job kann nicht stressiger sein als meiner!« Sie kicherte und fand den Vergleich wohl sehr witzig.

»Ende der Nachricht piiieeep!«
Ich nahm Mimi hoch und setzte mich aufs Sofa.
»Zweite neue Nachricht«: »Äh, ja, ich bin‘s. Also, entweder schläfst du noch oder bist unterwegs. Ich meld mich wieder, wenn du in ein paar Minuten nicht aufgetaucht bist.«
Ich grinste, als ich Aidans Stimme erkannte. Gleich der nächste Anruf war auch von ihm.
»Also ehrlich, Lisa. Langsam mache ich mir wirklich Sorgen um dich. Ruf mich an, ja?«
Mimi schnurrte und ich schloss für ein paar Sekunden meine Augen. Ich musste eine Entscheidung fällen.
Es waren noch genau drei Monate und acht Tage, dann würde der berühmtberüchtigte Skinburner von Little Falls freikommen und seine Rache nehmen, so, wie er es angedroht hatte.
Sein Gesicht tauchte vor meinen Augen auf. Es war mir fremd und doch so vertraut. Seine Stimme konnte ich klar und deutlich hören und die Schmerzen, die er mir körperlich und seelisch angetan hatte, waren wieder so real spürbar, dass ich mich automatisch auf dem Sofa einrollte und leise anfing zu weinen. Ich wollte einfach, dass das alles aufhörte!
Mein Nacken glühte, der Geruch nach verbrannter Haut existierte nur in meinem Kopf, doch alles fühlte sich wie damals an – das Zischen, die Glut, die den schrecklichen Schmerz verursacht hatte, als die ersten Hautschichten Blasen geworfen hatten. Der ganze Horror war wieder da, traf mich, als wäre er nie fort gewesen. Dieser Teil meines Lebens würde mich einholen.
In ein paar Monaten wäre er wieder frei und könnte das alles wieder tun – vielleicht noch Schlimmeres.

Damals hatte ich oft an den Tod gedacht. Es gab Zeiten, da glaubte ich, nur in ihm Frieden zu finden. Aber irgendwie schaffte ich es, mir meinen Lebenswillen zu erhalten.

Das Telefon riss mich aus meinen Gedanken und damit aus meiner quälenden Vergangenheit.

Für einen kurzen Augenblick erfasste mich die lähmende Angst, er könnte dran sein. Deshalb ließ ich es klingeln, bis der Anrufbeantworter ansprang.

Erleichterung durchströmte mich, als ich Hannahs Stimme erkannte.

Ich sprang auf und nahm den Hörer ab. Es tat so gut, ihre Stimme zu hören. Ich war durcheinander, unterdrückte ein Zittern.

»Hannah? Ich bin da«, sagte ich in den Hörer und wischte mir die Tränen aus dem Gesicht.

»Lisa? Endlich! Ich habe dir ein paar Nachrichten auf deinem Handy hinterlassen. Hast du deine Nummer geändert oder so?«

Erleichtert stieß ich ein Lachen aus. Sogleich waren meine dunklen Gedanken wie eine Seifenblase verpufft.

»Nein, ich hatte nur viel zu tun. Und wie läuft es bei dir?«

»Oh, ganz wunderbar.« Ihre Stimme klang überschwänglich. »Ich würde dir alles am Freitagabend bei einem Drink erzählen. Wir waren schon lange nicht mehr aus.«

»Das stimmt! Aber ich habe Aidan schon versprochen, mit ihm etwas trinken zu gehen.«

»Aidan? Na, dann bring ihn doch einfach mit. Erzähl, wie läuft es zwischen euch? Gibst du ihm endlich eine Chance?«

Ich grinste und schüttelte den Kopf.

Hannah war meine beste Freundin, die ich schon ein paar Wochen nicht mehr gesehen hatte. Ihr Leben hatte sich durch ihre große Liebe Jake sehr verändert. Bis vor kurzem hatte sie noch Probleme, aber jetzt schien sie glücklich zu sein. Sie sprudelte nur so vor Energie.
Die Unterhaltung mit ihr tat mir gut und sie schaffte es, meine Panik zu vertreiben.
Wir verabredeten uns für den kommenden Freitag, ich konnte es kaum erwarten.
Als ich das Gespräch beendet hatte, nahm ich mein Handy aus der Handtasche, dabei blickte ich auf den Briefumschlag.
Sofort wich die Unbeschwertheit, die mir Hannah kurz eingehaucht hatte. Dann schrieb ich eine Nachricht an Aidan. Bestimmt freute er sich auf unser Treffen.

Kapitel 3

Lisa

Hannah kannte mein Geheimnis nicht und das war auch gut so. Unbewusst war sie, genau wie Aidan, meine seelische Unterstützung heute Abend.
Vor dem Eingang des Maboo wartete ich auf Hannah. Allein traute ich mich nicht, den Club zu betreten – Liam würde den ganzen Abend da sein.
Wo blieb sie nur? Wollte sie nicht schon längst hier sein? Zum x-ten Mal warf ich einen Blick auf meine Armbanduhr und schritt ungeduldig auf und ab. Absichtlich vermied ich es durch das Fenster zu spähen. Ich war zu nervös. In ein paar Minuten würde ich ihn sehen, ihm direkt in die Augen blicken.
»Lisa!«, hörte ich Hannahs Stimme hinter mir und wandte mich zu ihr um. Endlich!
»Du bist ja schon da! Wartest du schon lange?« Sie umarmte mich herzlich und ich war froh, sie zu sehen. Wow! Ich war beeindruckt davon, wie sie sich verändert hatte. Ihre Augen leuchteten regelrecht, sie strahlte eine tiefe Zufriedenheit aus. Jake schien ihr wirklich gutzutun. Aus dem schüchternen, zurückhaltenden, jungen Mädchen war eine selbstbewusste und unglaublich schöne Frau geworden.
»Du bist ja völlig durchgefroren! Wieso gehst du nicht hinein?«, fragte sie vorwurfsvoll. »Deine Hände sind eiskalt.« Sie zog mich zum Eingang und öffnete die Tür. Sofort umfing uns Wärme, laute Musik und jede Menge Leute, die feierten.
Meine Wangen begannen zu brennen und langsam

kehrte ein Gefühl wieder in meine Zehen zurück. Mit klopfendem Herzen folgte ich ihr durch das Getümmel und sah mich vorsichtig nach ihm um.
»Schau, dort drüben sind noch zwei Plätze frei«, sagte Hannah und schob mich ans Ende des Tresens.
Wie selbstsicher sie geworden war! Jake, dieser Teufelskerl! Was hatte er nur aus meiner Hannah gemacht? Was es auch war, ich war ihm dankbar dafür. Sie sah glücklich aus und das von der Haarspitze bis zum kleinen Zeh.
»Guten Abend, die Damen. Ich bin Logan, was darf es sein?«
Ich erkannte ihn. Es war der Typ, dem das Maboo wohl gehörte, mit dem Liam das letzte Mal am Hintereingang, geredet hatte.
Fragend sah er abwechselnd von Hannah zu mir.
»Hallo Logan. Ich brauche etwas, was mich aufwärmt«, begann ich und hoffte, man würde meine Nervosität nicht bemerken.
»Dann vielleicht einen Hot Vanilla?«, fragte er.
»Hot? Wenn es die innere Kälte vertreibt.«
»Bestimmt! Er duftet nach Vanille und Kaffee und bekommt durch kandierte Ananas einen Vitamin-Kick. Der Brandy wärmt dich von innen auf«, erklärte er.
»Hört sich lecker an.«
»Für mich eine Cola bitte«, sagte Hannah.
Er nickte und machte sich an die Arbeit. Am Tresen stand noch ein zweiter Barmann, aber von Liam war weit und breit nichts zu sehen. Enttäuscht stieß ich meinen Atem aus. Somit hatte ich noch etwas Zeit, um mich an den Gedanken zu gewöhnen, ihm heute so nahe zu kommen wie noch nie zuvor.
»Geht es dir nicht gut?« Ich sah auf. »Was?« Hannah

sah mich sorgenvoll an. »Naja, du bist so still.«
»Mit mir ist alles in Ordnung«, versuchte ich sie abzulenken. »Jetzt erzähl schon, wie ist Roger, ähhh ... ich meine Jake so?«
Sofort fingen ihre Augen an zu leuchten, als sie von ihm zu erzählen begann.
»Ich glaube, ich war in meinem ganzen Leben noch nie so glücklich, Lisa. Es ist einfach alles so ...« Sie suchte nach den richtigen Worten.
»Perfekt?«, bot ich ihr an.
»Ja, irgendwie schon. Es ist so anders mit ihm, verstehst du? Ich will damit nicht sagen, dass es mit Matt nicht schön war, aber ...«
»Ich weiß, was du meinst«, lächelte ich. »Es ist anders mit ihm und genau so, wie du es dir immer gewünscht hast.«
»Ja, mit Jake kann ich sein, wie ich wirklich bin. Er versteht mich voll und ganz. Ich glaube, ich war noch nie einem Menschen so nahe.«
Ich freute mich aufrichtig für sie. Sie hatte es verdient, endlich glücklich zu sein.
Während sie weiter von Jake schwärmte, brachte Logan die Getränke. Als er Hannah ihre Cola reichte, zwinkerte er ihr zu.
»Hast du das gesehen?«, fragte sie mit aufgerissenen Augen, als er zur anderen Seite des Tresens lief.
Ich nippte an meinem Hot Vanilla und zuckte mit den Schultern. »Hast du in der letzten Zeit schon mal in den Spiegel geschaut?«
»Wieso?«
»Du trägst dein Haar ganz anders als früher, du schminkst dich und hast engere Klamotten an. Du bist sexy. Da ist es doch normal, dass Männer dich ansehen

und dir zuzwinkern.«
Die alte, typische Röte stieg ihr ins Gesicht, was mich schmunzeln ließ.
»Das ... das ...«, stotterte sie.
»... ist nichts, wofür du dich rechtfertigen müsstest. Du bist verliebt und dein Freund hat das alles aus dir herausgeholt. Dornröschen wurde endlich wachgeküsst.«
Ein kleines Lächeln erschien auf ihren Lippen. »Ja, so ungefähr fühle ich mich. Jake und ich ...«
Während sie begeistert von ihrer Beziehung zu Jake sprach, schweiften meine Gedanken wieder zu Liam. Bisher war meine Rechnung nicht aufgegangen. Vielleicht arbeitete er heute nicht oder überhaupt nicht mehr hier? Ich musste das so schnell wie möglich herausfinden. Normalerweise war ich nicht so zimperlich, aber in dieser Sache stand ich mir wirklich selbst im Weg.
Aber jetzt widmete ich mich meiner Freundin. Hannah und ich hatten uns eine Weile nicht gesehen, weil sie damit beschäftigt war, ihre neue Liebe zu genießen. Ich hatte für Stella ein paar Extraschichten im Café übernommen, mein Studium vernachlässigt, weil ich nebenher einen Typ stalkte. Aber davon wusste Hannah ja nichts.
Der Hot Vanilla schmeckte lecker. Schnell hatte ich das Glas geleert und spürte schon, wie der Brandy mich von innen aufwärmte. Ich sollte langsamer trinken. Ich konnte zwar einiges vertragen, doch das letzte Mal endete mein Schwips fast in einer Katastrophe. Andererseits wäre ich dann mutiger und könnte Logan über Liam ausfragen.
Noch hatte ich nicht herausgefunden, wo er wohnte,

und falls er wirklich nicht mehr im Maboo arbeiten sollte, könnte es schwer werden, das herauszufinden. Wenn ich Logan nach ihm fragen würde, würde er wahrscheinlich glauben, ich wäre eine aus Liams Harem. Ich war bestimmt nicht die Einzige, die gerne die Telefonnummer oder Adresse von Liam haben wollte.

Hm, wie könnte ich sonst an diese Information kommen? Vielleicht führte Liams Chef Buch über seine Mitarbeiter, dann bräuchte ich nur Zugang zum Büro.

»... Lisa?« Hannah fuchtelte mit ihrer Hand vor meinem Gesicht. Erschrocken sah ich zu ihr auf und wich zurück. »Was?«

Sie schüttelte den Kopf. »Du scheinst meilenweit fort zu sein. Du hörst mir ja gar nicht zu. Was ist denn los? Du kannst es mir ruhig sagen, wenn ich aufhören soll von Jake und mir zu erzählen!«

»Was? Nein, wieso?«

»Ich erzähle dir von meinem Glück und du ... du scheinst überhaupt nicht zuzuhören.«

»Entschuldige ...«, beruhigte ich sie.

»Möchtest du woanders hingehen? Wir können Aidan eine Nachricht schreiben und ihm sagen, wo wir sind«, schlug Hannah vor.

In ein anders Lokal? Scheiße! Ich war schon völlig verwirrt.

Wahrscheinlich war es das Beste, wenn ich Liam für ein paar Stunden vergaß. Ich sollte mich meiner Freundin widmen, so, wie sie es verdient hatte.

»Ja, vielleicht ist das gar keine schlechte Idee«, sagte ich und lächelte einverstanden. Ich gab Logan zu verstehen, dass wir zahlen wollten, und winkte ihn zu uns. »Moment! Ich komme sofort«, sagte er und

verschwand durch eine kleine Tür.
»Und wie geht es Nancy? Hast du sie seit unserem letzten Desaster mal wieder gesehen?« Ein Grinsen legte sich auf Hannahs Lippen und auch ich musste lächeln, als ich an die Vernissage dachte.
»Sie hat mir ein paar Mal auf den Anrufbeantworter gesprochen, aber bisher hatte ich noch keine Zeit, sie zurückzurufen. Einmal hat sie mich im Café besucht und wir haben zusammen meine Pause verbracht. Aber das ist jetzt auch schon eine Weile her, seitdem habe ich sie nicht mehr ...«
Plötzlich jubelten und applaudierten die Leute. Verwundert sahen Hannah und ich auf. Ein paar junge Frauen kreischten. Als ich den Grund dafür entdeckte, stockte mir der Atem. Ich war nicht fähig weiterzusprechen.
Da stand er, band sich eine schwarze Schürze um und begrüßte einige Gäste am Tresen. Er sah umwerfend aus. Eigentlich mochte ich Männer mit einem Drei-Tage-Bart nicht besonders, aber Liam wirkte damit unglaublich sexy. Sein Lächeln nahm das ganze Gesicht ein und bildete um seine Augen kleine Fältchen. Ein Schauer fuhr mir den Rücken hinunter und mein Mund war plötzlich staubtrocken. Ich konnte nicht anders als ihn anzustarren. Ich vergaß alles um mich herum, sah nur ihn, wie er lächelte, und doch wusste ich, dass es eine Fassade, eine Maske sein musste, die er täglich aufsetzte – genau wie ich.
»Ist dir schlecht oder so? Du bist ganz bleich!«, fragte Hannah besorgt und griff mir unter den Arm, was mich aus meiner Schockstarre riss. Ich zwang mich, meinen Blick von ihm abzuwenden.
»Nein! Mir geht es gut, wirklich!«, sagte ich leise,

nestelte verlegen in meiner Handtasche und zog ein Taschentuch heraus.
»Bist du sicher?«
»Ja, ... weißt du was? Ich habe es mir anders überlegt, wir bleiben doch.« Ich setzte ein Lächeln auf, um Hannah zu überzeugen. Sie schien darüber nachzudenken und kräuselte ihre Stirn. Mir war klar, dass mein Verhalten alles andere als normal bei ihr ankommen musste.
»Bist du sicher?«
»Ja, ich gehe kurz zur Toilette und du bestellst uns noch etwas, in Ordnung?« Skeptisch nickte sie.
Ich glitt vom Barhocker, ohne Liam ein weiteres Mal anzusehen. Die Angst aufzufallen, wenn ich ihn angaffte, war zu groß. Zum Glück hatte nur Hannah bemerkt, wie durcheinander ich war.
In der Damentoilette atmete ich erleichtert aus, stützte mich mit beiden Armen gegen das Waschbecken und blickte in den Spiegel. Ich hätte nicht gedacht, dass sein Auftauchen mich so aufwühlen würde. Ich schloss meine Augen und versuchte, mein inneres Chaos zu sortieren, bis die Tür aufging und ich nicht mehr allein war.
Okay, ich hatte mir das alles lange genug vorgestellt und nun war der Augenblick gekommen, an dem ich wirkliche Coolness zeigen musste.
Von draußen hörte ich, wie die Musik aufgedreht wurde und jemand durch ein Mikrofon sprach.
Ich richtete mein Haar, zupfte mein Shirt zurecht und kniff mir selbst in die Wangen, bis eine leichte Röte sichtbar wurde. Dann straffte ich meine Schultern und trat wieder hinaus.

***

Das Gedränge wurde dichter und Logans Stimme dröhnte aus dem Mikrofon.

»Seid ihr bereit für die Show?!« Die Leute schrien begeistert auf und applaudierten.

Was für eine Show? Ich suchte einen Weg durch das Gedränge zu meinem Platz.

»Dann laßt die Show beginnen!« Ein Popsong ertönte laut aus den Boxen, Logan verschwand und überließ Liam den Tresen.

Wieder zog er meine ganze Aufmerksamkeit auf sich. Lässig nahm er zwei Gläser und füllte sie mit crushed ice. Ein Shaker und eine Flasche flogen durch die Luft und er jonglierte beides, bis er die Flasche hinter seinen Rücken schwang und sie geschickt mit dem Shaker wieder auffing.

Wortlos setzte ich mich zu Hannah und sah ihm weiter zu.

Liam schien ganz in seinem Element zu sein. Er lavierte mit zwei Flaschen, ließ sie wie Kegel in der Luft drehen, gab ihnen nur mit seinem Ellenbogen einen Schubser, was die Leute total begeisterte.

Seine Darbietung war wirklich außergewöhnlich. So etwas hatte ich noch nie gesehen. Selbst Hannah war völlig fasziniert von seinem Können.

Seine Tricks wurden immer origineller und die Leute fotografierten und filmten ihn mit dem Handy.

Mit seiner Performance endete auch die Musik, er verbeugte sich und genoss den Applaus und die Pfiffe. Die so gezauberten Cocktails stellte er vor zwei Frauen auf die Theke. Einer von ihnen flüsterte er etwas ins Ohr, was sie kichern und rot werden ließ.

Genervt von dem Getue wandte ich mich wieder Hannah zu.
»Das war unglaublich, nicht wahr?«, rief sie überschwänglich, als ich einen Schluck von meinem Hot Vanilla trank. »Ja! Sehr spektakulär!«
Das Beste wäre, wenn sie einfach weiter von Jake und sich erzählen würde. »Wo waren wir stehen geblieben?«, fragte ich sie deshalb und sofort ging sie darauf ein und erzählte, was in den letzten Tagen und Wochen bei ihr los gewesen war. Eine Weile unterhielten wir uns und ich schaffte es, mich auf das Gespräch zu konzentrieren. Ich gewann meine alte Sicherheit zurück und fühlte mich nach ein paar Minuten wieder wohler in meiner Haut.
Okay, ich gebe zu, ich warf heimlich hin und wieder einen Blick in Liams Richtung. Er mixte Cocktails, servierte sie den Leuten und schien die weibliche Aufmerksamkeit sehr zu genießen. Das Trinkgeld, was er an einem Abend kassierte, bekam ich noch nicht mal in einer Woche zusammen. Ob er heute Abend wieder Säcke schleppen ging?
Das Dumme war, dass er zweimal meinen Blick gespürt haben musste und ebenfalls zu mir sah. Schnell wandte ich mich ab und tat so, als wäre es reiner Zufall gewesen. Beim zweiten Mal grinste er schelmisch und hielt sogar kurz mit dem Shaker inne.
»Er gefällt dir«, unterbrach Hannah meine Gedanken.
Ich sah zu ihr. »Wer?«
»Na, er!« Mit einer Kopfbewegung zeigte sie in seine Richtung.
»Quatsch!«
»Meinst du etwa, ich habe keine Augen im Kopf? Die ganze Zeit schielst du schon zu ihm.«

Mist! Es wurde immer schwieriger, ihr etwas vorzumachen.
»Er sieht sympathisch aus. Aber ich glaube, heute Abend scheint er mehr als einen Haken ausgeworfen zu haben«, meinte Hannah.
Liam ließ sich gerade von den beiden Frauen auf die Wange küssen. Offenbar verabschiedeten sie sich.
»Ja, scheint so.« Die Blondine steckte ihm einen Zettel zu.
»Schau, sie gehen. Willst du ihn ansprechen?«
»Bist du verrückt?!«, fuhr ich sie an. »Auf keinen Fall!«
Jetzt starrte mich Hannah mit einem verdutzten Gesichtsausdruck an. »So kenne ich dich ja gar nicht. Was ist denn heute los mit dir?«
Ich schluckte, fühlte mich in die Ecke gedrängt. Vielleicht war es doch eine blöde Idee gewesen, hierher zu kommen.
Verzweifelt suchte ich nach einer Ausrede, doch die passenden Worte wollten sich einfach nicht in meinem Hirn bilden.
»Noch eine Runde, Mädels?« Seine Stimme war plötzlich so nah und verursachte mir eine Gänsehaut. Sie war rau und gleichzeitig geschmeidig, wie flüssige Schokolade. Unweigerlich musste ich mir über die Lippen lecken. Es wurde noch schlimmer, als sich unsere Blicke trafen, alles schien sich um mich zu drehen. Das Braun seiner Augen war im schummrigen Licht fast schwarz, geheimnisvoll. Von Nahem sah er einfach fantastisch aus. Eine merkwürdige Vertrautheit lag in seinem Blick, die gleichzeitig ein beklemmendes Gefühl in mir auslöste. Erinnerungen durchfluteten mein Gedächtnis, die ich sofort verbannte.
Nicht hier und jetzt!

Ich schluckte, konnte erst nicht weiteratmen. Was, wenn er mich erkannte? Von den beiden war Liam der Einzige, der sich vielleicht an mein Gesicht erinnern konnte. Obwohl ich mich seit damals sehr verändert hatte, schlummerte Angst in meinem Herzen. Ich beruhigte mich, schließlich war das alles lange her und es war eindeutig zu spät, mir jetzt darüber Gedanken zu machen. Wenn er mich erkennen würde, dann hätte ich es in seinem Gesicht gesehen.
Seine vollen Lippen bewegten sich, er sagte etwas, doch ich nahm nur seine Augen wahr.
Erst als Hannah mich anrempelte, löste ich mich aus seinem Bann.
Sein Lächeln wurde breiter, während er das kleine Stück Papier weiter in seiner Hand hielt, welches ihm die Frau gegeben hatte.
»Ich bin Hannah und das ist meine Freundin Lisa.«
»Hallo Hannah. Ich bin Liam.« Er schüttelte Hannah die Hand. Dann wandte er sich mir zu.
»Liam!«, sagte er, drang mit seinem Blick wieder in meine Augen und reichte mir ebenfalls seine Hand.
Wortlos und total aufgewühlt legte ich meine Hand in seine. Sie war warm und ein kleines bisschen rau.
»Schön, euch kennenzulernen. Seid ihr das erste Mal hier? Ich habe euch noch nie im Maboo gesehen.«
Ich musste mich so sehr konzentrieren, meine Hand wieder aus seiner zu nehmen, dass ich nicht in der Lage war, ihm zu antworten. Ich war so froh, dass Hannah das Sprechen für mich übernahm.
»Lisa und ich waren schon einmal hier. Und offensichtlich hat es ihr so gut gefallen, dass sie heute Abend wiederkommen wollte.«
Mein Blick fixierte den Zettel seiner

Tresenbekanntschaft. Bestimmt hielt er mich für total bescheuert. Jetzt wünschte ich, ich hätte noch mehr von dem Hot Vanilla intus.

Wieder musterte er mich, aber diesmal schaffte ich es, seinem Blick auszuweichen, und starrte in mein Glas.

»Dann geht die nächste Runde aufs Haus«, lächelte er, steckte endlich den Fetzen Papier in seine hintere Hosentasche, nahm unsere Gläser und fing an, einen Cocktail zuzubereiten.

»Dich scheint es ja wirklich total erwischt zu haben«, flüsterte Hannah mir zu.

Ich verdrehte die Augen. Sie hatte ja keine Ahnung.

»Jetzt fang dich endlich wieder und rede mit ihm, wenn er zurückkommt!«

Oh Gott! Ich wollte ihn doch eigentlich nur sehen und nicht mit ihm sprechen! Und Hannah glaubte, ich hätte mich Hals über Kopf und innerhalb von Sekunden in den Frauenheld vom Maboo verknallt? Welche Ironie!

»Schon gut!«, wehrte ich ihre Rippenstöße ab. »Ich werde es versuchen.«

Kurze Zeit später kam Liam mit unseren Getränken. Ein halb geflüstertes »Danke« war allerdings alles, was ich über die Lippen brachte. Sofort erntete ich von Hannah einen kleinen Tritt gegen mein Schienbein. Wütend funkelte ich sie an. Liam schien die Blicke zwischen Hannah und mir mitbekommen zu haben, er grinste wie ein Honigkuchenpferd.

Ich nahm einen Schluck von meinem Drink. »Der schmeckt sehr lecker«, lobte ich ihn.

Hannah neben mir nahm eine entspanntere Haltung ein und auch Liam schien zufrieden mit meinem Urteil.

»Du stehst wohl sehr auf alte Hollywoodfilme, was?«

Er runzelte die Stirn und sah mich fragend an.

»Du meinst, weil ich den Shaker werfen kann?«
»Na ja, deine Tricks von eben kann Tom Cruise auch«, gab ich etwas schnippisch von mir.
Er kniff die Augen zusammen und musterte mich, dann erschien ein schiefes Lächeln auf seinen Lippen.
»Nur mit dem Unterschied, dass ich sie besser kann«, sagte er und sein blödes Grinsen wurde breiter.
Was für ein eingebildeter Typ!
»Du bist schon sehr von dir eingenommen.«
»Was wäre ich für ein Barkeeper, wenn ich meine Gäste nicht unterhalten könnte? «
Und ein Angeber war er auch noch! Wenn ich sein Geheimnis nicht genau kennen würde, hätte ich ihn schon längst abserviert.
»Also mir hat es gefallen«, meinte Hannah. Jetzt war ich diejenige, die sich über sie wunderte, denn normalerweise blieb sie still und mischte sich selten in eine Unterhaltung ein. Erstaunt musterte ich sie. Ausgerechnet sie fiel mir in den Rücken!
»Zahlen!«, rief jemand.
»Sorry, mein Typ wird verlangt«, sagte er und lief grinsend davon.
»Könntest du nicht netter zu ihm sein? Ich dachte, er gefällt dir? Also, ich weiß wirklich nicht, was heute Abend in dich gefahren ist.«
»Tut mir leid. Ich glaube, wir sollten gehen.«
»Was?! Jetzt schon? Aber ... du hast keine drei Worte mit ihm gewechselt.«
»Und die haben mir gereicht.« Aus meinem Portemonnaie nahm ich einen Geldschein und legte ihn auf die Theke.
»Und was ist mit Aidan? Er wollte doch hierher kommen, oder nicht?«

»Eigentlich schon. Dann hat er jetzt eben Pech gehabt.« Ich zog meine Jacke an, wickelte den Schal um meinen Hals und setzte meine Strickmütze auf.
»Komm schon«, forderte ich Hannah auf, ohne noch einmal auf Liam zu achten. Sie zog sich an und wir liefen aus dem Maboo in die Kälte.
Liam war zu beschäftigt, um mitzubekommen, dass Hannah und ich den Club verließen.
»Ich schreibe Aidan gleich eine SMS, damit er weiß, dass wir nicht mehr hier sind«, sagte ich und zog mein Handy aus der Tasche. Dabei entdeckte ich eine Nachricht, die ich bisher versäumt hatte.
»Oh, Aidan hat mir schon geschrieben. Er kommt nicht. Er meldet sich morgen bei mir.«
Der Abend war nicht so gelaufen, wie ich es mir gewünscht hatte und langsam wurden meine Kopfschmerzen stärker. Trotzdem tat es mir leid, dass Hannah sich offensichtlich über mich ärgerte.
Schweigend liefen wir nebeneinander die Straße entlang.
»Ist heute einfach nicht mein Tag. Tut mir leid, wenn es dir keinen Spaß gemacht hat.«
Sie blieb stehen. »Schon gut. Vielleicht solltest du weniger arbeiten.«
»Du weißt, dass das nicht geht. Ich brauche das Geld. Die Gebühren bezahlen sich schließlich nicht von allein. Und Neil bezahlt gut. Ich schaffe das schon.«
»Na gut, aber versprich mir, dass du zu mir kommst, bevor du irgendwelche Dummheiten machst.«
Sie wusste ganz genau, dass ich das nicht tun würde. Trotzdem nickte ich und umarmte sie zum Abschied.

Kapitel 4

Lisa

Am Sonntag stürzte ich mich in die Arbeit. Ich holte meine Hausaufgaben nach, machte im Neil´s Überstunden und war froh, als ich mir am Abend die Stiefel von den Füßen ziehen konnte.

Erschöpft ließ ich mich aufs Sofa fallen. Es dauerte nicht lange und Mimi nahm dies als Aufforderung, sich an mich zu kuscheln und sich die Streicheleinheiten abzuholen, die sie tagsüber vermisst hatte. Sie schnurrte und schmiegte ihren Kopf an mich, während ich sie kraulte. Ihr warmer, weicher Körper wirkte wie eine Wärmflasche und schon bald dämmerte ich in einen leichten Schlaf. Es war so schön, die Augen geschlossen zu halten und sich in die Tiefe ziehen zu lassen. Bis mich das ätzende und nervtötende Klingeln der Tür aufschrecken ließ. Zuerst wollte ich nicht aufstehen und schon gar nicht wissen, wer mich so spät am Abend noch zu sehen wünschte. Doch der unbekannte Besucher gab keine Ruhe, klingelte Sturm. Müde und noch etwas schläfrig schleppte ich mich letztendlich doch zur Tür.

»Na endlich! ... Ups! Hast du schon geschlafen? ... Aber doch nicht in deinen Klamotten, oder?«

»Tante Nancy! Was ... was machst du denn hier?«

»Na, was glaubst du wohl? Ich will meine Nichte besuchen. Ist das so ungewöhnlich?«, fragte sie, drückte mir ein Küsschen auf die Wange und trat ein. Völlig perplex sah ich ihr hinterher, wie sie ins Wohnzimmer verschwand.

»Nein! Komm rein, schön, dich zu sehen«, sagte ich und schloss die Tür.
Nancy war Kunstgaleristin und hatte in New York eine eigene Galerie. Von Zeit zu Zeit glaubte sie, so etwas wie meine Gouvernante spielen zu müssen. Ständig machte sie sich Sorgen und bemutterte mich. Mir war von Anfang an klar gewesen, dass sie auch im Auftrag meiner Mutter handelte. Denn schließlich ließ mich Mum nur nach New York gehen, weil Tante Nancy einwilligte, ein Auge auf mich zu haben.
»Möchtest du einen Tee?«, fragte ich, ging zur kleinen Kochnische und schaltete den Wasserkocher ein. Sie zog ihren Mantel aus und warf ihn übers Sofa.
»Gern, aber erst, wenn wir gegessen haben. Du hast heute Abend bestimmt noch keinen Bissen zu dir genommen, stimmt´s?«
Zum Glück konnte sie nicht sehen, wie ich meine Augen verdrehte. Wieso wusste sie immer so genau über mich Bescheid? Aber sie hatte ja recht. Außer einem belegten Brötchen zu Mittag hatte ich wirklich noch nichts gegessen. Wie auf Kommando knurrte jetzt auch mein Magen.
»Ich war noch nicht einkaufen. Möchtest du etwas bestellen?«, wollte ich wissen, als ich mich zu ihr auf das Sofa setzte.
»Dachte mir schon, dass du nichts im Haus hast.« Sie nahm ihr Handy und wählte eine Nummer. Wie immer saß ihr Make-up und ihr Haar tadellos. Hannah hatte sie einmal mit Jane Fonda verglichen, und wenn ich sie ansah, gefiel mir der Vergleich. Ihr typisch leuchtendroter Lippenstift und ihre schlanke Figur ließen sie sehr attraktiv aussehen. Sie war stets elegant gekleidet und hatte immer gute Laune.

»Du magst doch Pizza, oder?«, flüsterte sie mir zu. Ich nickte.
»Wunderbar! Und eine Flasche von Ihrem besten Rotwein. Und das Ganze ... sagen wir in vierzig Minuten?« Sie lächelte. »Vielen Dank.« Sie legte auf.
»Und du, mein Herz, nimmst in der Zwischenzeit ein Bad und erzählst mir, was gerade so bei dir los ist.«
Schon war sie auf dem Weg ins Badezimmer und drehte den Wasserhahn auf. Ich folgte ihr und blieb im Türrahmen stehen, sah ihr dabei zu, wie sie großzügig das Schaumbad, welches sie mir kürzlich geschenkt hatte, in die Badewanne einlaufen ließ. Das Wasser färbte sich rosa und ein blumiger Duft nach Jasmin erfüllte den Raum.
»Du gehst schon mal in die Wanne und ich mache uns den Tee«, sagte sie.
»Woher nimmst du nur die Energie?«, fragte ich, als sie mir über die Wange streichelte und an mir vorbei zur Küche ging.
»Ausreichend Schlaf, reichlich Wasser trinken und jede Menge Sex. Das ist das ganze Geheimnis.«
Bei »jede Menge Sex« kniff ich die Augen zusammen. Eigentlich war ich nicht so zimperlich, aber automatisch formten sich Bilder in meinem Kopf, die ein merkwürdiges Gefühl in mir verursachten.
»Jetzt stell dich nicht so an! Zieh dich aus und hüpf rein. Du wirst sehen, ein Bad kann wahre Wunder bewirken.«
Ich zog mich aus, warf meine Kleider in den Wäschekorb und stieg ins Wasser.
Es war angenehm warm und je weiter ich mich in die Wanne gleiten ließ, desto mehr fiel die Anspannung des Tages von mir ab. Ich nahm die Hitze in mir auf.

»Aber nicht einschlafen!«, mahnte mich Nancy, lächelte und schloss die Tür hinter sich.
Ein paar Minuten genoss ich die Wärme und döste vor mich hin. Ich bekam nicht mit, wie sie mit zwei Tassen Tee wiederkam. Sie reichte mir eine davon. Dann setzte sie sich auf den geschlossenen Toilettendeckel.
»Und? Wie kommst du mit deiner Klausurarbeit zurecht?«, wollte sie wissen.
»Eigentlich ganz gut, es ist nur gerade sehr anstrengend, weil ich für Stella einspringen muss.«
Erstaunt hob sie ihre Augenbrauen. »Schon wieder?«
»Ja, sie hat eine Grippe und Neil hat sonst niemanden.«
Nachdenklich schüttelte sie langsam den Kopf. »Du weißt, dass du nur ein Wort sagen musst und nicht mehr arbeiten brauchst?«
Kaum hatte ich ihr von den Überstunden erzählt, bereute ich es auch schon. Tante Nancy fand es zwar gut, dass ich selbstständig sein wollte, aber nur zu gerne würde sie mich in Watte packen – das nervte. In dieser Beziehung war sie genauso schlimm wie meine Mutter.
»Tausende von Studenten müssen nebenher arbeiten. Ich bin da nicht die Einzige und außerdem helfe ich gerne mal aus.«
»Du weißt, wie ich das meine. Ich kann deine restlichen Studiengebühren übernehmen. Dann hättest du mehr Zeit zum Lernen.«
»Das ist sehr lieb, aber ich schaffe das schon. Wirklich! ... Wie läuft es in deiner Galerie?«
Froh, sie auf ein anderes Thema zu lenken, stellte ich meine Tasse auf dem Wannenrand ab.
»Sehr gut. Nächste Woche kommt ein Scheich und

möchte sich ein paar Bilder von Jake ansehen.«
»Wow! Ein echter Scheich? Das ist ja Wahnsinn!«
Tante Nancy lachte auf. »Ja, der gute Jake ist schon ganz aufgeregt. Er glaubt zwar, dass ich es nicht bemerke, aber die Art, wie seine Mundwinkel zucken, wenn wir darüber sprechen, verrät ihn.«
Ich kicherte. »Wer hätte das gedacht? Sonst wirkt er auf mich immer so ... selbstsicher.«
»Das ist er. Aber seit er mit Hannah zusammen ist, kommen eben Seiten zum Vorschein, die ich vorher an ihm nicht kannte.«
Jake Bennett – "The One" von New York. Der Ex-Escort-Mann, der für die Liebe seines Lebens seinen Ruf und seinen Job an den Nagel gehängt hatte. Ich fand das total romantisch und insgeheim wünschte ich mir eines Tages auch einen Mann, der mich so sehr liebte. Aber eigentlich unvorstellbar! So einen gab es für mich nicht, oder? Und wieso tauchte jetzt plötzlich das Bild von Liam in meinem Kopf auf? Dummes Hirn – blödes Hirn!
Eine Weile sah Tante Nancy mich an. »Lisa, es gibt eine Sache, über die ich mit dir sprechen muss.«
O, oh ...! Wenn sie so anfing, konnte es nichts Gutes bedeuten.
»Wenn du jetzt wieder von dem Psychologen anfängst, kannst du das gleich vergessen, ich gehe da nicht hin. Mir geht es gut, wirklich«, begann ich. Doch sie hob ihre Hand und wehrte meine Einwände ab. »Darum geht es nicht.«
Ich stutzte. »Nein?«
»Nein! ... Es geht um das Weihnachtsfest. Deine Mutter hat mir erzählt, dass du vorhast, hier zu bleiben, statt nach Hause zu kommen.«

Ich verdrehte die Augen. Nicht schon wieder diese Leier! Wieso konnte Mum das einfach nicht akzeptieren? Weihnachten. Früher verband ich damit fröhliche Gesichter, unser geschmücktes Haus, das nach Plätzchen duftete, und Erinnerungen an eine Zeit, als unsere Familie noch perfekt gewesen war. Aber jetzt, auch nach vielen Jahren, verursachte diese Zeit in mir ein Gefühl, als wäre das, was man einmal sehr geliebt hatte, gestorben. Als hätte man etwas Kostbares für immer verloren.
»Dein kleiner Bruder wünscht es sich. Es steht sogar auf seinem Wunschzettel ganz oben!«
Wenn ich an Jason dachte, wurde mir allerdings das Herz schwer. Ich sah das Leuchten in seinen Augen, wenn er vom Weihnachtsmann sprach, und wie begeistert er war, wenn er draußen die Beleuchtung am Haus bewunderte. Er war noch so klein, gerade mal sechs Jahre alt.
Mum hatte unsere Vergangenheit hinter sich gelassen und mit Phil ihren Frieden gefunden. Ich mochte meinen Stiefvater. Er war für meine Mutter da gewesen – hatte ihr in den schrecklichen Momenten ihres Lebens geholfen.
Als Jason auf die Welt kam, schien sie dann ganz darüber hinweg zu sein, und ich war froh, dass ihre Tränen versiegt waren.
»Warum willst du nicht nach Hause, Lisa? Ich kann mir nicht vorstellen, dass du die Feiertage mutterseelenallein hier in deiner Wohnung verbringen willst?«
Tante Nancy ließ mich nicht aus den Augen. Sie wartete auf eine Antwort, aber ich wusste einfach nicht, was ich ihr sagen sollte.

Stattdessen sog ich tief die Luft ein und tauchte den Kopf unter Wasser. Ich wollte dieses »Geh Weihnachten nach Hause« aus meinem Kopf fortschwemmen und nicht in die flehenden und bittenden Augen sehen, die sofort wieder auf mich gerichtet sein würden, sobald ich auftauchte. Vielleicht benahm ich mich kindisch, aber ich konnte nicht anders. Für ein paar Sekunden gab mir das Abtauchen das Gefühl, entkommen zu sein – zumindest für einen Augenblick.
Aber bald war der Sauerstoff in meinen Lungen verbraucht und ich tauchte wieder auf. Der Badeschaum lief mir übers Gesicht.
»Überleg es dir noch einmal. Weihnachten ist das Fest der Familie. Du solltest nicht allein sein.«
Ich strich mir den Schaum aus dem Gesicht. »Ja, ja, ich weiß schon, was du mir sagen willst. Aber was ist mit dir?«
»Was soll schon mit mir sein? Ich habe mit meiner Galerie viel zu tun, ich habe Verpflichtungen – selbst an Weihnachten.«
Es klingelte an der Tür, was mir einen Aufschub gewährte.
»Das wird der Pizzabote sein. Bin gleich wieder da.«
Sie ging aus dem Badezimmer und ich lehnte mich entspannt zurück.
In den letzten Wochen hatte es einige Diskussionen gegeben, weil ich Weihnachten in New York bleiben wollte. Mum konnte das einfach nicht verstehen. Ich hatte keine Lust, heile Welt zu spielen, deshalb hatte ich Little Falls doch verlassen.
Ich wusch mir die Haare, schäumte das Shampoo auf und spülte es mit klarem Wasser wieder heraus.

»Lisa! Kannst du einen Zwanziger wechseln?«, rief Nancy aus dem Wohnzimmer.
»Ja, ich denke schon. Im Flur liegt meine Handtasche«, rief ich ihr laut entgegen. Sie sprach mit jemandem und dann hörte ich, wie Kleingeld klimperte. Als die Tür geschlossen wurde, war es so still, als wäre ich allein.
»Nancy?«
Es blieb ruhig, nur mein Badewasser schwappte und gluckerte. War sie etwa gegangen?
Doch dann begann mein Herz wild zu schlagen und das Blut schoss in meine Wangen. Ruckartig stieg ich aus der Wanne, schnell band ich mir ein Handtuch um meinen Körper und verließ das Bad.
Inständig hoffte ich, dass sie nicht das entdeckt hatte, was ich vermutete.
»Tante Nancy«, rief ich fragend. Im Wohnzimmer duftete es schon nach Pizza. Die Schachteln lagen auf dem Tisch, im Flur brannte noch Licht. Sie stand regungslos am Garderobenschrank, mit dem Rücken zu mir.
Verdammter Mist! Sie hat die Fotos entdeckt. Wieso musste ich die Bilder auch lose in der Handtasche mit mir herumschleppen? Jetzt drehte sie sich zu mir um.
»Laura Melory! Was um Himmelswillen soll das? Wieso hast du Fotos von ... ihm?«
Ungläubig und zugleich geschockt sah sie mich an.
»Was bezweckst du damit?«
Ich war nicht fähig, etwas zu sagen, war mir noch nicht einmal sicher, ob sie mich überhaupt verstehen würde.
»Das ist der Junge von damals, oder? ... Ist er das?!«
Ich senkte meinen Blick und schluckte. »Das verstehst du nicht.«

»Dann erklär es mir. Bitte!«
Mir war kalt. Dennoch wusste ich, dass sie nicht locker lassen würde, bis ich ihr alles gesagt hatte. Nur wo und wie sollte ich anfangen? Langsam lief ich ins Wohnzimmer zurück und setzte mich.
Erklärungsversuche und geheime Gedanken vermischten sich, doch ich verwarf sie alle.
Regungslos blieb Tante Nancy vor mir stehen, wartete darauf, dass ich endlich redete.
Jetzt hatte ich genug Mut zusammen, öffnete meinen Mund, doch eine Millisekunde später war alles wieder erloschen.
»Ich kann nicht.«
»Du kannst nicht?«
Es war jetzt still in der Wohnung, selbst der Fernseher meiner Nachbarn war nicht zu hören.
Der edle Stoff von Tante Nancys Hose raschelte und kurz darauf spürte ich, wie sich ihre warme Hand auf meine nackte Schulter legte.
»Liebes«, begann sie, »was bezweckst du mit den Fotos?«
Was sollte ich ihr nur sagen? In mir stockte alles.
»Ich ... ich wollte ihn nur einmal sehen, wollte wissen, ob er ein normales Leben führen kann, ob es ihm gut geht.«
»Du hast ihn getroffen?« Ich konnte spüren, wie sehr sie nach logischen Erklärungen suchte.
»Sein Name ist jetzt Liam Norris und er arbeitet im Maboo. Ich habe einen Privatdetektiv beauftragt, ihn zu finden. Ich wollte ihn nur einmal sehen, ihn vielleicht ein bisschen beobachten, schauen, ob er zurechtkommt.«
Eigentlich erwartete ich jetzt die übliche Rede, die

ganze Sache einfach zu vergessen, aber das blieb aus.
»Und? Zu welchem Ergebnis bist du gekommen?«
Verwundert sah ich zu ihr auf. Dass sie so reagieren würde, hätte ich nicht gedacht, Mum wäre ausgeflippt.
»Er ist okay, glaube ich«, gab ich langsam zu.
Tante Nancy nickte. »Und wann hast du diesen Detektiv beauftragt?«
»Vor ein paar Monaten.«
Wir schwiegen eine Weile und sie legte die Fotos auf den Wohnzimmertisch.
»Dann sind doch deine Fragen beantwortet, oder? Er scheint klarzukommen. Warum versuchst du es nicht auch?«
Sie konnte ja nicht wissen, dass ich noch mehr vorhatte, aber es war besser, wenn ich diesen Teil vor ihr verheimlichen würde.
»Lisa, das, was ihr erlebt habt, war sehr schrecklich und grausam. Aber glaubst du nicht, dass es dir besser gehen würde, wenn du akzeptieren könntest, was passiert ist? Ich meine, zum Glück konnte er dich nicht vergewaltigen, er verrottet im Gefängnis und die anderen beiden Opfer ...«
»STOP«, fauchte ich sie an. In mir brodelte es. Wie konnte sie nur denken, dass ich diese Sache jemals vergessen könnte? Verdammter Mist! Meine Augen füllten sich mit Tränen, die ich krampfhaft zurückhalten wollte. »Nein, Dad hat mich nicht sexuell missbraucht, er hat nur ..., du weißt nicht, wie sich das anfühlt. Du hast keine Ahnung, wie sehr mich das Mitleid von Anderen anwidert.«
»Liebes, ich will dir doch nur helfen!«
Tränen trübten meinen Blick, bis sie schließlich heiß über meine Wangen liefen.

»Ich weiß«, flüsterte ich.
»Willst du nicht doch mit Dr. …«
»Nein! Und dabei bleibe ich. Ich habe Liam gesehen, ich konnte mich davon überzeugen, dass es ihm gut geht, und das war es. Okay?« Energisch stand ich auf, nahm die Fotos und lief zum Schreibtisch rüber. Dort warf ich sie in die Schublade. Ich lehnte mich an den Tisch und verschränkte meine Arme.
»Vertrau mir, Tante Nancy. Ich weiß, was ich tue. Mir ist klar, dass du das nicht richtig findest, aber ich musste es einfach tun.«
Mitleidig sah sie mich an. »Ist schon gut. Ich will nur, dass du glücklich bist.«
»Ich weiß.«
»Komm, zieh dir etwas an und dann lass uns essen, die Pizza ist bestimmt schon kalt.«
»Versprich mir, dass du Mum nichts sagen wirst.«
Sie überlegte kurz, doch dann nickte sie einverstanden.
»In Ordnung, ich verspreche es.«

Kapitel 5

Lisa

Als Tante Nancy und ich die Pizza fast aufgegessen hatten, verabschiedete sie sich. Natürlich rief sie mir nochmals ins Gedächtnis, über Jasons Wunsch nachzudenken. Nachdem ich die Tür hinter ihr geschlossen hatte, setzte ich mich auf das Sofa. Mimi kam sogleich zu mir und ich strich ihr sanft über das Fell, während mein Blick auf der Schublade des Schreibtisches haftete. Ich war aufgewühlt, verunsichert und ängstlich zugleich. Trotzdem brauchte ich Gewissheit.

Ich ging zum Tisch, öffnete langsam die Lade und nahm die beiden Briefe heraus. Obwohl die Umschläge nicht groß waren und nicht mehr enthielten als ein dünnes Stück Papier, lagen sie schwer in meiner Hand. Ich schluckte, nahm den Brief heraus und faltete ihn auseinander. Dabei hielt ich den Atem an.

Die Schrift war mir vertraut. Wie oft hatte ich als Kind versucht, seine Schriftzüge zu entziffern, wenn er im Arbeitszimmer die Tests seiner Schüler korrigiert hatte?

Erneute Tränen sorgten dafür, dass die Buchstaben verschwammen. Innerlich verfluchte ich mich. Ich hatte mir damals geschworen, nie wieder wegen ihm zu weinen. Hastig wischte ich die verräterischen Tränen aus meinem Gesicht, setzte mich und begann zu lesen.

Geliebte Tochter,

es ist viel Zeit vergangen und bestimmt hast du mich vermisst. Aber mach dir keine Sorgen, bald werden wir alle wieder eine Familie sein. Dad

Ein dicker Kloß in meinem Hals verhinderte, dass ich atmen konnte. Der Druck in meiner Brust stieg an, genau wie der Ekel und die Angst. Ich keuchte und ließ das Papier fallen. Das Mal auf meinem Nacken pochte. Ich schloss meine Augen, wollte die Bilder aufhalten, die in mir hochkrochen – farbiger, intensiver und deutlicher als jemals zuvor.
Die Erinnerung an diesen schrecklichen Tag holte mich ein.
Seit Stunden war Dad an diesem Samstagvormittag in der alten Scheune, hinten bei Dalton Creek. Nach dem Frühstück hatte er mir geheimnisvoll zugezwinkert. »Das wird eine besondere Überraschung für dich zum Geburtstag. Ein paar Tage musst du noch aushalten, in Ordnung?«
Ich nickte artig, wusste aber genau, was er plante. Ein Baumhaus, für mich ganz allein! Die Neugierde trieb mich in Richtung des alten Schuppens, auch wenn er mir strikt verboten hatte, dorthin zu gehen.
Mit meinem Fahrrad raste ich den Schotterweg vom Haus zur Scheune entlang. Ich wollte nur einen Blick darauf werfen und ich würde abends besser einschlafen können – nur ein Blick und ich würde ruhiger werden!
Ich stieg vom Rad – ließ es einfach ins Gras fallen. Als ich die kleine Böschung erreichte, legte ich mich auf die Wiese und robbte den Hügel hinauf, bis ich die

oberen Zweige meines Lieblingsbaumes erkennen konnte. Mein Herz klopfte, während ich mich das letzte Stück vom Hang heraufzog, um einen Blick auf die Bauarbeiten meines Vaters zu werfen.
Starr vor Enttäuschung schaute ich zum Baum, dessen dichte Blätter im Wind raschelten, als wollte mir das Laub eine Geschichte erzählen. Aber ich hörte nicht zu, suchte fieberhaft nach den Holzlatten, die mein Dad bestimmt hinter dem dicken Stamm versteckt hatte.
Ich konzentrierte mich auf ein Hämmern oder ein Schlagen, doch da war nichts, nur das Rascheln der Blätter, das Zwitschern der Vögel und ... ein leises Wimmern?
Ich legte mich auf den Rücken, schloss die Augen und unterdrückte die Tränen, die hinter meinen Lidern brannten. Kein Baumhaus, kein Versteck, kein Zufluchtsort für mich. Mit was hätte er mich sonst überraschen sollen? Ich wünschte mir nichts anderes.
Ich ballte meine Fäuste und wollte dem Rauschen der Blätter nicht weiter zuhören, vertrieb die Wut, bis nur noch die Spannung in meinem Körper übrig blieb.
Eine Weile lag ich so auf der Erhöhung, ließ mein Gesicht von der Sonne wärmen, bis ich mich schließlich beruhigt hatte.
Vielleicht hatte er das Grundgerüst des Baumhauses im Schuppen versteckt. Ich drehte mich wieder auf den Bauch und sah zur Scheune. Wieso quoll Rauch aus dem kleinen Schornstein? Hatte Dad nicht gesagt, der alte Holzverschlag wäre abbruchreif?
Und plötzlich vernahm ich einen Schrei. Verwirrt und ein wenig verängstigt starrte ich hinüber. Das war nicht Dads Stimme.
Minuten vergingen, nichts war zu hören, doch meine

Neugier war geweckt. Schnell schlich ich über die Wiese, gelangte an die Scheune und duckte mich direkt unter einem schmutzigen Fenster. Ich horchte, vernahm aber erst nur meinen eigenen Herzschlag, der laut in meinen Ohren dröhnte.

Es war dunkel im Innern, nur die Flammen, die aus dem großen Kamin züngelten, konnte ich erkennen. Und dann hörte ich Dad reden. »Du brauchst keine Angst zu haben. Es wird nicht wehtun, das weißt du doch.«

Das war eindeutig mein Vater. Aber mit wem sprach er? Was hatte das alles zu bedeuten?

Jetzt drang ein lautes Wimmern aus der Scheune. Ich war verwirrt und versuchte verzweifelt zu verstehen, was dort vor sich ging. Dad war doch da drin, also warum weinte dann jemand? Das Weinen ging in ein lauteres Heulen über. Ich wollte nach Hause, doch meine Beine bewegten sich nicht von der Stelle. Ich schloss die Augen, versuchte das Jammern auszublenden, doch es gelang mir nicht.

Langsam lief ich um die Scheune herum, bis ich an der Tür stand und meine Hand sich auf die Klinke legte. Mein Mund war staubtrocken und mein Herz klopfte wild in meiner Brust. Millimeter für Millimeter drückte ich die Klinke hinunter, bis sich die Tür aufschieben ließ. Ich trat hinein. Heiße, stickige Luft umfing mich, ließ meinen Atem stocken. Der alte Traktor von Großvater und allerhand anderer Kram versperrten mir die Sicht. Ich ging weiter. Jemand keuchte merkwürdig. Die Stimme war mir vertraut und gleichzeitig fremd. Ich folgte dem Geräusch und stand nach wenigen Schritten hinter Dad.

Er warf seinen Kopf in den Nacken, sah immer wieder

zu dem Kind, das gebeugt vor ihm stand. Mit einer Hand trieb er den Kopf des Jungen in einer gleichen, rhythmischen Bewegung hinunter.
Mein Hals schnürte sich zu. Ich wusste nicht, was sie da taten, doch ich spürte, dass es etwas Verbotenes, etwas Furchtbares und Widerliches war. Es verstörte mich, ließ Panik in mir heranwachsen, und alles in mir schrie danach, so schnell wie möglich abzuhauen. Doch ich war nicht dazu fähig. Stattdessen stand ich da, versuchte zu begreifen, was hier geschah. Ich wusste nichts Genaues über diese böse Sache, hatte nur hier und da mal was aufgeschnappt. Aber eines war sicher: es war verboten und mein Dad tat es trotzdem!
Übelkeit wallte in mir hoch und der aufkommende Ekel trieb das Frühstück in meine Kehle. Starr vor Angst hatte sich mein Blick an ihm festgehakt. Ich kam nicht los, konnte mich nicht bewegen und war in mir selbst gefangen. Mein Gesicht war nass von den Tränen, die an meinem Kinn hinuntertropften. Ein unterdrücktes Schluchzen entwich mir. Da drehte er sich ruckartig um und sofort trafen mich Dads Augen. Schon keimte ein Funke Erleichterung in mir auf – das war nicht mein Vater. Diese Fratze war mir fremd. Verzerrt, irgendwie entstellt und verschwitzt. Und doch erkannte ich ihn – teuflisch, kalt und düster funkelten mich seine Augen an. Ich war nur noch eine Hülle aus erstarrtem Eis. Ganz tief in mir schrie ich, doch kein Laut verließ meine Kehle.

***

»Laura!«, brüllte er und schubste den Jungen von

sich. Dieser fiel rücklings auf seinen Po und sah weinend, mit schmutzigem Gesicht, zu uns auf. Er war gefesselt.
In dem Augenblick, in dem mein Vater mich am Arm packte, taute ich endlich auf, wehrte mich, schrie, schlug ihn und versuchte, mich zu befreien – doch es war zu spät. Er war viel stärker und viel mächtiger als ich. Er hielt mir den Mund zu.
»Wieso hörst du nicht auf deinen Vater? Ich hatte dir doch ganz klar gesagt, du sollst nicht herkommen!«
Seine beiden Arme lagen um mich, er hatte mich fest im Griff. »Jetzt hast du dir deine Überraschung verspielt, junge Dame.« Er trug mich hinüber zum Heu, in das er mich unsanft ablegte. »Tut mir leid, aber dafür bekommst du eine Strafe.«
Mit einer Hand hielt er meine Arme auf dem Rücken fest und mit der anderen fesselte er mich. Über meinen Mund klebte er Paketband und setzte mich anschließend auf.
»Setz dich zu ihr, Norman. Ich muss nachdenken.«
Während der Junge aufstand und sich zu mir ins Heu kauerte, lief Dad wütend und aufgebracht hin und her. Ich wusste nicht, wer der Junge war. Er war ein wenig älter als ich und hatte kurzes, dunkles Haar und braune Augen. Ich hatte ihn noch nie gesehen.
Mein Körper begann zu zittern und ich hatte Mühe, durch die Nase zu atmen. Kurz glaubte ich zu ersticken.
»Beruhige dich, Laura«, wisperte mein Vater, als würde er mich trösten wollen.
Dad lief weiter auf und ab, dabei warf er immer wieder einen Blick zu uns. Schließlich blieb er stehen und sah mich eindringlich an.

»Norman, komm zu mir.«
Ich wagte es nicht, meinen Vater oder Norman anzusehen, sondern starrte einfach ins Stroh. Sofort stand Norman auf und ging zu ihm. Er hatte Angst, das konnte ich an seinem Zittern erkennen, doch er gehorchte und tat, was mein Vater von ihm verlangte. Dieser legte seinen Arm um Norman und lief mit ihm Richtung Tür. Was er zu ihm sagte, konnte ich nicht hören. Ich wollte nur nach Hause, hatte solche Sehnsucht nach meiner Mum, wollte zu ihr und nie wieder hierher zurück. Doch mir war klar, dass ich nicht so leicht entkommen konnte.
Die Tür wurde geöffnet und das Sonnenlicht erhellte den Schuppen für kurze Zeit. Dann fiel sie zu und Dads Schritte näherten sich wieder.
Er nahm einen alten Stuhl, stellte ihn unmittelbar vor mir ab und setzte sich. Seine Augen bohrten sich in mein Gesicht.
»Was mache ich jetzt mit dir, Laura? Wieso bist du hergekommen?«
Ich spürte deutlich seinen Blick auf mir ruhen. Ich wünschte, ich wäre niemals hierhergekommen. Erneut kamen mir die Tränen.
»Nicht weinen, mein kleiner Liebling. Niemand wird dir etwas tun.«
Ein Hoffnungsschimmer tauchte auf und ließ mich zu ihm aufsehen. Freundlich lächelte er mich an. Dennoch war mir sein Gesicht immer noch fremd und ein merkwürdiges Glitzern lag in seinen Augen.
»Was geschehen ist, kann man nicht mehr ändern. Ich wollte dich erst später in meinen Kreis aufnehmen, aber da du entschieden hast, heute schon dazuzugehören, muss ich eben umdenken.«

Was hatte das zu bedeuten? Er stand auf und lief zum Kamin, warf ein paar Holzscheite hinein und starrte eine Weile ins Feuer. Er flüsterte. Erst glaubte ich, er redete mit mir, doch dann erkannte ich, dass er mit sich selbst sprach. Es war, als würde er eine Diskussion mit sich führen. Dabei bewegte er seinen Kopf, neigte ihn ruckartig zur Seite, bis es hörbar knackte. Dann wandte er sich zu mir. »Du brauchst keine Angst zu haben, von heute an wirst du mir ganz und gar gehören – ich werde dich in meinem Kreis aufnehmen und dir zeigen, wie wundervoll unsere kleine Familie sein kann. Es wird schön sein, unsere Verbindung zu festigen.« Ein seltsamer Ausdruck lag in seinem Gesicht.

»Das ist eine besondere Ehre für dich, mein Kind.« Er lächelte verträumt. Ein Schauer fuhr mir den Rücken hinunter und ich wagte kaum zu atmen.

»Von nun an wirst du tun, was ich dir sage. Um zu unserem Kreis zu gehören, musst du ein paar Regeln befolgen. Die wichtigste Regel ist: das du gehorsam bist..«

Mir war nicht klar, was genau er damit meinte. Was erwartete er von mir? Welche Antwort würde ihn wütend machen, welche zufriedenstellen? Ich wusste nicht, was ich tun sollte.

»Laura!«, ermahnte er mich. Er wurde wütend, weil ich ihm nicht antwortete. »Wirst du gehorsam sein?«, wiederholte er seine Frage, rang mit sich und mit seiner Geduld, fletschte dabei die Zähne. Röte stieg in sein Gesicht. Ich wusste nur zu gut, dass es in solchen Situationen besser war, ihm beizupflichten.

Deshalb nickte ich leicht.

»Gut!« Er beruhigte sich und zufrieden überkreuzte er

die Beine. »Sehr gut. Ich sehe, du bist reifer, als ich dachte. Nun gut, die erste Regel ist: niemand darf davon erfahren – auch deine Mutter nicht. Alles, was wir tun, wird unser Geheimnis bleiben. Verstanden?« Wieder nickte ich, obwohl ich keine Ahnung hatte, wovon er wirklich sprach.

Er stand auf, lief zu einem alten Schrank. Die marode Schranktür knarrte beim Öffnen. Er nahm etwas heraus und wandte sich zu mir. In seiner Hand hielt er eine Eisenstange. Sie erinnerte mich ein wenig an einen Golfschläger. Langsam lief er zum Ofen hinüber und legte die Stange in die Glut.

»Ich werde dir meine Liebe zeigen, Laura. Es wird kurz etwas wehtun, aber du brauchst keine Angst zu haben. Es geht schnell vorbei.« Er kniete vor mir, strich mit seinem kalten Finger über meine Wange. Ich glaubte, keine Luft mehr zu bekommen. Meine Nasenflügel blähten sich auf, sogen viel zu schnell Sauerstoff in meine Lungen, doch das Gefühl zu ersticken peitschte den Horror weiter an. Ich musste fort von hier! Mir wurde heiß und kalt, ich hatte Mühe, den aufkommenden Brechreiz zu unterdrücken. Was sollte ich nur tun? Niemand würde mich schreien hören, niemand würde kommen, um mich zu retten. Ich war gefangen.

Meine Brust war erfüllt von der Übelkeit, die meinen ganzen Körper einnahm. Ich erstickte.

***

Mimis Miauen riss mich aus meinen Erinnerungen. Endlich platzte der Knoten in meiner Brust und ich rang nach Atem, nur um in tiefes Schluchzen zu

verfallen. Es war vorbei und ich in Sicherheit – noch. Es war nur eine Erinnerung an das Spiel, welches Dad damals mit mir gespielt hatte.
Erleichterung durchströmte mich, aber Gelassenheit fand ich nicht. Auch jetzt, Jahre später, ließ mich die Gewissheit, dass er weitere Opfer finden würde, nicht ruhen. Irgendwie musste ich das verhindern.
Woher kannte er meine Adresse? Wie hatte er mich nur gefunden?
Unruhig lief ich im Wohnzimmer auf und ab. Seine Entlassung aus dem Sing Sing Gefängnis, nur fünfzig Kilometer von New York entfernt, würde in ein paar Monaten sein. Dann begann der Albtraum von neuem. Ich kannte ihn, er brachte es fertig, die Behörden hinters Licht zu führen. Er war ein guter Schauspieler. Er würde alles tun, um seiner kaputten Seele Genugtuung zu verschaffen.
Meine Gedanken wanderten zu Alex. Die Informationen über Dads Entlassung hatte ich geschickt hinterlegt, sodass er mit Sicherheit davon erfahren würde, falls er nicht auch Briefe von ihm bekommen hatte. Aber ob Liam Post erhalten hatte oder von der Freilassung wusste, konnte ich bis jetzt nicht sagen. Ich hielt die Ungewissheit nicht mehr länger aus. Ich musste etwas unternehmen.
Es war halb zwölf. Liams Schicht war bald zu Ende und vielleicht hatte ich heute die Gelegenheit herauszufinden, wo er wohnte. Meine Müdigkeit war wie weggeblasen, stattdessen fühlte ich ein nervöses Kribbeln im Bauch. Eilig zog ich mich an, wählte schwarze Kleidung, in der man mich nicht so leicht erkennen konnte. Einzig mein blondes Haar leuchtete in der Dunkelheit. Mit einer Mütze und einem dicken

Schal ließ ich auch dies an mir verschwinden.
Mit dem Taxi fuhr ich zum Club. Wie erwartet war der Laden voll. Auch diesmal konnte ich Liam vom Fenster aus sehen. Wie immer stand er hinterm Tresen und bediente die Gäste.
Geduldig lief ich ein zweites Mal zum Hintereingang und versteckte mich wieder hinter dem Müllcontainer. Diesmal dauerte es eine ganze Weile, bis Liam Feierabend machte. Ungeduldig suchte ich mein Handy. Verdammt! Es lag zu Hause!
Durch das Geräusch der sich öffnenden Tür hatte ich keine Zeit mehr, darüber nachzudenken.
Liam kam endlich heraus. Ich hoffte nur, dass Logan ihn diesmal nicht begleiten würde.
Ich hatte Glück, er war allein. Er machte sich auf den Weg und lief die schmale Gasse Richtung Hauptstraße entlang. Mit einem größeren Abstand folgte ich ihm, doch als ich den Gehweg nach ihm absuchte, hatte ich ihn bereits aus dem Blickfeld verloren. Zu viele Leute waren unterwegs. Verdammt! Wo war er hingegangen? Nicht weit von mir heulte ein Motorrad auf und erschrocken drehte ich mich in dessen Richtung. Gerade noch konnte ich sehen, wie Liam sich einen schwarzen Helm aufsetzte, bevor er Gas gab.
Er hatte ein Motorrad?! Bisher wusste ich nichts davon. Die gelbe Maschine schoss an mir vorbei.
Oh nein! Wütend stampfte ich mit dem Fuß auf und machte so einem Teil meiner Enttäuschung Luft. Ich keuchte und suchte fieberhaft nach einer Möglichkeit, ihm zu folgen.
Zweihundert Meter weiter, an einer Kreuzung, sah ich noch das Bremslicht des Motorrads aufleuchten. Zum Glück hielt ihn die rote Ampel auf.

Nicht weit von mir entdeckte ich ein Taxi.
Sofort lief ich zum Straßenrand und warf mich dem Fahrzeug schier entgegen, das an mir vorbeifahren wollte. Der Wagen bremste scharf ab, hupte und kam kurz vor mir zum Stehen. Der Fahrer stand wohl mehr unter Schock als ich und beschimpfte mich lautstark. Eilig stieg ich ein. Ich murmelte kurz entschuldigende Worte und wies ihn an, dem Motorrad zu folgen.
Gerade schaltete die Ampel auf Grün und Liam nahm Geschwindigkeit auf, sodass ich den Taxifahrer immer wieder ermahnen musste, ihn nicht zu verlieren.
Er fuhr in eine Gegend, in der ich bisher noch nie gewesen war, zu einem stillgelegten, alten Fabrikgelände.
»Sind Sie sicher, dass Sie hierher wollen, Mrs. ...?«, fragte der Taxifahrer und blickte durch den Rückspiegel zu mir. »Warten Sie hier, ich bin gleich wieder da«, sagte ich und öffnete die Tür.
»Den Teufel werd ich tun und Sie sollten sich hier auch nicht länger aufhalten. In dieser Gegend treiben sich Typen rum, denen man lieber nicht über den Weg laufen sollte.«
Aus meinem Portemonnaie zog ich einen Geldschein und streckte ihm diesen entgegen. »Warten Sie hier, bitte. Ich bin in fünf Minuten wieder da.« Damit stieg ich aus und lief in die Richtung, in die Liam verschwunden war.
Die Gegend war wirklich gespenstisch leer. Die Straßenlaternen wurden hier schon lange nicht mehr eingeschaltet, an einigen Gebäuden waren die Fensterscheiben eingeschlagen und teilweise waren die Bauten bis auf die Grundmauern zerstört. Durch das Mondlicht konnte ich überall Unkraut erkennen,

welches sich an den Gemäuern hochschlängelte.
Ein Schauer lief mir den Rücken hinunter. Ich straffte die Schultern und betrat das heruntergekommene Fabrikgelände.
Was zum Teufel hatte Liam hier vor?
Leise huschte ich über den Platz und lehnte mich an die Mauer des Gebäudes, das sehr groß und dunkel vor mir lag. Es war totenstill, als ich einen Blick ins Innere des Baus warf. Von Liam keine Spur. Ich lief um das verfallene Haus herum und entdeckte seine Maschine, die er an einem Gebüsch abgestellt hatte.
Plötzlich tauchten von der Straße Scheinwerfer auf, die sich schnell näherten. Zuerst glaubte ich, der dunkle Wagen würde vorbeifahren, doch dann erkannte ich, dass er auf das Gelände zusteuerte.
Was ging hier vor sich? Mein Magen begann zu flattern. Bevor mich der Lichtkegel erreichte, huschte ich im letzten Moment ins Innere des Gebäudes.
Die Dunkelheit verschluckte mich. Der Wagen fuhr an mir vorbei und kam am letzten Pfeiler der tragenden Säulen zum Stehen. Die Scheinwerfer leuchteten in die leerstehende Halle.
Vier Männer stiegen aus. So leise wie möglich schlich ich mich näher heran.
Die Kerle sahen nicht unbedingt so aus, als könnte man ihnen vertrauen. Sie trugen alle dunkle Kleidung, nur einer von ihnen, den ich für ihren Boss hielt, trug einen Anzug.
Als ich sah, dass sie Pistolen in der Hand hielten und sich umsahen, bekam ich Angst. Mein Herz raste und ich betete, dass sie mich nicht entdeckten. In was für eine beschissene Lage hatte ich mich mal wieder gebracht? Zum Verschwinden war es jetzt zu spät!

Jedes noch so kleine Geräusch könnte mich verraten. Also beschloss ich, still stehen zu bleiben und mich im Verborgenen zu halten. Wer wusste schon, was das für Kerle waren? Ich bereute es, den Rat des Taxifahrers ignoriert zu haben.
Plötzlich waren Schritte zu hören, die aus der dunklen Halle kamen, und sofort richteten die Männer ihre Waffen in diese Richtung. Mein Herz raste.
»Ey Mann! Du kommst spät!«, rief einer.
Ein Taschenlampenlicht leuchtete auf. Liam! Langsam kam er näher und blieb kurz vor dem Wagen stehen. Wortlos hob er seine Arme, als wollte er sich ergeben. Zwei der Männer gingen auf ihn zu und durchsuchten ihn. »Er ist sauber«, sagte einer, als er die Leibesvisitation an Liam beendet hatte. »Wird auch Zeit, dass du kommst. Wir warten nicht die ganze Nacht.«
»Immer mit der Ruhe, ich bin schon eine Weile hier«, antwortete dieser. »Ich will es sehen.« Liam ging langsam zum Wagen. Der Kofferraum wurde geöffnet und eine Kiste auf den Boden abgestellt. Liam beugte sich darüber und wollte den Deckel öffnen, als ihn einer der Männer daran hinderte.
»Erst die Kohle und den Stoff.«
Mein Herz schlug bis zum Hals. Stoff? Meinten die etwa Rauschgift?
Deutlich konnte ich die Anspannung der Typen spüren, genau wie meine – ich begann zu zittern.
Die Kerle trauten Liam nicht, ich rechnete jeden Moment damit, dass etwas Schreckliches passieren würde.
»Ich will erst sehen, ob ihr die richtige Ware besorgt habt«, sagte Liam grimmig.

Der Boss der Gruppe schien zu überlegen, dann gab er mit einer Handbewegung die Erlaubnis, dass Liam sich die Ware anschauen durfte.
Was auch immer sich darin befand, es war illegal, da war ich mir sicher. Erst konnte ich es nicht richtig erkennen, doch dann richtete sich Liam mit dem Ding im Arm auf. Sofort zogen die Typen ihre Waffen, zielten direkt auf seinen Kopf. Doch das schien ihn nicht im Geringsten zu interessieren und er zeigte sich völlig unbeeindruckt. Er hielt das Ding in seinen Händen und trat ein paar Schritte ins Mondlicht, um es genauer anzusehen. Mir stockte der Atem, als ich zum ersten Mal ein richtiges Sturmgewehr zu Gesicht bekam. So etwas kannte ich nur aus dem Fernsehen. Mein Gott!
Liam legte es an die Schulter und zielte in die Ferne. Ein dünner, roter Lichtstrahl leuchtete aus dem Gewehr und verschwand in der Weite, dann hörte ich ein metallenes Geräusch und plötzlich folgte ein Schuss.
»Genau wie du wolltest, eine AS 50. Damit kannst du sauber und schnell ein paar Schweine umlegen. So etwas haben nur Scharfschützen, Mann.«
Der Boss räusperte sich. »Und jetzt das Geld und den Schnee!« Der Ton wurde rauer und die Typen sichtlich nervöser.
Liam blieb ruhig, nahm das Gewehr runter und legte es in die Kiste zurück. Dann griff er an seinen hinteren Hosenbund, zog einen großen Umschlag heraus und übergab ihn. Sie nahmen den Inhalt und legten alles auf die Motorhaube.
Ich hatte in meinem ganzen Leben noch nie so viele Scheine auf einem Haufen liegen sehen! Das Geld wurde gezählt und das Päckchen geöffnet. Sie

untersuchten das weiße Pulver und schienen es für gut zu befinden. Als sie alles gecheckt hatten, packten sie es ein. »Es macht doch immer wieder Spaß, mit dir Geschäfte zu machen«, lachte der Boss und reichte Liam die Hand.

»Wenn du wieder etwas brauchst, dann weißt du ja, wo du uns finden kannst.« Damit stiegen die Männer in den Wagen und fuhren aus der Halle. Ich sah ihnen nach, und als ich wieder zu Liam schauen wollte, war auch er verschwunden. Ich rührte mich nicht, aus Angst, doch noch entdeckt zu werden. Nicht weit von mir raschelte es. Nervös hielt ich den Atem an. Dann vernahm ich das laute Brummen seines Motorrads. Erleichtert stieß ich die Luft aus meinen Lungen, als Liam Gas gab und in der Dunkelheit verschwand.

Kapitel 6

Lisa

Endlich konnte ich aus meinem Versteck, die Luft war rein und niemand hatte mich bemerkt. Ich verließ das Gelände und wollte nach Hause. Doch zu meinem Entsetzen stellte ich fest, dass der Taxifahrer mich im Stich gelassen hatte.
Mist! Ich sah mich um – keine Menschenseele weit und breit, keine Autos und schon gar kein Taxi. Was blieb mir anderes übrig – ich beschloss zu laufen. Vielleicht würde mir unterwegs ein Taxi begegnen, das ich anhalten könnte.
Ich entdeckte nicht weit von mir Bahngleise und orientierte mich an ihnen, in welche Richtung ich gehen musste. Ich würde ihnen bis zur nächsten Haltestelle folgen, von dort sollte es nicht schwer sein, den Heimweg zu finden.
Mir wollte nicht in den Kopf, was Liam mit der Waffe vorhatte. In was für kriminelle Machenschaften war er nur verstrickt? Bisher hatte er auf mich eher einen halbwegs normalen Eindruck gemacht. Er war ein Durchschnittstyp, schlug sich mit zwei Jobs rum, hatte einen erhöhten Frauenverschleiß und konnte ganz gut mit dem Shaker umgehen. Trotzdem musste ich mir eingestehen, dass ich – bis auf seine Vergangenheit - nicht wirklich viel Ahnung von seinem Leben hatte. Aber das reichte mir nicht, ich wollte alles von ihm wissen. Er hatte viele Geheimnisse.
Von weitem erkannte ich die Lichter des nächsten Bahnhofs und Erleichterung durchfuhr mich. Diese

Nacht war sehr aufregend gewesen und ich fühlte mich erschöpft und ausgelaugt.
Als ich endlich in einem warmen Taxi saß, blickte ich aus dem Fenster und ließ die Häuser, Kneipen und Menschen an mir vorüberziehen. Schon oft hatte ich mich gefragt, ob die Leute, die nachts noch unterwegs waren, nicht am nächsten Morgen zur Arbeit mussten. Aber Tante Nancy hatte einmal gesagt: »New York ist eine Stadt, die niemals schläft«. Und damit hatte sie wohl recht.
Als ich wieder in einer Gegend war, in der ich mich auskannte, konnte ich es nicht mehr erwarten, endlich in mein Bett zu fallen. Mein nächtlicher Ausflug würde bestimmt nicht ohne Folgen bleiben.
Etwas Gelbes zog an mir vorbei, gerade, als ich mich in den Sitz zurücklehnen wollte. »Halten Sie an«, rief ich. »Jetzt sofort, anhalten!«
»Immer mit der Ruhe, Lady!« Der Fahrer hielt nach ein paar Metern und ich stieg aus.
»Warten Sie hier«, sagte ich, ließ die Wagentür offen stehen und rannte die Straße hinunter. Ich suchte die Stelle, an der mir das Bike aufgefallen war. Es sah genauso aus wie das von Liam. Und tatsächlich, es konnte nur seins sein. Ich berührte es. Der Motor war noch nicht ganz abgekühlt, also parkte es noch nicht so lange.
Gab es solche Zufälle? Ich blickte zum Haus hinauf. Hinter allen Fenstern war es dunkel, nur im vierten Stock brannte Licht. Wenn ich Glück hatte und das Motorrad wirklich Liam gehörte, dann war mein heutiges Ziel erreicht. Ein kleines Grinsen huschte über meine Lippen.

***

Ich war so müde und hatte Schwierigkeiten, meine Augen offen zu halten. Literweise hatte ich am Morgen, nach meiner nächtlichen Tour, Kaffee in mich hineingeschüttet. Dadurch schaffte ich es pünktlich in die Uni und quälte mich, mehr oder weniger, durch den Vormittag. Wenigstens hatte ich heute Nachmittag frei und konnte mich noch etwas schlafen legen, bevor meine Schicht im Neil´s begann.

»Sorry wegen Freitagabend. Ich hatte meiner Schwester versprochen, auf ihre Gören aufzupassen, damit sie zu einem Elternabend gehen konnte. Und leider kam sie spät zurück, sonst wäre ich noch nachgekommen«, sagte Aidan, als er sich zu mir auf die Bank auf dem Unigelände setzte. Ich genoss gerade meine Pause. Da ich ausgiebig gefrühstückt hatte, ließ ich das Mittagessen ausfallen. Der Regen hörte auf und die Wolken verschwanden. Ich ließ die Sonne auf mein Gesicht scheinen.

»Ist schon okay, war halb so wild.«

»Du siehst müde aus.«

Aidan bemerkte auch alles. Obwohl ich meine Augen geschlossen hielt, spürte ich seinen Blick auf mir.

»Ich habe heute Nacht kaum geschlafen«, erklärte ich ihm. Dabei fiel mir ein, dass ich seine Unterlagen noch hatte. Ich öffnete meine Tasche und gab sie ihm zurück.

»Danke, du hast mir wirklich geholfen. Ich habe alles nachgeholt und aufgearbeitet. Wenn du nicht gewesen wärst, dann würde ich wahrscheinlich durchfallen.«

Er nahm die Papiere an sich. »Dann warst du übers Wochenende fleißig?«

»Ja, das kann man wohl sagen. Und du? Was hast du getrieben?«
»Eigentlich hab ich mich mit ein paar Kumpels von Level zu Level hochgearbeitet«, lachte er und zwinkerte mir zu.
Grinsend schüttelte ich den Kopf. Was fanden Jungs an der Zockerei? Stundenlang vergeudeten sie ihre kostbare Zeit, um sich in einer virtuellen Welt wie ein Held zu fühlen, wenn sie irgendwelche Zombies abschlachteten. Hoffentlich würde mein kleiner Bruder nicht so ein männliches Exemplar werden.
»Aber unser Date holen wir nach, oder? Schließlich konnte ich nichts dafür, dass meine Schwester zu spät zurückkam. Das war höhere Gewalt.«
Ich lachte. »Du bist wirklich unglaublich, Aidan ... In Ordnung, wir holen es nach. Aber jetzt muss ich los, ich muss etwas in der Bibliothek besorgen und später noch arbeiten.«
»Oh Mann! Immer, wenn es gemütlich wird«, seufzte er, erhob sich aber brav und begleitete mich noch ein Stück. Aidan brachte mich zum Lachen und gab mir das Gefühl, normal zu sein. Auch wenn sich in meinem Leben nichts normal anfühlte, so war es doch seine Schulter, an die ich mich anlehnen konnte. Hannah meinte, ich sollte mir nur einen kleinen Ruck geben und schon würde seine Schulter mir gehören. Aber dieser Ruck fiel mir so unsagbar schwer. Mich auf jemanden einzulassen, mich jemandem voll und ganz anzuvertrauen – diese Hürde war einfach noch zu hoch. Manchmal war es so verwirrend. Aidan wollte mehr sein als nur ein Freund, aber er verdiente eine Frau, die ehrlich und offen sein konnte. Ich war alles andere als ein offenes Buch. Ich liebte ihn wie einen

Bruder, aber mehr überstieg einfach meine Vorstellungskraft.
Nach der Bibliothek räumte ich meine Wohnung auf und legte mich noch einmal hin. Zum Glück hatte ich mir zwei Wecker gestellt, sonst hätte ich glatt meine Schicht verschlafen.
Gerädert schleppte ich meinen Körper ins Badezimmer und wusch mich mit kaltem Wasser. Langsam wurde ich wieder munter.
Im Neil´s arbeitete ich schon, seit ich in New York angekommen war. Tante Nancy hatte mir in der ersten Woche den Tipp gegeben, nachdem sie endlich einlenkte und mich selbst den Anteil für die Studiengebühren aufkommen ließ.
Neil war Mitte vierzig und mit seinem Coffeeshop verheiratet. Er arbeitete rund um die Uhr und gönnte sich selbst nur sehr wenige Pausen. Er war fair, hilfsbereit und zahlte gut – ich war zufrieden mit dem Job.
Stella, meine Schichtpartnerin, bediente gerade einen Gast, als ich den Laden betrat. Sie war Mutter von drei Söhnen, alle im Teenageralter, und mit einem Grundschullehrer verheiratet.
»Hi Stella. Wieder gesund?«, fragte ich sie im Vorbeilaufen. Man konnte deutlich ihre rote Nase erkennen und auch, wie angeschlagen sie noch war. Sie hatte kurzes, braunes Haar, eine Vorliebe für knielange Röcke und dunkle Farben. Ihr Herz trug sie auf der Zunge. Nicht jeder bei Neil´s kam damit klar, aber gerade deshalb mochte ich sie. Sie war einfach ehrlich und sagte, was sie dachte.
»Naja, fast. Aber ich kann schließlich nicht die ganze Woche zu Hause bleiben, also hat der Arzt gesagt, ich

soll Antibiotika nehmen, dann würde es mir schnell besser gehen.« Sie übergab dem Kunden das Wechselgeld und lief mir in unseren kleinen Aufenthaltsraum hinterher. »Sobald du Kinder hast, schleppen sie alle möglichen Keime und Erreger an.«
»Du Ärmste! Sind die Jungs wenigstens wieder fit?«
»Sie waren schneller wieder gesund, als mir lieb war. Aber jetzt erzähl schon, wie war es im Maboo? Ich wäre so gerne mitgekommen. Ist es so, wie man sich erzählt?«
»Was meinst du?«
»Na, ob der Laden mit gutaussehenden und knackigen Single-Männer gefüllt ist?«
Ich zog meine Augenbrauen in die Höhe. Was hatte Stella für Vorstellungen?
»Das Maboo ist ein ganz normaler Club, mehr nicht ... Na gut, ein paar Männer waren schon sehr attraktiv, aber die findest du überall«, lenkte ich ein. Natürlich dachte ich sofort an Liam und Logan. Beide waren tatsächlich sehr anziehend. Aber seit gestern Nacht wusste ich nicht mehr, was ich von Liam halten sollte.
Wir gingen in den Laden zurück. »Wenn du möchtest, kannst du gehen, ich übernehme deine restliche Zeit.«
»Aber ich habe noch gar nicht sauber gemacht ...«, wollte sie protestieren.
»Das macht nichts, geh nur und versuche dich noch ein wenig auszuruhen«, sagte ich und begann, die Theke abzuwischen.
»Okay!«
»Sag deinen Söhnen einen Gruß von mir, sie sollen dir einen Tee machen, wenn du nach Hause kommst.«
»Mach ich, Liebes. Vielen Dank.« Sie hauchte mir einen Kuss auf die Wange und lief durch den Laden.

»Ach, und wenn Neil kommt, sag ihm bitte, er soll die Bestellung heute noch wegfaxen. Die Plastikdeckel für die Kaffeebecher neigen sich langsam dem Ende zu.«
»Mach ich.« Sie öffnete die Tür und war schon verschwunden.
Meistens war um diese Zeit weniger los, so konnte ich die Zeit nutzen und die Vollautomaten mit Bohnen auffüllen, die Theke reinigen und die Verpackungen entsorgen. Einige Kunden betraten den Laden und ich hatte wieder zu tun.
Gegen Abend kamen meistens Schlipsträger aus den umliegenden Bürogebäuden und deckten sich mit den restlichen Donuts und Kaffee ein. Gerade war ich damit beschäftigt, den Milchvorrat unter der Verkaufstheke zu verstauen, als schon der nächste Kunde den Laden betrat.
»Na, das nenne ich einen Zufall.«
Die Stimme war mir vertraut, sie verursachte ein warmes Gefühl in meiner Brust. Als ich aufsah, blickte ich in flüssige Schokolade. Liam grinste wieder so spitzbübisch, als würde er die Situation genießen. Und ich dumme Kuh tat ihm auch noch den Gefallen und verlor mich wieder in seinen Augen. Dabei regte sich mein Verstand und schrie mich an, ihn gefälligst nicht so anzuschmachten.
Ich schluckte und leckte mir über die Lippen, kramte in meinem Gedächtnis nach diesem einen Satz, mit dem ich meine Kunden immer empfing.
»Was darf es sein?«
Krampfhaft versuchte ich, wieder die Kontrolle zurückzugewinnen, doch das war gar nicht so leicht, denn ich musste ständig an letzte Nacht denken. Was hatte er hier zu suchen?

»Zwei Donuts und zwei Becher von deinem besten Kaffee«, sagte er und grinste frech.
Ich riss mich von seinem Blick los und bediente ihn genau so, wie ich jeden Kunden bedienen würde. Naja, nicht ganz – ich setzte kein Lächeln auf und säuselte auch nicht, was ich hin und wieder bei schwierigen Kunden tat.
Aber schließlich wusste ich nicht, wie ich mit der Situation umgehen sollte. Außerdem war es mir überhaupt nicht recht, dass er nun wusste, wo er mich finden konnte. Das war einfach nicht gut.
Als ich ihm seine Bestellung auf die Thekc stellte, tippte ich alles in die Kasse und verlangte das Geld.
»Ich glaube, du schuldest mir noch etwas«, sagte er, als er in seiner hinteren Hosentasche nach dem Portemonnaie griff.
Erstaunt sah ich ihn an und gleichzeitig raste mein Herz. Was schuldete ich ihm? Etwa eine Erklärung? Hatte er mich gestern doch gesehen? Ich hielt die Luft an.
»Ja, du brauchst gar nicht so zu schauen. Immerhin hast du meinen Cocktail stehen gelassen und bist einfach verschwunden. Also, demnach verdiene ich eine Chance, dir einen Cocktail zu machen, der dir auch schmeckt.«
Vor Erleichterung löste sich die Spannung in meinen Schultern und am liebsten hätte ich laut ausgepustet, doch das konnte ich mir gerade noch verkneifen.
»Noch nie hat ein Mädchen meinen Cocktail einfach stehengelassen.«
»Tja, dann war das eben das erste Mal«, gab ich schnippisch zurück und sah ihn herausfordernd an.
»Hey, du hast meine Ehre besudelt! Du musst mir eine

Chance geben, die wieder herzustellen«, scherzte er. Verräterisch zuckten meine Mundwinkel und wollten lächeln, doch im richtigen Moment drehte ich mich um und tat so, als würde ich sehr beschäftigt an einer Maschine arbeiten.
»Leider habe ich keine Zeit, aber ich bin mir sicher, du findest jemanden, den du mit deinen Cocktailkünsten beglücken kannst.«
»Das geht nicht. Ich muss schließlich meinen Ruf bei dir wieder herstellen. Du siehst also, dass nicht irgendjemand infrage kommt, sondern nur du.«
Oh Mann! Was redete er für einen Blödsinn?
Er war ein Macho, das war mir im Maboo schon mehrmals aufgefallen.
»Okay, vielleicht nicht heute, aber da ich ja jetzt weiß, wo ich dich finden kann ...«, sagte er schmunzelnd.
»Okay, du hast gewonnen. Ich werde heute Abend da sein. Du arbeitest doch heute, oder?«
Sein Gesicht erhellte sich und ein wirklich tolles Lächeln nahm mich gefangen. Es verschlug mir fast die Sprache.
»Im Ernst?«
»Ja«, grinste ich zurück.
»Na gut, dann sehen wir uns heute Abend.«
Sichtlich mit sich zufrieden, nahm er die Tüte mit den Donuts und die Becher.
»Bis heute Abend dann. Ach, und vielleicht solltest du den Cocktail noch etwas üben. Ich bin sehr anspruchsvoll«, sagte ich und streckte ihm mein Kinn entgegen. Er sollte nicht denken, dass er es leicht bei mir hatte.
Ganz offensichtlich gefiel ihm die Herausforderung. Feixend hob er seinen Zeigefinger. »Sei vorsichtig,

Süße. Am Ende wirst du mich um mehr anbetteln.« Er zwinkerte mir zu, drehte sich um und verließ den Laden.
Ich konnte nicht anders als ihm nachzusehen. Wie sollte ich aus ihm schlau werden? Ich beobachtete ihn, wie er zu seinem Motorrad ging, seinen Helm aufzog und davonfuhr. Erst jetzt löste ich mich wieder aus seiner Anziehungskraft.
Es wurde Zeit, dass ich etwas Licht in sein Leben warf. Seit gestern Nacht schien er alles andere als der normale Mann zu sein, der sich so durchschlug.
Die Sache in der alten Fabrikhalle passte so gar nicht in das Bild, welches ich bisher von ihm hatte.
Was verbirgst du, Liam?

***

Bewaffnet mit einer Taschenlampe, einem kleinen Stemmeisen und einer gehörigen Portion Schiss, stieg ich am späten Abend die Feuerleiter des Hauses hinauf, von dem ich glaubte, dass Liam dort wohnen würde. Natürlich hatte ich nicht vorgehabt, ihn im Maboo zu besuchen, aber so konnte zumindest sicher sein, dass er heute Abend im Club auf mich warten würde.
Im zweiten Stock angekommen, überfielen mich jedoch Zweifel. Das, was ich vorhatte, war Einbruch, illegal – eine Straftat. Mir war klar, wenn ich erwischt werden würde, könnte das böse Folgen für mich haben. Aber es war die einzige Möglichkeit, mehr über Liam zu erfahren, ohne preisgeben zu müssen, wer ich tatsächlich war.
Im Angesicht dessen, was uns allen bevorstand, war dieser Einbruch eine Kleinigkeit – zumindest redete ich

mir das mit jedem Stockwerk nachdrücklicher ein. Also schlich ich weiter.

Ich war so aufgeregt, dass mein Atem schneller ging und ich das Blut in meinen Adern rauschen hörte. Im Geiste hallten die gelesenen Worte meines Vaters in mir nach und trieben mich an.

»Es wird schon gut gehen«, flüsterte ich mir immer wieder zu. Im vierten Stock angekommen, stand ich vor seinem Fenster und spähte hinein. Im Inneren war alles stockdunkel. Ich sah mich um, und obwohl niemand mich bemerkt hatte, schoss das Adrenalin durch meine Adern und ließ meine Hände zittern.

Aus meinem Rucksack nahm ich das Stemmeisen und machte mich am Fenster zu schaffen. Das alte Holz des Rahmens war morsch und knarrte, winzige Holzsplitter lösten sich bereits. Es war gar nicht so leicht, das Fenster aufzuhebeln. Doch dann sprengte ich ein größeres Holzstück ab und genau in dem Moment klackte es und ein Spalt von ein paar Zentimetern tat sich auf.

Ich hielt inne und horchte, sah mich noch einmal um – niemand hatte etwas bemerkt.

Berauscht vom Kick des Adrenalins, öffnete ich das Fenster und kletterte hinein.

Es dauerte eine Weile, bis sich meine Augen an die Dunkelheit gewöhnt hatten, doch langsam konnte ich Umrisse der Möbel erkennen. Ich knipste die Taschenlampe an und blickte mich vorsichtig um. Ich stand mitten in einem Schlafzimmer. Das Bett war nicht gemacht und überall auf dem Boden lagen Kleidungsstücke. Direkt vor mir entdeckte ich etwas. Ich bückte mich und strahlte mit der Taschenlampe darauf. Es war ein schwarzes T-Shirt aus. Ich nahm es

hoch und erkannte das Logo vom Maboo.
Ein siegessicheres Lächeln breitete sich auf meinem Gesicht aus, als ich die weiße Schrift las. Dann hatte ich mich also nicht getäuscht – ich befand mich in Liams Wohnung.

Kapitel 7

Lisa

Ich öffnete die Schlafzimmertür und horchte. Auch hier war alles ruhig. Leise schlich ich mich in den Flur und lief langsam in den nächsten Raum. Im Wohnzimmer gab es nichts Außergewöhnliches – ein Sofa mit Kissen, ein kleiner Tisch, auf dem leere Bierflaschen standen, ein Wohnzimmerschrank und ein Fernseher. Die Küche grenzte direkt ans Wohnzimmer und ich leuchtete nur einmal kurz mit der Taschenlampe hinein. Liam würde Briefe wohl kaum dort aufbewahren, also ging ich wieder zurück und begann, ein paar Schränke im Wohnzimmer zu öffnen – nichts, außer einem ganzen Arsenal verschiedenster Spirituosen, mehreren Gläsern und einem Kartenspiel. Vielleicht besaß Liam so etwas wie ein Tresor?
Zurück im Schlafzimmer durchsuchte ich seinen Schrank und alle üblichen Verstecke.
Auch hier fand ich nichts, bis auf eine Tür. Ich öffnete sie und trat ein.
Es war eine Art Hobbyzimmer, in dem ein paar Sportgeräte standen. Außerdem entdeckte ich einen Schreibtisch, auf dem ein heilloses Durcheinander herrschte – Rechnungen, Postkarten aus Europa und mehrere Zettel mit Skizzen und Notizen, die ich nicht zuordnen konnte. Ich durchsuchte die Schubladen, fand aber darin nichts, was mir weiterhelfen könnte, außer einem Brief, den er offensichtlich nie abgeschickt hatte. Adressiert war er an Wanda Rockmoore, Harter Street 2, in Herkimer. Ob das seine Mutter war? Mist!

Wenn ich jetzt mein Handy dabei hätte, könnte ich den Umschlag abfotografieren.
Ich riss ein Stück Papier ab und kritzelte die Adresse drauf. Ich konnte ja nicht wissen, ob die Anschrift noch nützlich sein könnte. Dann setzte ich meine Suche fort. Wo könnte Liam Briefe versteckt halten? Im Dunklen danach zu suchen, war schwierig, und für einen kurzen Moment überlegte ich, ob ich das Licht einschalten sollte, doch das war einfach zu gefährlich.
In der Mitte des Raumes blieb ich stehen. Vielleicht hatte er tatsächlich keine Briefe bekommen. Vielleicht hatte er sie verbrannt oder hielt sie an einem anderen Ort versteckt. Dann fiel mein Blick auf eine Wand. Es war die Einzige, an der Liam etwas aufgehängt hatte. Ich ging näher heran und beleuchtete sie mit der Taschenlampe.
Mir stockte der Atem und ich konnte nicht glauben, was ich zu sehen bekam.
Zeitungsberichte über die Gerichtsverhandlung, den Tatort und auch über meinen Vater selbst, ein Grundriss und mehrere Fotoaufnahmen des Gefängnisses und jede Menge handschriftliche Notizen und Zeichnungen hingen dort. Sogar ein Foto von Alexander hatte er mit einem Stück Klebeband an der Wand befestigt.
»Oh mein Gott«, flüsterte ich. Mein Blick blieb an einem größeren Porträtfoto meines Vaters haften. Es war das Bild der Lehrerhomepage der Schule, in der mein Vater damals unterrichtet hatte. Ein typisches Lehrerfoto mit Seitenscheitel, Brille und einem Bart. Ich sah es mir näher an. Genau an der Stirn meines Vaters befand sich ein Einschussloch.
Scharf sog ich die Luft ein und presste erschrocken

meine Hand auf den Mund. Meine Gedanken rasten, mein Herz klopfte aufgeregt. Nur sehr langsam verstand ich den Sinn dahinter. Genau in dem Augenblick, als ich erkannte, was Liam vorhatte, packte mich jemand von hinten und hielt mir den Mund zu. Im ersten Moment erstarrte ich, doch dann schrie ich auf, wollte mich wehren, doch gegen den Angreifer hatte ich keine Chance.

Hart wurde ich zu Boden geworfen, meine Hände auf den Rücken gepresst. Der Kerl ging nicht gerade zimperlich mit mir um. Er wusste genau, was er tun musste, um mich außer Gefecht zu setzen.

Als ich bewegungsunfähig dalag und mich noch nicht einmal traute, auch nur einen Pieps von mir zu geben, klickte es um meine Handgelenke. Er erhob sich und stellte mich grob auf die Füße. Dabei spürte ich etwas Kühles, genau an meiner Schläfe.

»Wer bist du und wer schickt dich?«, presste Liam hervor. Er klang sehr aggressiv und die Rauheit seiner Stimme durchdrang mich und ließ mich frösteln.

»Rede«, brüllte er.

Ich stand immer noch unter Schock. Vor allem, weil er mich mit einer Waffe bedrohte. Verdammter Mist! Was sollte ich ihm jetzt sagen? Noch hatte er mich nicht erkannt. Außerdem war es dunkel.

»Ich ... «, stammelte ich.

Liam schaltete das Licht ein und zog mir die Mütze vom Kopf.

Von unten sah ich zu ihm auf. Er erstarrte.

»Du?« Seine Augen verdunkelten sich.

»Es tut mir leid, ich ... mich schickt niemand, ehrlich«, stammelte ich.

»Wer bist du wirklich und was willst du hier?«

Fieberhaft überlegte ich, was ich ihm erzählen sollte, aber mit der Knarre an der Schläfe konnte ich keinen klaren Gedanken fassen.
»Kannst du bitte das Ding wegnehmen?«
»Vergiss es, ich will Antworten«, zischte er mich böse an. Er machte mir Angst und ich wusste, nur die Wahrheit könnte mich jetzt noch retten.
»Ich ... ich erzähl dir alles, aber ich kann nicht sprechen, solange du mir eine Knarre an den Kopf hältst.« Meine Stimme zitterte, wartete nur darauf, dass er vielleicht ausflippen und abdrücken würde.
Er entsicherte die Waffe. Das Geräusch ging mir durch und durch. Ich sollte jetzt lieber den Mund aufmachen, wenn ich nicht sterben wollte.
»Na gut, ich bin Laura, Laura Melory«, schrie ich. Ein paar Sekunden war nur unser Atem zu hören. Dann klickte es. Er hatte die Waffe gesichert und ließ langsam die Hand mit der Pistole sinken. Er wusste gleich etwas mit meinem echten Namen anzufangen.
»Du bist die Tochter von diesem Schwein?«
»Ja«, keuchte ich.
»Also nicht Lisa, sondern Laura?«, fragte er weiter und begann, nachdenklich im Zimmer hin und her zu laufen.
»Lisa Green ist nur ein Deckname«, erklärte ich.
Endlich legte er die Pistole auf den Schreibtisch, was mich ungeheuer beruhigte.
»Dann war unsere Bekanntschaft im Maboo nicht zufällig?«
Ich zögerte noch mit meiner Antwort, doch dann streckte ich ihm rücklings meine Fesseln entgegen.
»Bitte, Liam. Ich werde dir alles erzählen, aber nimm mir erst die Handschellen ab.«

Er blieb stehen und blickte mich eindringlich an. Ein Schauer fuhr mir den Rücken hinunter.
»Ich warne dich, wenn du versuchst abzuhauen, dann werde ich ...«
»Das werde ich nicht – versprochen!«
Endlich befreite er meine Handgelenke, dann zog er mich am Arm aus dem Raum, zerrte mich über den Flur und setzte mich unsanft auf das Sofa im Wohnzimmer.
Er ging zu dem Schrank mit dem Alkohol, nahm eine Flasche heraus und schenkte sich etwas ein. In einem Zug leerte er das Glas und sah mich streng und finster an. Einen weiteren Drink stellte er vor mir ab und nahm im Sessel gegenüber Platz. Alkohol konnte ich jetzt gebrauchen. Ich trank einen Schluck und blickte gedankenverloren ins Glas.
»Er wird bald entlassen, Liam.«
»Ich weiß«, sagte er nur und starrte mich weiter an.
»Vor einigen Monaten habe ich Post bekommen. Es waren genau zwei Briefe. Er wird es wieder tun. Ich habe Angst und will einfach, dass es aufhört, verstehst du?«
Liam sagte kein Wort und starrte mich unentwegt an.
»Deshalb habe ich euch ausfindig gemacht – dich und Alexander. Ich wollte herausfinden, ob ihr von seiner Entlassung wisst und ob er euch auch Briefe geschickt hat. Aber ich hatte keine Ahnung, wie ich dich darauf ansprechen sollte. Deshalb kam ich auf die Idee, bei dir nach den Briefen zu suchen. Das ist die ganze Wahrheit.«
Wir schwiegen, bis Liam aufstand und aus dem Fenster in die Nacht sah. »Und was bezweckst du mit den Briefen?«

»Ich habe die Hoffnung, dass in einem davon etwas drinsteht, womit ich erreichen kann, dass er nicht entlassen wird oder man ihn in eine geschlossene Anstalt steckt.«

***

»Hier! Halte das an deine Stirn.«
Fragend sah ich zu ihm auf.
»Ich war ... wohl etwas zu grob. Du hast da eine kleine Beule.« Erst jetzt, als ich mit den Fingern drüberstrich, spürte ich einen leichten Schmerz. Ich nahm den Eisbeutel und kühlte die Stelle. Liam zündete sich eine Zigarette an und setzte sich nachdenklich in den Sessel. Er inhalierte den Rauch tief ein und stieß ihn wieder aus. Dabei sah er mich immer noch unentwegt an, schien aber mit seinen Gedanken weit fort zu sein.
»Darf ich dich auch etwas fragen?«, wollte ich von ihm wissen.
Er antwortete nicht, was mich aber nicht davon abbringen konnte. Schließlich war er derjenige, der noch mehr Geheimnisse hatte als ich.
»Warum sammelst du diese ganzen Bilder und Zeichnungen in dem Zimmer?«
»Das geht dich nichts an!«
»Das sehe ich anders.«
»Je weniger du weißt, desto besser. Es ist schon schlimm genug, dass du das gesehen hast.«
»Dann kannst du es mir ja auch erzählen. Ich ... kann es mir eigentlich schon denken.«
Er warf mir einen vernichtenden Blick zu, was mich ein wenig einschüchterte. »Gar nichts weißt du.«
Mein Vater würde bald aus der Haft entlassen werden

und eines seiner Opfer hatte offensichtlich einen Plan geschmiedet, ihn zu töten. Es war nicht schwer, das zu erraten. Auch wenn mir Dad gleichgültig war, konnte ich es nicht zulassen, dass er von Liam erschossen werden sollte. Außerdem: würde ich mich als Mitwisserin nicht genauso strafbar machen?
Vor ein paar Jahren hatte ich mal gehört, dass Mithäftlinge nicht gerade behutsam mit einem Kinderschänder im Knast umgingen. In schlimmen Phasen tröstete mich dieser Gedanke. Manchmal hatte ich mir seinen Tod wirklich gewünscht, aber ich wusste, dass es falsch war, auch wenn diese Vorstellung verlockend auf mich wirkte.
Ich beobachtete Liam. Er bewegte sich nicht, saß vor mir und starrte ins Leere. Tiefe Traurigkeit lag in seinen Augen, aber auch eine unsagbar große Wut. Er hatte noch viel mehr Schmerz erfahren als ich.
Ich empfand großes Mitleid, Liam und Alex mussten durch die Hölle gegangen sein.
»Liam, ich weiß genau, was du durchmachst. Dieses Arschloch war mein Vater. Er spielt dieses Spiel und er darf nicht gewinnen, verstehst du? Du solltest es nicht tun, sonst zerstörst du auch dein eigenes Leben.«
»Irrtum, es ist schon zerstört«, sagte er grimmig.
Nachdenklich legte ich den Eisbeutel auf den Tisch und nahm einen weiteren Schluck meines Drinks. »Das glaube ich nicht. Du hast einen tollen Job im Maboo. Viele Leute kommen, um dich und deine Show-Einlage zu sehen und ich weiß, dass es viele Frauen gibt, die ...«
»Hör auf! Liam ist nur eine Show«, brüllte er.
Sein Ausbruch erschreckte mich, doch ich konnte ihn gut verstehen. Er sehnte sich, wie ich, nach einem normalen Leben, genoss die Momente, in denen er

lachen und Spaß haben konnte, in denen er tun konnte, als wäre diese schmutzige Sache niemals geschehen.
»Wie hast du mich gefunden?«, fragte er plötzlich.
Schuldbewusst senkte ich meinen Blick. Auch wenn ihm die Wahrheit nicht gefallen würde, er sollte sie erfahren.
»Wenn ich dir das erzähle, dann sei aber bitte nicht sauer, in Ordnung?«
Jetzt lehnte er sich zurück und da erschien wieder dieses süße, schiefe Grinsen auf seinen Lippen.
»Du bist in meine Wohnung eingebrochen, hast mein Fenster kaputtgemacht und herausgefunden, was ich vorhabe. Viel schlimmer kann es doch wohl nicht mehr werden, oder?«
Da hatte er Recht. »Na gut. Vor ein paar Wochen ...«, ich schluckte. Jetzt war ich doch nervös »habe ich einen Privatdetektiv nach dir suchen lassen.«
Er machte große Augen, aber als ich dann weitererzählte, hörte er mir ruhig zu.
»Ich bin dann ein paar Mal zum Maboo und habe dich beobachtet.«
Er seufzte und schüttelte grinsend den Kopf, während er sich den Nasenrücken massierte.
»Schließlich bin ich dir ein paar Mal gefolgt.«Nun hielt er in seiner Bewegung inne. »Du hast was?!«
Er sah mich an wie ein betroffener Welpe und gleichzeitig schien ihm etwas klarzuwerden. »Dann ... weißt du, was ich in der Fabrikhalle getan habe?«
Ich nickte.
»Ich hatte gleich ein so merkwürdiges Gefühl. Mein Instinkt hat mich noch nie getäuscht.«
»Wie meinst du das?«
»Ich wusste, dass sich noch jemand dort aufhielt. Ich

ging aber davon aus, dass derjenige zu den Männern von Onyx gehörte.«
»Von wem?«
»Vergiss es«, winkte er mit einer Handbewegung ab.
»Wie dem auch sei, auf dem Heimweg habe ich deine Maschine vor dem Haus stehen sehen und ...«
»So leicht bin ich also auffindbar«, unterbrach er mich, stand auf und ging wieder zum Fenster.
Ich wusste darauf nichts zu sagen, weil es wirklich nicht so schwer gewesen war. Natürlich hatte der Detektiv die Hauptarbeit getan und Norman Jenkins gefunden.
»Du bist Norman, der Junge von damals aus der Scheune. Und ich möchte wissen, wie es Norman geht.«
»Ist das wichtig?«
»Für mich schon«, setzte ich ihm entgegen.
Sekunden vergingen, bevor er endlich antwortete.
»Mein Name ist jetzt Liam Norris und alles andere ist für dich irrelevant.«
Na, das war klar und deutlich. Sauberer hätte man mich nicht abservieren können. »Okay, wenn das so ist, könntest du mir ein Taxi rufen. Ich habe leider mein Handy nicht dabei.«
Er lachte mich an und sah mir dabei tief in die Augen, etwas Sanftes spiegelte sich darin. Eigentlich musste ich ihm Recht geben, ich wollte auch nicht, dass jemand Laura Melory kennenlernt – nicht einmal Hannah. Ich grinste zurück.
»Du bist wirklich eine stümperhafte Einbrecherin.«
Er zog sein Handy heraus und wählte eine Nummer.

Kapitel 8

Liam

Unruhig lief ich vor der Wand mit meinen gesamten Planungen hin und her. An Schlaf war nicht zu denken. Diese Frau brachte alles durcheinander, was ich in mühevoller Kleinstarbeit in vielen Monaten herausgefunden und erarbeitet hatte.
Das Bild ihrer Augen, als sie erkannte, was ich ihrem Vater antun wollte, ging mir nicht aus dem Kopf. Sie sah mich an wie ein verängstigtes, kleines Mädchen und dabei berührte sie auf eine ganz merkwürdige Weise meine Seele.
Aber was mich noch viel mehr erstaunte, war, wie ruhig sie diese Tatsache aufgenommen hatte. Keine Spur von Hysterie oder Panik – nichts. Fast glaubte ich, sie würde sich seinen Tod wünschen. Vielleicht tat sie das ja auch? Aber ich durfte sie niemals in diese Sache hineinziehen.
Noch hatte ich etwas mehr als zwei Monate. Vielleicht könnte ich sie überzeugen, fortzugehen – weit fort. Meinen Entschluss hatte ich vor langer Zeit gefasst und nichts würde mich umstimmen. Mason Melory – der Skinburner von Little Falls – würde durch meinen Schuss sterben.
Eine zehnjährige Gefängnisstrafe konnte nicht wiedergutmachen, was er unseren Familien angetan hatte. Es gab Nichts, was unsere Namen reinwaschen könnte, nichts vermochte dieses Ekelgefühl zu mindern. In mir loderte der blanke Hass und mit jeder Nacht wurde es schlimmer.

Den Schmerz konnte ich nur für kurze Zeit durch Sex lindern. Selbst wenn ich schlief, wurde ich von den Albträumen heimgesucht und konnte sie nur mit ein paar Schlaftabletten vertreiben.
Ich wusste, dass ich in Gefahr war. Die Tabletten waren der Teufel – genau wie Mason Melory.
Am Ende einer Nacht sehnte ich mich nach der Erlösung, in mein persönliches Paradies abzudriften. Noch versuchte ich, die Pillen so wenig wie möglich zu benutzen, da ich einen klaren Kopf behalten wollte. Alles könnte durch den Missbrauch schiefgehen und das musste ich unter allen Umständen vermeiden.
Ich hatte nichts zu verlieren.
Aber mit Laura hatte ich nicht gerechnet. Auch wenn ich in den letzten Tagen gespürt hatte, dass irgendetwas nicht stimmte, wäre ich nie auf die Idee gekommen, dass sie es sein würde – diese süße Blondine.

***

»Du musst mir ein paar Tage freigeben, Logan«, sagte ich zu ihm, während wir am späten Nachmittag in seinem Büro saßen und er mir einen neuen Cocktail zeigen wollte.
»Ist es etwa soweit?«
Ich betrachtete den neuen Drink, den Logan auf die Karte setzen wollte.
»Nein ... aber es gibt Komplikationen.«
Jetzt hatte ich seine ungeteilte Aufmerksamkeit. »Hat dich etwa jemand bei der Übergabe gesehen?«
»Ja, aber kein Grund zur Beunruhigung. Ich werde mich darum kümmern, deshalb werde ich ein paar

Tage nicht arbeiten können.«
»Und wer? Wer hat dich gesehen?«, wollte er wissen und ich spürte seine wachsende Ungeduld. »Und was wirst du dagegen unternehmen?«
Ich setzte mich auf die Kante seines Schreibtisches. »Es ist Laura Melory.«
Erschrocken und ungläubig starrte mich Logan an. »Scheiße! Und jetzt? Sie wird deinen ganzen Plan zunichte machen. Ich habe dir gleich gesagt, dass das keine gute Idee ist, aber du wolltest ja nicht auf mich hören.«
Ich hob meine Hände, um ihn zu unterbrechen. »Mach dir keine Sorgen. Ich glaube nicht, dass sie mich verraten wird.«
»Und woher weißt du das?« Das ernste Gesicht wich und ein wissendes Lächeln legte sich auf seine Lippen. »Du hast sie doch nicht etwa flachgelegt?«
»Nein, wieso denkst du immer gleich, ich würde alle Frauen flachlegen?«
»Naja, so abwegig ist das bei dir nicht.«
»Sie ist gestern Nacht in meine Wohnung eingebrochen. Sie scheint mich gesucht zu haben. Und ich weiß nicht, ob ich ihr glauben soll oder nicht. Aber sie hat gleich geschnallt, was ich plane.«
»Und? Wie hat sie reagiert?« Jetzt wurde Logan ernst. »Ehrlich gesagt, ich glaube, den Gedanken fand sie gar nicht so absurd – auch wenn es sich dabei um ihren Vater handelt.«
Aufgeregt ging Logan im Büro auf und ab. Seine wachsende Unruhe half uns beiden nicht dabei, gelassen zu bleiben. Logan fand meinen Plan nicht gut, aber er half mir. Während unserer gemeinsamen Zeit in Afghanistan hatten wir beide schon oft den Tod vor

Augen gehabt und wussten genau, was ein Menschenleben wert war.
Vor zwei Jahren wurde Logan schwer verletzt. Seitdem hatte er genug vom Krieg, vom Tod, vom Elend und der Hoffnungslosigkeit. Er stieg aus und gründete das Maboo. Er wollte fröhliche und lachende Menschen um sich herum haben.
»Nimm dir so viel Zeit, wie du brauchst. Aber an deiner Stelle würde ich genau überprüfen, ob du ihr vertrauen kannst oder nicht. ... Und falls nicht, wirst du sie ruhigstellen müssen.«

***

Laura Melory könnte mir gefährlich werden, aber ich hatte keine Wahl. Sie musste von hier verschwinden, wenn ich meinen Plan umsetzen wollte. Es war wichtig, jeglichen Kontakt zu ihr abzubrechen, so, als wären wir uns nie über den Weg gelaufen.
Gegen Mittag hielt ich direkt vor dem Campus. Hunderte von Studenten strömten aus dem Gebäude. Manche sahen mich an, andere ignorierten mich. Um Laura zu schützen, behielt ich meinen Helm auf. Je weniger Studenten sich später an mein Gesicht erinnern könnten, desto weniger würde man Laura mit mir in Verbindung bringen.
Ihr blonder Schopf tauchte in der Menge auf und ein Kribbeln durchfuhr mich.
Sie war nicht allein. Neben ihr lief ein Mann, den ich misstrauisch musterte. Wer war das? Etwa ihr Freund? Kannte er ihr Geheimnis?
Er verschlang sie regelrecht mit seinen Blicken. Er war gierig nach ihr. Ich hasste solche Typen, die ihr

Begehren so offensichtlich zeigten. Ein nagendes Gefühl durchbohrte mich.
Ich beobachtete Laura. Sie war wunderschön, schlank und hatte an den richtigen Stellen weibliche Rundungen, wie ich es bei Frauen bevorzugte. Ihre Augen funkelten, wenn sie aufgebracht war, und ihre Wangen färbten sich rosa, wenn sie mit ihrer Beherrschung rang.
Sie wäre eigentlich genau mein Beuteschema, wenn nicht diese kleine Sache zwischen uns stünde, die uns beide verband.
Sie kam näher und als sich unsere Blicke trafen, blieb sie abrupt stehen, während der Typ ununterbrochen auf sie einredete. Sie ignorierte sein Geplapper, was mich zufrieden stimmte. Ihr Blick war klar und doch so geheimnisvoll. Fast glaubte ich, mich darin zu verlieren.
Jetzt bewegten sich ihre Lippen und ihr Freund unterbrach seinen Redeschwall, folgte ihren Augen und entdeckte mich. Ablehnung und Konkurrenz las ich in seinem Gesicht.
Sie sagte etwas, was ich jedoch nicht verstand. Der Typ blickte von mir zu ihr, schwieg und verschwand.
Erst als er fort war, kam sie näher, ohne ihre Augen von mir zu lösen.
Es war ein schöner Anblick. Laura Melory stand mitten auf dem Campus vor dem Parkplatz. Sie hatte nur Augen für mich. Kurz verfluchte ich die Umstände, die uns beide zusammengeführt hatten.
Wortlos streckte ich ihr meine Hand entgegen und sah ihr dabei in die Augen. Mich durchflutete ein warmes Gefühl, welches ich noch nicht kannte. Es schlängelte sich durch meinen Bauch hinauf in meine Brust – bis

in mein Herz. Ich hatte keine Ahnung, was sie mit mir tat, aber es war schön und qualvoll zugleich. Kurz erlaubte ich mir, dieser Empfindung nachzugeben, bevor mich die Erinnerung daran, wer sie war, wieder einholte.
Sie nahm meine Hand, griff sie und trat langsam näher. Wir sprachen kein Wort, das war auch nicht nötig. Sie verstand mich.
Ich gab ihr den Ersatzhelm und eine meiner Motorradjacken. Beides war ihr zu groß, doch es erfüllte seinen Zweck.
Sie saß hinter mir auf und ihre Arme umschlangen meine Mitte. Plötzlich tauchte wie aus dem nichts ein Bild auf, wie sie ihre nackten Beine um mich schlang. Sofort pulsierte es in meiner Hose, doch ich beherrschte mich und schob das Bild beiseite, konzentrierte mich auf die Straße.
Wir fuhren durch New York. Ich wollte mit ihr allein sein, an einem Ort, an dem wir uns ungestört unterhalten konnten.
»Wo sind wir?«, fragte Laura, als sie den Helm abnahm und sich umsah.
»Am Rockaway Park. Komm, wir gehen ein Stück.«
Sie folgte mir auf dem kleinen Weg, der zur Düne und schließlich zur Strandpromenade führte. Die Sonne kam durch ein paar Wolken und ließ ihr Haar golden glänzen. Im Winter war hier selten etwas los. Überfüllte Strände, Cocktailbars und Badegäste gab es nur im Sommer. Jetzt war das Meer rau und der Wind eisig, dafür waren wir allein. Keine Menschenseele weit und breit.
»Es ist wunderschön hier«, sagte sie, verließ die Promenade und lief durch den Sand ans Ufer. Ich blieb

stehen und sah ihr hinterher.
Ihr Haar wurde vom Wind durcheinandergewirbelt und fröstelnd schlang sie ihre Arme um ihren Körper. Direkt am Wasser blieb sie stehen und schaute in die Ferne. Ich ging zu ihr, schweigend genossen wir den Anblick.
»Wirst du mich auch töten?«, fragte sie plötzlich, ohne mich dabei anzusehen.
Verwirrt sah ich sie an. »Was? Warum sollte ich das tun?«
»Na ja, ich weiß zu viel, oder?«
»Du weißt überhaupt nichts.«
»Und wenn es doch eine andere Lösung geben könnte?«
»Es gibt nur diesen einen Weg für mich.«
Langsam gingen wir am Ufer entlang.
»Aber angenommen, wir könnten erreichen, dass man ihn wieder einsperrt, dann ...«
»Was bringt uns das? Irgendwann kommt er frei. Egal, wie du es drehen und wenden willst, letztlich kommen wir immer zum gleichen Ergebnis, Lisa.«
Sie blieb vor mir stehen. »Ich möchte nicht, dass du sein Leben beendest. Ich suche eine Möglichkeit, ihn weiterhin hinter Gittern zu halten.«
Ich lachte und schüttelte den Kopf. Glaubte sie wirklich, dass das unsere Lösung wäre?
»Wir haben beide genug durchgemacht. Ich verstehe einfach nicht, warum du dein Leben auch zerstören willst«, sagte sie und sah mich an.
»Vielleicht ist das für mich keine Zerstörung, sondern eine Erlösung.«
Für einen Moment zog sie ihre Stirn kraus. Krampfhaft versuchte sie, meine Worte zu analysieren. Dann

öffnete Laura ihren Mund, schloss ihn aber gleich darauf wieder. Wir liefen weiter.
»Was ist mit deiner Familie?«
»Ich habe keine Familie ... Meine Mutter habe ich seit Jahren nicht mehr gesehen und sonst ist da niemand.«
Kaum hatte ich es ausgesprochen, fragte ich mich, warum ich ihr, einer fremden Person, so viel Privates über mich anvertraute.
»Und was ist mit einer Frau oder einem Freund? Willst du wirklich auf ein Leben in Freiheit verzichten? Man kann lernen, damit zu leben.«
Ich schmunzelte in mich hinein. Ihr Versuch, mich umzustimmen, war wirklich nett. Sie strahlte so viel Unschuld aus, wenn auch eine gewisse Naivität in ihren Gedanken lag.
»Netter Versuch. Du selbst kannst damit auch nicht gerade besonders gut umgehen«, lachte ich, wurde dann aber wieder ernst. »Der Typ an der Uni, war das dein Freund?«
Mist! Ich sollte erst denken und dann sprechen. Kaum hatte ich diese Frage gestellt, bereute ich es. Je weniger ich von ihr wusste, desto besser.
»Aidan? Nein, er ist ein Freund, nicht der Freund.«
Verdammt! Jetzt grinste ich auch noch und war zufrieden mit der Antwort. Wieso freute mich das? Es sollte mir egal sein. Ich riss mich zusammen.
»Hör zu, Lisa. Ich denke, du hast eine gute Grundlage, um es zu schaffen. Du studierst, hast Familie und Freunde. Du wirst deinen Weg gehen, kannst das alles vielleicht hinter dir lassen und irgendwo glücklich werden. Du solltest fortgehen von hier. Zumindest eine Weile, bis Gras über die Sache gewachsen ist.«
Ungläubig sah sie mich an. Es brodelte in ihr und ihre

Wangen färbten sich, doch dann sah sie wieder aufs Meer hinaus.
»Du hast keine Ahnung von mir, Liam. Diese Sache wird mich mein ganzes Leben verfolgen. Ich kann das nicht vergessen, er war mein Vater ... Aber vielleicht können wir uns gegenseitig helfen.«
»Helfen?«
»Ja. Es gibt bestimmt einen Ausweg, wir müssen nur danach suchen. Es könnte sich lohnen. Jetzt, da ich dich kennengelernt habe, glaube ich, dass wir es schaffen könnten, ihn für immer einzusperren.«
Sie war so voller Hoffnung und ich musste den Drang unterdrücken, sie in meine Arme zu nehmen. Sie verrannte sich in der Vorstellung, dass es Gerechtigkeit wirklich gab. Ähnlich wie ein Kind hoffte sie auf das Land, in dem Milch und Honig flossen. Doch ich wusste, dass dies eine Fantasievorstellung war. Sollte ich ihr diesen Traum nehmen?
»Ich wünschte, du hättest mich nicht gefunden, Lisa.«
»Hör auf, das zu sagen, Liam«, schrie sie mich plötzlich an.
Ich zuckte zusammen. Tränen schimmerten in ihren Augen und sie kämpfte dagegen an.
Sie tat mir so leid. Ich schluckte, konnte nicht mehr anders und zog sie in meine Arme, hielt sie ganz fest, bis ich spürte, wie ihr Körper von kleinen Beben geschüttelt wurde.
»Bitte, gib mir eine Chance, dir zu beweisen, dass es eine andere Lösung gibt. Liam, bitte!«
Ich hielt sie umschlungen und sie klammerte sich an mich. Ich wusste, dass es nicht gut für mich war, aber gleichzeitig löste sie etwas in mir aus, dass ich schon vor langer Zeit begraben hatte. Ich schloss die Augen,

genoss das schleichend warme Gefühl, bevor ich es wieder fortschickte.
Ihr Gesicht war gerötet vom Weinen. Es war so schwer für mich, stark zu bleiben. Doch ich musste hart sein, um sie zu schützen. Fest biss ich die Zähne zusammen, bis ich mich wieder unter Kontrolle hatte. Die Anziehungskraft zwischen uns war so stark, dass es mich erschreckte und gleichzeitig ein süßes Ziehen in mir auslöste. Ich fühlte mich wie eine Motte und ließ mich von ihr ins Licht treiben.
Schluss damit! Das musste aufhören, und zwar sofort!
Sanft löste ich mich von ihr.
»Wir dürfen uns nicht wiedersehen. Ich möchte, dass du die Stadt verlässt, bis alles vorbei ist.«
»Was? Aber ...«
Wieder durchdrangen mich ihre Augen, doch diesmal blieb ich hart.

Kapitel 9

Lisa

Es war wie ein Schlag ins Gesicht, fassungslos starrte ich ihn an. Er machte es sich sehr einfach und mich wiederum wütend.
»Wie stellst du dir das vor? Ich kann nicht einfach von hier verschwinden. Ich habe hier ein Leben, falls dir das noch nicht aufgefallen ist«, fauchte ich ihn an.
Doch Liam lief ungehalten dessen einfach weiter.
»Ist das alles, was du mir zu sagen hast? Deswegen hast du mich hierher gebracht?«, schrie ich ihm hinterher.
Er hatte mich gehört, das wusste ich genau, aber auch jetzt drehte er sich nicht zu mir um.
Sauer stapfte ich durch den Sand, vergaß den Wind und die Kälte, bis ich ihn eingeholt hatte. Ich zog ihn am Ärmel und zwang ihn, stehen zu bleiben.
»Verdammt, Liam!«
Er blickte auf mich herab, aber seine Miene blieb verschlossen und regungslos. Ich bibberte. Mir war plötzlich so kalt. Er öffnete seine Jacke und streifte sie ab. Seinen Pullover zog er über den Kopf und reichte ihn mir.
»Hier! Zieh das an. Ich will nicht schuld sein, wenn du krank wirst.«
So ein Idiot! Am liebsten hätte ich sein Sweatshirt ins Meer geworfen. Zickig entriss ich ihm das Stück und zog es mürrisch an. Na toll! Jetzt hatte ich auch noch ständig seinen herben, frischen Duft in der Nase. Wie sollte ich das nur aushalten? Ohne ein weiteres Wort zog ich den Helm auf und dann fuhren wir zurück.

Während der Fahrt fragte ich mich, ob es das jetzt gewesen sein sollte. Würde ich das nächste Mal erst aus dem Fernsehen von ihm hören?
Liam hielt direkt vor dem Hauseingang. Woher wusste er, wo ich wohnte?
Ich stieg ab und gab ihm den Helm und seine Jacke zurück. »Woher weißt du, wo ich wohne?«
»Auch ich mache meine Hausaufgaben, Lisa!«
Es gab noch so viel zu sagen, aber die Worte wollten einfach nicht meinen Mund verlassen. Wir sahen uns an, während ich krampfhaft einen Weg suchte, nochmal mit ihm darüber zu sprechen. Doch dann war der Moment vorbei und ich spürte, dass dies das Ende war.
»Tja, dann ... « Ich wandte mich um, lief absichtlich langsam ein paar Schritte, in der Hoffnung, er würde etwas sagen.
Ich konnte nicht fassen, dass er mich wirklich so einfach gehen ließ. Gerade wollte ich mich zu ihm umdrehen und ihm eine Gemeinheit an den Kopf werfen.
»Lisa?«
Innerlich triumphierend drehte ich mich um.
»Ja?«
Sein Blick durchbohrte mich und ich hätte schwören können, dass er seine Worte am Strand bereute.
»Leb wohl.« Er zündete den Motor, gab Gas und ließ mich einfach stehen.
Völlig perplex und total überrumpelt verharrte ich und wusste nicht, was ich davon halten sollte. Verletzt und enttäuscht sah ich ihm nach, bis er davon gefahren war. Was für ein Scheißkerl!
Als ich meine Wohnung aufschloss, war meine Wut

verraucht und ich konnte meinen Tränen endlich freien Lauf lassen. Ich trat ein und lehnte mich mit dem Rücken an die Tür. Kraftlos ließ ich mich auf den Boden sinken.
Sofort kam Mimi auf mich zugelaufen, miaute und ließ sich von mir kraulen.
Ich war völlig durcheinander, müde und fertig mit den Nerven. Norman, Liam – Liam, Norman. Wieso tat es so weh, wenn er mich so behandelte? Und wieso, verdammt, ließ ich es zu? Ich konnte doch nicht zulassen, dass er zum Mörder wurde!
Das Klingeln des Telefons riss mich aus meinen Gedanken.
Mühsam stand ich auf und blickte aufs Display. Das hatte mir gerade noch gefehlt – Mum! So oft hatte ich sie abgewimmelt, wenn ich es ein weiteres Mal tat, wäre sie imstande, nach New York zu fahren, nur um zu sehen, ob es mir auch wirklich gutging.
Also wischte ich mir die Tränen aus dem Gesicht und zog die Nase hoch.
»Hi Mum. Schön, dich zu hören«, sagte ich so normal wie immer, doch sie roch den Braten sofort.
»Laura, was ist los? Hast du geweint?«
»Ach, was! Ich hab mir eine Erkältung eingefangen. Meine Nase ist verstopft.«
»Ach so, warst du schon beim Arzt?«
Ich verdrehte die Augen. »Ich laufe doch nicht wegen einer Schnupfnase zum Arzt, Mum!«
Ruhe herrschte am anderen Ende der Leitung.
»Dann mach dir einen Ingwertee. Du hast doch Ingwer im Haus?«
»Ja, hab ich. Wie geht es dir?«, fragte ich sie, um sie auf ein anderes Thema zu bringen.

»Uns geht es gut. Gestern hatte Jason seine Aufführung. Es war so süß. Du hättest ihn sehen müssen.«
Ich grinste. Jason liebte es, bei kleinen Theaterstücken mitzuspielen. Er war noch so klein und bereits ein tolles Talent, was das Üben von Texten und kleinen Gedichten anging. In Nullkommanichts konnte er alles auswendig.
»Das kann ich mir vorstellen.«
»Und du? Was macht dein Studium?«
Ich hasste es, mit ihr darüber zu sprechen. Sie hatte doch sowieso keine Ahnung, wenn ich ins Detail ging. Meistens überspielte sie damit nur die eigentlichen Themen, über die sie reden wollte.
»Alles läuft wunderbar.«
»Und hast du dir noch einmal Gedanken gemacht? Ich meine wegen Weihnachten?«
Das hatte mir gerade noch gefehlt. »Mum, ich weiß, dass ...«
»Warte! Jason will unbedingt mit dir sprechen«, unterbrach sie mich. Es war unfair, Jason vorzuschieben, sie wusste, wie vernarrt ich in ihn war und das ich ihm selten einen Wunsch abschlagen konnte.
»Hi Laura. Mum sagt, sie ist richtig stolz auf mich.«
»Hi Zwerg. Genau wie ich.« Es war schön, seine kindliche Stimme zu hören.
»Es waren viele Leute da.«
»Und? Hattest du Angst?«, wollte ich wissen.
»Nein, ich hab doch den Stein von dir in meiner Hosentasche.«
Ich lächelte. Sein strahlendes Gesicht tauchte in meinem Kopf auf, als ich ihm den Glücksstein beim

Abschied geschenkt hatte.
»Ich hab alles so gemacht, wie du es gesagt hast.«
»Und? Hat er funktioniert?«
»Ja. Bevor ich dran kam, hab ich ihn kurz in meiner Hand gedrückt und dann war ich gar nicht mehr so aufgeregt.«
»Siehst du! Ich habe dir gesagt, dass er tatsächlich magische Kräfte hat. Aber du musst ihn immer bei dir tragen und immer fest drücken, dann hilft er dir auch weiterhin.«
»Okay! Und wann kommst du? Es dauert nämlich gar nicht mehr lange, bis der Weihnachtsmann da ist.«
»Ich weiß nicht. Ich habe so viel zu tun ...«
»Aber du hast doch gesagt, dass das in New York eine Schule ist, stimmt´s?«
»Ja, das stimmt. Sie ist nur riesig und richtig schwer.«
»Haha, dann kannst du ja kommen!« Er lachte und schien sich irre zu freuen. Erst kapierte ich nicht, was er meinte. »Wieso?«
»Mann, Laura! Ich habe gedacht, du wirst richtig schlau, wenn du dort bist. Na, es sind doch Weihnachtsferien und die Schule ist dann zu. Deine Schule doch auch.«
So ein Schlitzohr! Ich unterdrückte ein Lachen. Er war so klug, machte sich über viele Dinge Gedanken.
»Ich hab dem Weihnachtsmann schon erzählt, dass ich mir wünsche, dass du kommst.«
»So? Und wo konntest du mit ihm sprechen?«
»Im Einkaufszentrum. Dort saß ich auf seinem Schoß und er hat gesagt, dass er schaut, was er machen kann.«
Ein dicker Kloß steckte in meinem Hals. Wie sollte ich es übers Herz bringen, ihm zu sagen, dass ich nicht

kommen wollte?
»Laura?«
»Ja, Zwerg?«
»Ich habe Plätzchen gebacken mit Mum. Die, die du so gerne magst.«
Hatte ich eine andere Wahl? Wohl kaum. Der Schlingel wusste genau, wie er mich um den Finger wickeln konnte.
»Also gut, du kleiner Erpresser! Ich komme!«
Ein Aufschrei drang durchs Telefon und ich musste den Hörer von meinem Ohr weghalten, um keinen Hörsturz zu bekommen. Jason rannte aufgeregt durchs Haus und schrie nach unserer Mutter.
»Gib sie mir mal«, hörte ich Mum sagen. »Ist es wahr?«
»Ja, wie soll ich denn „Nein" sagen, wenn er es sich so sehr wünscht?«
»Ich kann dir gar nicht sagen, wie sehr wir uns freuen, Laura. Phil hat sogar frei, dann können wir alle zusammen sein ... Außerdem ...«
»Ja?«
»Außerdem gibt es etwas, worüber ich mit dir sprechen muss ... Aber hey! Erst mal wird es ganz wunderbar werden. Ich kann es kaum erwarten.«
»Ich freue mich auch, Mum!«
Sie hörte sich wirklich sehr fröhlich an. Vielleicht sollte ich diese Tage einfach hinter mich bringen und dann so schnell wie möglich nach New York zurückkehren.
»Na gut, Mum. Ich muss noch arbeiten, ja? Wir telefonieren wieder.«
»In Ordnung. Ach, Laura?«
»Ja?«
»Ich freue mich sehr auf dich.«

»Ich mich auch.«
Als wir aufgelegt hatten, starrte ich aus dem Fenster. Vielleicht tat mir die Zeit zu Hause ganz gut.

***

Vier Tage später bediente ich Gäste im Neil´s und die ganze Zeit über spukte mir Liam immer wieder im Kopf herum. Jedes Mal, wenn die Ladenglocke ertönte, hoffte ich, er würde zur Tür hereinkommen. Und noch häufiger hatte ich das Gefühl, dass jeder Motorradfahrer, der am Café vorbeifuhr, Liam gewesen war. Doch er kam nicht.
»Was ist denn los mit dir?«, fragte Stella. Sie schloss den Laden und gemeinsam säuberten wir die Theke. »Steckt da etwa ein Mann dahinter?« Sie sah zu mir rüber, aber ich reagierte nicht darauf. Erzählen konnte ich ihr ja nichts. »Also, so, wie du schaust, bin ich mir sogar sicher.«
»Es ist nichts! ... Ach, ich ...«
»Oh je, ich sehe schon – es ist kompliziert, oder?«
Ich nickte und wusste nicht recht, was ich sagen sollte. »Es ist wirklich verzwickt«, sagte ich achselzuckend.
Sie nickte wissend und grinste. »Na gut, also wenn du reden willst«, sie kam auf mich zu, legte ihren Arm um mich und streichelte über mein Haar, »dann kannst du mich jederzeit anrufen. Ich kann das ziemlich gut.«
»Danke Stella, ich weiß, dass ich immer auf dich zählen kann. Aber im Moment ...«
Sie strich mir eine Strähne aus dem Gesicht und wollte mein Haar aus dem Nacken legen.
Sofort zuckte ich zurück, Panik überfiel mich und ich spürte, wie sich der Druck in meiner Brust aufbaute.

Bilder der Tat flammten auf, die unaufhaltsam klarer wurden. Die Panik schien mich zu verschlucken.

»Fass mich nicht an«, schrie ich. Kaum hatte ich meine Reaktion erfasst, tat es mir leid, aber ich konnte es nicht stoppen.

Stella konnte ja nicht wissen, wie empfindlich ich genau an dieser Stelle war und welches Geheimnis ich unter meinen Haaren verbarg.

Verwirrt sah sie mich an. »Lisa! Ich wollte ... was ist los mit dir?«

Beinahe hätte sie es gesehen und damit gewusst, wer ich wirklich war. Meine Gefühle spielten verrückt, als ich den Schmerz von damals wieder empfand.

Niemand sollte es jemals zu Gesicht bekommen. Das war genau der Grund, warum ich niemals einen Zopf oder eine Hochsteckfrisur trug – niemals nie!

Verstört sah mich Stella an. Ich konnte ihren Blick nicht ertragen, Schuldgefühle blockierten jeden klaren Gedanken. Ich war gefangen in dieser Hölle und kannte nur noch die Flucht.

»Es tut mir leid, Stella.« Weinend rannte ich in unseren Aufenthaltsraum und riss meine Jacke vom Ständer.

»Lisa, bitte, ich ... «, versuchte sie auf mich einzureden.

Raus, nur raus, ich konnte nicht atmen! In meinem Kopf drehte sich alles, als ich die Straße entlangrannte. Nur fort!

Ich hatte keine Ahnung, wohin ich lief, wusste nur, dass ich rennen musste, so schnell ich konnte – wie immer, wenn ich den Schmerz im Nacken erneut deutlich spürte.

»Sch... es wird alles gut werden. Hab keine Angst. Dadurch werden wir immer zusammen sein und du

wirst immer zu mir gehören. Nichts und niemand wird uns jemals trennen können.« Seine Stimme verursachte ein noch stärkeres Brennen in meinem Nacken, sorgte dafür, dass ich noch schneller rannte in der Hoffnung, die Erinnerung wieder tief in mir vergraben zu können.

Ich konnte nicht mehr, blieb völlig außer Atem stehen. Nur langsam wich die Panik, ich sah den Autos nach, die an mir vorbei fuhren. Ich nahm die normalen Straßengeräusche auf. Sie halfen mir, meinen inneren Dämon schrumpfen zu lassen. Die Gegenwart verdeutlichte mir, dass es vorbei war. Dad würde mir niemals wieder wehtun. Die Kälte kroch in meine Glieder und ließ mich schaudern.

Die Mauern des Central Parks kamen mir bekannt vor und mir war klar, dass ich jetzt unmöglich allein sein konnte. Ich brauchte eine vertraute Person, jemanden, der nichts mit meiner Vergangenheit zu tun hatte – Hannah.

An dem Gebäude angekommen, klingelte ich, und es dauerte nicht lange, bis ich ihre Stimme durch die Gegensprechanlage hörte.

»Hannah? Ich ... brauche dich.«

»Lisa?« Sofort summte es und sie ließ mich hinein.

Bevor ich in die Überwachungskamera blickte, wurde mir klar, wie ich aussehen musste. Schnell wischte ich mir die Tränen und die verschmierte Wimperntusche aus den Augen – auch, wenn das nicht viel helfen würde.

Im Aufzug wartete ich geduldig, bis ich die Penthouse-Etage erreichte. Endlich glitten die Türen zu beiden Seiten auf. Hannah stand direkt dahinter und sah mich mit großen Augen an.

»Um Gottes willen, Lisa! Was ist passiert?«, fragte sie, und kam sofort zu mir.
Ich bekam keinen Ton heraus und fiel ihr heulend in die Arme. Sie hielt mich und sagte nichts, tat genau das, was ich jetzt brauchte.
Als mein Weinkrampf abebbte, zog sie mich vom Flur in ihr neues Zuhause und schloss die Tür hinter sich. In ihrem Arm führte sie mich in ein großes Wohnzimmer und drückte mich sanft in das weiche Sofa.
»Hannah? Was ist passiert?« Jake lief durch den Raum, blieb vor mir stehen und sah sorgenvoll auf mich herab.
»Ich weiß nicht, sie ist völlig unterkühlt. Kannst du ein paar Decken holen und vielleicht einen Tee machen?«
Ohne ein weiteres Wort verschwand Jake und kam gleich mit ein paar Wolldecken zurück.
Hannah zog mir meine Jacke aus, wickelte mich in die Decken ein, während Jake Holzscheite im Kamin nachlegte und uns wieder allein ließ. Sie zog mir meine Schuhe aus und rieb meine Füße. »Süße, kannst du deine Füße aufs Sofa legen? Dir wird es gleich besser gehen. Ich sehe mal, was der Tee macht«, sagte sie und wartete auf eine Reaktion von mir. Ich nickte und sah ihr hinterher.
Jetzt war ich völlig ruhig, die Panikattacke war vorüber. Was blieb, war das schlechte Gewissen und jede Menge Erklärungsnöte.

Kapitel 10

Lisa

»Hier, trink das. Das wird dir guttun.« Ich starrte auf die männliche Hand, die mir eine Tasse reichte.
»Danke, Jake.«
»Kann ich sonst noch irgendwas für dich tun?«
Beschämt schüttelte ich den Kopf.
»Dann werde ich euch beide jetzt mal allein lassen. Wenn ihr etwas braucht, einfach rufen, ja?«
»Danke, Liebling«, sagte Hannah und Jake hauchte ihr einen kleinen Kuss auf die Wange.
Als er gegangen war, setzte sich Hannah zu mir, zog mich in ihre Arme und sagte kein Wort. Sie gab mir Zeit, bis ich reden konnte.
»Danke, dass ich hier sein darf.«
Wir schwiegen eine Weile. Dann nahm Hannah meine Hände in ihre. »Kannst du dich daran erinnern, als ich noch mit Matt zusammen war? Das ist noch nicht so lange her. Damals warst du eine große Hilfe für mich und genau das Gleiche mache ich jetzt für dich. So was nennt man Freundschaft.«
Es tat so gut zu wissen, dass ich eine echte Freundin hatte. Nicht viele Menschen hatten so ein Glück. Aber ob sie immer noch meine Freundin wäre, wenn sie die Wahrheit kennen würde? Ich hatte sie lange Zeit belogen.
»Ich weiß schon länger, dass du etwas mit dir herumschleppst, was dich sehr belastet.«
Tränen schossen wieder in meine Augen. Was sollte ich ihr nur sagen? Die Wahrheit? Oder nur einen Teil? Ich

konnte noch nicht mal mit meiner Mutter darüber sprechen!
Ich würde es ihr so gerne erzählen, aber ich schaffte es nicht, den inneren Panzer zu durchbrechen.
Wieder schluchzte ich, holte tief Luft und ignorierte die aufkeimende Panik. Schließlich überwand ich mich und sah Hannah direkt in die Augen, während sie meine Hände nahm und sie drückte.
»Ich weiß nicht, ob ich dir das alles erzählen kann. Ich habe Angst, Hannah.«
»Angst? Aber doch nicht etwa vor mir?«
Darauf konnte ich nichts sagen, zu fest saß der Kloß in meinem Hals.
»Liebes, ganz egal, was es ist, du kannst mir alles sagen. Vertrau mir.«
Ich schluckte, nahm allen Mut zusammen, um sie in die Sache einzuweihen. Zu verlockend war es, mich endlich jemandem anzuvertrauen.
»Versprichst du mir, dass du mit niemandem darüber redest? ... Bitte.«
»Du machst mir Angst. ... Aber ja, ich verspreche es.«
Ich schloss die Augen.
»Mein ... Name ... ist nicht ... Lisa. In Wahrheit heiße ich Laura Melory.« Ich hielt die Luft an und wartete auf eine Reaktion, doch die blieb aus. Nichts veränderte sich in Hannahs Gesicht – keine Regung. Nur ihre Augen suchten nach einer Antwort, die sie in meinen zu finden hoffte. Eine kleine Falte bildete sich direkt zwischen ihren Augen und sie schien allmählich zu begreifen.
»Ich bin die Tochter des berühmt-berüchtigten Skin-Burners von Little Falls.«
Mit großen Augen sah sie mich an und als sie das ganze

Ausmaß meiner Identität begriff, sog sie scharf die Luft ein und presste die Hand auf ihren Mund.
Ich senkte den Blick, wollte nicht sehen, wie sehr die Wahrheit sie lähmte.
Völlig unerwartet riss mich Hannah wieder in ihre Arme und weinte. »Mein Gott! Ich habe das nicht gewusst! Mein Gott, Lisa!« Tränen liefen ihr über die Wangen. Sanft schob sie mich ein wenig zurück, um mich anzusehen. »Wieso hast du mir das nicht schon früher gesagt?«
»Ich konnte nicht. Ich hatte Angst und wollte dich nicht verlieren«, schluchzte ich.
»Verlieren? Wie kommst du denn darauf? Ich würde dich niemals im Stich lassen! Du kannst doch nichts dafür.« Wir lagen uns in den Armen und weinten, bis alle Tränen versiegt waren.
Ich erzählte ihr meine Geschichte und je mehr Worte aus meinem Mund kamen, desto leichter fiel es mir. Die Last, die ich über Jahre mit mir herumgetragen hatte, wurde endlich leichter. Einzig die Sache mit Liam´s Mordplan, behielt ich für mich. Falls er sein Vorhaben wirklich umsetzen würde, wäre es besser, wenn sie davon nichts wusste.
Es war vollkommen still im Penthouse. Nur das Holz im Kamin knisterte leise. Wir sahen beide ins Feuer und hingen unseren Gedanken nach.
»Er wird entlassen, schon bald.«
Hannah richtete sich auf. »Wann?«
»Im Februar«, erwiderte ich tonlos.
»Und was willst du tun?«
»Ich weiß es nicht«, flüsterte ich.
»Und wenn du zu einem Anwalt gehst?«
»Das bringt nichts. Solange er nicht straffällig wird,

werden sie nichts gegen ihn unternehmen.«
»Aber irgendetwas muss man doch tun können.«
Ich schüttelte den Kopf und dachte darüber nach. Wir schwiegen eine Weile, dabei übermannte mich die Erschöpfung. Vorsichtig stand Hannah auf.
»Du bleibst heute Nacht hier. Komm, mach es dir bequem, ich deck dich zu.« Sie nahm eine zweite Decke und warf sie über mich.
»Versuch, etwas zu schlafen. Wir reden morgen darüber, okay?« Ich war zu müde, um noch etwas zu sagen, und nickte stattdessen. Sie küsste meine Schläfe und verließ leise den Raum.
Warm eingemummelt, starrte ich noch eine Weile ins Feuer. Zum ersten Mal seit Jahren hatte ich das Gefühl, um Tonnen leichter zu sein.

***

»Vielleicht sollten wir Dr. Sneyder anrufen? Er könnte nach ihr sehen.«
»Nein, Jake. Ich denke, körperlich ist sie in Ordnung. Sie braucht einfach nur ein wenig Ruhe.«
»Ich lasse dir trotzdem mal die Nummer da. Du kannst ihn auf seinem Handy erreichen.«
»Gut, aber ich glaube, das wird nicht nötig sein.«
»Okay, ich muss los. Wünsch mir Glück.«
Jake und Hannah hatten zwar geflüstert, doch ich war wach und hatte mich schlafend gestellt.
Ich richtete mich auf, als Hannah sich zu mir auf das Sofa setzte. Sie trug noch ihren Pyjama und hatte ihr langes, braunes Haar mit einer Spange hochgesteckt.
»Oh, entschuldige. Haben wir dich geweckt?«
Ich gähnte und streckte mich. »Nein, ich habe

geschlafen wie ein Murmeltier.«
»Das ist sehr gut. Und wie fühlst du dich?«
»Schon viel besser, danke.«
»Was hältst du davon, wenn wir heute Morgen frühstücken gehen?«
Eigentlich hatte ich nur eins im Kopf – Stella. Ich hatte die Arme einfach stehengelassen und war aus dem Neil ´s gerannt. Was würde sie jetzt von mir denken?
»Ich muss zu Stella, Hannah. Ich bin ihr eine Erklärung schuldig.«
»Mach dir über Stella keine Sorgen, ich habe sie gestern Abend angerufen. Aber das Beste wäre, du würdest selbst mit ihr sprechen.«
Bevor ich auch nur ein Wort sagen konnte, hatte Hannah das Telefon in der Hand und wählte.
»Stella? Hi, hier ist Hannah. Pass auf, ich glaube, Lisa möchte mit dir sprechen ... Okay?«
Hannah übergab mir den Hörer und sah mich aufmunternd an.
Ich atmete tief durch. »Hallo Stella, es tut mir so leid wegen gestern.«
»Ist alles okay? Geht es dir gut?«
»Ja ... es geht mir gut. Aber ich habe ein schlechtes Gewissen.«
»Mensch Lisa, aber doch nicht wegen mir! Ich war zwar halb krank vor Sorge um dich, aber Gott sei Dank hat Hannah mich gestern Abend noch angerufen. Mach dir keine Gedanken, dass man mal wegen Liebeskummer ausflippt, kann doch jedem passieren. Ich hoffe nur, der Kerl ist es wert.«
»Dann bist du mir nicht böse?«
»Ich? Na hör mal, ich habe drei Jungs zu Hause, wenn ich wegen allem und jedem sauer wäre, wäre ich schon

längst Essig. Nein, mein Schatz, ich bin dir überhaupt nicht böse. Geht es dir wenigstens inzwischen besser?«
»Ja, es geht wieder.«
»Na also, das ist doch das Wichtigste. Jetzt nimm dir für heute frei und wenn es dir morgen besser geht, dann kommst du wieder zu deiner Schicht.«
»Danke, Stella. Ich weiß gar nicht, was ich sagen soll.«
»Na, nichts. Erhol dich. Wir sehen uns bald.«
Ich legte auf und gab Hannah das Telefon zurück. Ich war froh, dass Stella nicht den Grund für mein Verhalten erfahren wollte. Es war schön zu wissen, dass sie mir Zeit gab, mich wieder richtig zu fassen.
»Danke, dass du sie angerufen hast«, sagte ich.
Sie lächelte. »Komm, lass uns frühstücken gehen.«
Hannah und ich wählten das kleine Café im Central Park, in dem wir damals das erste Mal mit Jake saßen. Wir suchten uns einen Platz am Fenster aus, so hatten wir einen Blick auf den See und die Schwäne.
»Sie machen hier ein tolles Frühstück. Ich war schon ein paar Mal mit Jake hier. Er hat wirklich einen guten Geschmack«, sagte sie, nachdem wir unsere Bestellung aufgegeben hatten.
Ich war so in meinen Gedanken verstrickt, dass ich den Blick nicht vom Wasser abwenden konnte. Ich spürte die Fragen, die Hannah auf der Seele brannten, aber sie hielt sich zurück. Sie wartete darauf, dass ich das Thema anschnitt.
»Ich weiß einfach nicht, was ich tun soll, Hannah. Ich bin mir sicher, dass er nach mir suchen wird, wenn er rauskommt«, flüsterte ich.
Hannah legte ihre Hand beruhigend auf meine. »Ich wünschte, ich könnte dir sagen, dass er das nicht tun wird, aber nach allem, was du mir erzählt hast und der

Tatsache, dass er dir diese Briefe geschickt hat ... Ich halte es für das Beste, wenn du einen Anwalt nimmst.«
»Einen Anwalt? Was soll der bewirken können? Solange er sich nicht strafbar macht, bringt mir so einer auch nichts. Abgesehen davon habe ich meine Ersparnisse für den Privatdetektiv ausgegeben. Ich könnte ihn nicht mal bezahlen.«
»Zumindest könntest du dich beraten lassen. Es gibt bestimmt Möglichkeiten und wegen dem Geld brauchst du dir keine Gedanken zu machen.«
»Und du meinst, das soll etwas bringen?«
»Na, versprechen kann ich es dir nicht. Aber zumindest kann er dir sagen, welche Möglichkeiten du hast und was man gegen ihn unternehmen kann.«
Sie brachte mich zum Nachdenken. Vielleicht hatte sie gar nicht so Unrecht.
»Allerdings müsstest du Jake in die Sache einweihen«, sagte sie, als ich mich immer mehr mit dem Gedanken anfreundete.
»Jake? Warum?«
»Weil Jake einen sehr guten Anwalt hat und ich ihn schließlich nicht beauftragen kann, ohne dass Jake davon weiß.«
Sie wollte keine Heimlichkeiten vor ihm und das verstand ich gut. Alles, was ich von Jake bisher kennengelernt hatte, machte ihn vertrauenswürdig. Es fiel mir nicht leicht, aber mein Instinkt sagte mir, dass ich mich darauf einlassen konnte.

***

»Danke, John, dass du dir so schnell für uns Zeit nehmen konntest.«

»Gern. Du weißt, für dich immer, Jake. Auf Wiedersehen, Hannah.«
Er umarmte sie kurz und wandte sich dann an mich. »Hier ist meine Karte. Rufen Sie mich jederzeit an, Mrs. Green.« Der Anwalt reichte mir seine Visitenkarte. Flüchtig warf ich einen Blick darauf. »Und machen Sie sich nicht so viele Sorgen. Alles Gute für Sie, Mrs. Green«, sagte der Anwalt, lächelte mir aufmunternd zu, nahm seinen Aktenkoffer und verließ in Begleitung von Jake das Wohnzimmer.
Ich war nervös gewesen, doch jetzt war ich völlig ruhig, sogar fast entspannt, obwohl ich keinen Grund dazu hatte.
»Siehst du? Mit der darf er gar nicht in deine Nähe kommen und John wird das für dich durchboxen.«
Ich stand vom Esstisch auf und lief nachdenklich zu dem großen Panoramafenster, von dem aus man eine unglaubliche Aussicht auf New York hatte.
»Ich glaube nicht, dass das meinen Vater abhalten wird.«
Liam hatte recht, vielleicht sollte ich die Stadt wirklich für eine Weile verlassen. Das würde aber bedeuten, dass ich mit Liams Plan, einen Mord zu begehen, einverstanden sein würde. Konnte ich das?
Jake stellte sich neben mich. »Lisa, wenn du möchtest, werde ich dir ein paar Sicherheitsleute zur Verfügung stellen. Sie werden dich rund um die Uhr beschützen. Du brauchst keine Angst zu haben.«
»Das ist sehr nett von dir, Jake. Aber ich weiß nicht, ob es das Richtige ist. Außerdem habe ich einen kleinen Bruder. Ich könnte mir vorstellen, dass mein Vater auch auf meine Mutter wütend ist, weil sie wieder geheiratet und ein Kind bekommen hat. Ich meine,

Peter ist der Polizeichef von Little Falls, also der Mann, der geholfen hat, ihn hinter Gitter zu bringen. Wer weiß schon, was in dem Kopf meines Vaters vor sich geht?«

Mir wurde klar, dass nicht nur Liam, Alex und ich uns in Gefahr befanden, sondern auch meine Familie. Mein Gott! Ich könnte niemals damit leben, wenn Jason oder Mum etwas zustoßen würde. Dieses Gefühl lähmte mich und die Angst kroch in meine Brust, füllte meine Augen mit Tränen, bis sie in kleinen Rinnsalen über meine Wangen liefen.

»Hab keine Angst, wir werden schon dafür sorgen, dass nichts passiert«, sagte Hannah, kam zu mir rüber gelaufen und nahm mich in ihre Arme.

»Ich will einfach, dass er für immer aus unserem Leben verschwindet«, schluchzte ich.

Ja, er sollte verschwinden – für immer. Ob krank oder nicht, ich wollte ihn aus meinem Gedächtnis verbannen.

»Noch ist er im Gefängnis. Wir könnten ihn beobachten lassen, wenn er draußen ist. Wenn er dann gegen ein einziges Gesetz verstoßen sollte, kriegen wir ihn dran«, sagte Jake.

Ich fand es rührend, wie Jake und Hannah mich unterstützten. Ich nickte und wischte mir die Tränen aus den Augen.

»Ihr habt recht. Noch ist er im Gefängnis und so lange brauche ich keine Angst vor ihm zu haben.« Ich nickte noch einmal bekräftigend und sah abwechselnd in ihre Gesichter. Ich schaffte es sogar, zuversichtlich zu lächeln.

»Das ist die richtige Einstellung«, grinste Jake.

»Deshalb werde ich jetzt nach Hause gehen. Mimi wird

sich schon Sorgen um mich machen.«
Hannah lachte. »Oh je, Mimi! Daran habe ich überhaupt nicht mehr gedacht. Die Arme! Streichele sie von mir ausgiebig, ja?«
»Mach ich.«

Kapitel 11

Lisa

Gegen acht Uhr abends betrat ich endlich meine Wohnung. Ich war müde und völlig fertig. Ich brauchte eine Dusche, ein Sandwich und eine Mütze voll Schlaf. Morgen könnte ich noch einmal über alles nachdenken.
Ich schaltete das Licht im Flur an, zog meine Jacke aus und legte meine Schlüssel wie immer auf die Kommode. Normalerweise begrüßte mich Mimi, wenn ich abends nach Hause kam. Doch heute schien sie anderweitig beschäftigt zu sein.
Gerade wollte ich die kleine Stehlampe einschalten, als ich einen dunklen Schatten auf meinem Sofa sitzen sah. Eiskalt fuhr es mir den Rücken hinunter und scharf sog ich die Luft ein.
»Wo warst du?« Seine tiefe, raue Stimme kitzelte mich, sodass sich Wärme in meiner Brust ausbreitete. Liam. Sofort schaltete ich das große Licht ein.
Entgeistert, mit offenem Mund, starrte ich ihn an. Was um alles in der Welt tat er hier? Wie war er reingekommen? Um seine Mundwinkel zuckte ein Grinsen – er genoss meine Sprachlosigkeit.
Ich ließ mir nichts anmerken und schluckte die Überraschung hinunter. »Ich wüsste nicht, was dich das angeht«, sagte ich trotzig und hob mein Kinn.
Auf dem Wohnzimmertisch lagen eine halbleere Kekstüte, ein Kaffeebecher und das Buch, in dem ich zum Einschlafen las. Seine Lederjacke hatte er über das Sofa geworfen.
»Bevor du fragst, ich kam durchs Fenster. Ich bin hier, um mit dir zu reden.«

Mein Blick wanderte zum Schiebefenster. Kalte Winterluft strömte hinein. Erst jetzt fiel mir auf, wie kühl es im Wohnzimmer war. So ein Idiot! Er hätte es wenigstens schließen können. Schweigend lief ich hinüber, zog es zu, drehte die Heizung auf und wandte mich zu ihm.
»Ich wüsste nicht, was wir noch zu besprechen hätten«, gab ich schnippisch von mir.
»Ich schon.« Liam stand auf, und während ich damit beschäftigt war, Mimi in ihren üblichen Verstecken zu suchen, folgte er mir auf Schritt und Tritt.
»Ich bin gekommen, um ... also ich muss sicher sein, dass ... Herrgott, Lisa! Kannst du nicht einen Moment stehen bleiben?« Abrupt erfüllte ich seinen Wunsch, blieb direkt vor ihm stehen und funkelte ihn böse an. Er war nervös. Aufgebracht fuhr er sich durchs Haar, während sein herber Duft mir in die Nase stieg und mich verwirrte.
»Lisa, ... wir müssen reden. Bitte.«
Ich hielt den Atem an. Seine Augen wanderten über mein Gesicht und verweilten schließlich auf meinen Lippen.
Er war unrasiert und dunkle Schatten lagen unter seinen Augen. Sein Haar war zerzaust, als hätte er seit unserer letzten Begegnung keine Nacht mehr geschlafen. Seine Nähe machte mich unruhig und vernebelte mein klares Denkvermögen.
Ich widerstand dem Drang, meine Arme um seinen Hals zu legen, ihm mit meinen Händen durch sein Haar zu fahren. Wie es sich wohl anfühlen würde? Mist! Was dachte ich da? Ich wurde rot, schluckte und verbannte diese Gedanken sofort. »Wie lange bist du schon hier?«, wollte ich sachlich von ihm wissen. Dazu

stemmte ich meine Fäuste in die Hüften.
»Ein paar Stunden. Ich war heute Morgen im Neil´s, aber deine Kollegin sagte mir, dass du krank bist. Da kam ich hierher. Als du die Tür nicht geöffnet hast ...«
»Da dachtest du, du brichst mal eben hier ein?«, unterbrach ich ihn.
Er grinste schelmisch. »Ja. Schließlich hättest du ja auch bewusstlos sein oder Hilfe brauchen können. Außerdem wollte ich nicht, dass mich jemand vor deiner Tür entdeckt.«
Ich verdrehte die Augen, wandte mich von ihm ab, ging durch den Flur in mein Schlafzimmer und schaltete das Licht ein. Mimi lag gemütlich auf meinem Bett. Sie spitzte die Ohren, als sie Liam hinter mir herkommen hörte.
»Ich sollte mir einen Wachhund anschaffen«, sagte ich zickig und betrat das Zimmer.
Liam blieb im Türrahmen stehen, kreuzte die Arme und lächelte. Mimi erhob sich und sprang mit einem Satz vom Bett. Sie lief zu ihm und schmiegte ihren Körper an seine Beine.
Normalerweise mochte sie keine Fremden, also war meine Katze Liams Charme schon verfallen. Verräterisches Vieh! Verärgert warf ich Liam einen vernichtenden Blick zu.
Er lachte und streichelte Mimi, was mich auf die Palme brachte. »Sie mag mich eben.«
Ich öffnete die Schranktür, damit ich aus seinem Blickfeld verschwand. Insgeheim freute ich mich, ihn zu sehen, und es war schwer genug, mir das selbst einzugestehen. Aber diese Schwäche durfte er auf keinen Fall mitbekommen! Ich nahm frische Kleidung aus meinem Schrank.

»Wo warst du so lange? Solltest du nicht zu Hause sein, wenn du krank bist?«
»Ich bin nicht krank. Ich war bei einer Freundin, weil ich mich nicht wohlgefühlt habe, das ist alles.«
Wieso rechtfertigte ich mich eigentlich?
Mit der Kleidung in der Hand lief ich an ihm vorbei ins Badezimmer. Liam folgte mir. Begleitete er mich jetzt auch noch ins Bad?
»Ich gehe jetzt duschen und wenn ich fertig bin, bist du gefälligst verschwunden«, sagte ich, schloss die Tür und drehte den Schlüssel zur Sicherheit zwei Mal um.
»Aber ich muss mit dir reden.«
»Nicht heute, ich bin müde.«
»Aber es ist wichtig, Lisa.«
Ach! Plötzlich war es wichtig? Nur weil es ihm jetzt in den Sinn kam? Auf keinen Fall. Ich konnte auch stur sein.
»Liam, ich kam die letzten 24 Stunden kaum zur Ruhe. Ich will jetzt einfach nur duschen, eine Kleinigkeit essen und schlafen gehen. Was ist daran so schwer zu verstehen?«
Plötzlich war er still. War er schon gegangen? Ich horchte. Doch dann hörte ich ihn, er stand immer noch vor der Tür. »Na gut, wie du willst. Aber ich komme wieder«, rief er. Schritte entfernten sich und die Eingangstür fiel zu.
Erleichtert atmete ich auf. Ich zog mich aus und stellte die Dusche an. Warmes Wasser lief mir über den Rücken, löste ganz allmählich meine Verspannungen. Länger als üblich blieb ich stehen und genoss ich die Dusche.
Mein Magen knurrte bereits, als ich meinen Pyjama anzog und mein Haar trocken föhnte. Jetzt noch ein

Sandwich, dann wäre ich zufrieden.
Getrieben vom Hunger schloss ich die Badezimmertür auf. Auf halbem Weg zur Küche blieb ich wie erstarrt stehen – es roch nach Steaks. Ungläubig ging ich weiter und das Brutzeln von Fleisch war jetzt laut und deutlich zu hören. Auf dem Tisch in der Küche standen zwei Teller, zwei Weingläser und eine Salatschüssel.
»Oh, da bist du ja schon. Die Steaks sind gleich fertig, dann können wir essen. Es sei denn, du magst dein Fleisch durch.«
Das sollte wohl ein Scherz sein. Ich war sprachlos. Was bildete der Kerl sich eigentlich ein?
»Was tust du hier?«
»Komm, setz dich.« Er zog mir den Stuhl zurecht und goss Wein in die Gläser.
»Krieg dich wieder ein, wir essen und reden. Danach verschwinde ich.«
»Das ist unglaublich!« Widerwillig setzte ich mich.
»So, greif zu. Ich habe einfach das genommen, was du noch im Kühlschrank hattest. Morgen solltest du allerdings einkaufen, Süße.«
Er stellte das gebratene Fleisch auf den Tisch und nahm mir gegenüber Platz.
»Machst du das immer so?«
»Was?«, fragte er, während er mir Salat und Steak auf den Teller lud.
»Na, du brichst bei mir ein, kochst, obwohl ich davon ausgegangen bin, dass du meine Wohnung verlassen hast ... Was, wenn ich nackt aus dem Badezimmer gelaufen wäre? Ich meine, kennst du keine Privatsphäre?«
Seine Mundwinkel deuteten ein Lächeln an, während er kaute. »Selbst das hätte mich nicht gestört. Ich bin

mir sicher, nackt siehst du noch schöner aus.«
Ich verzog das Gesicht. Wie konnte ich auch nur so dumm sein und das Gespräch in diese Richtung lenken? Selbst Schuld. Um dieses Thema nicht weiter zu vertiefen, blickte ich auf meinen Salat. Der sah lecker aus und ich begann zu essen. Eines musste ich ihm lassen, er steckte voller Überraschungen.
Wir aßen und schwiegen, dabei beobachtete ich ihn verstohlen. Er sah wirklich gut aus, schlank, breite Schultern und sein Dreitagebart gab ihm etwas Verwegenes. Ich mochte seine markanten Züge, die jedoch weicher wurden, sobald er lachte. Es war ein schönes, breites Lachen, welches er selten zeigte. Aber sein Mund war eine Sünde. Ich hörte schon Tante Nancys Stimme: »zum Küssen geschaffen«. Ich biss mir auf die Lippen. Die Richtung meiner Gedanken gefiel mir ganz und gar nicht.
Völlig mit meinem inneren Chaos beschäftigt, schüttelte ich den Kopf, schnitt ein Stück vom Steak ab und schob es mir in den Mund.
»An was hast du gerade gedacht?«
»Ich? Äh ... an nichts.«
Er grinste. »Lügnerin.«
Ertappt durchforstete ich mein Hirn dringend nach einem unverfänglicheren Thema.
»An was denkst du denn?« Vielleicht war diese Gegenfrage gar nicht so schlecht, denn schließlich wollte er mit mir sprechen.
»Ich habe gerade gedacht, dass du eine sehr schöne Frau bist. Und unter anderen Umständen ... «
Na toll! Er ließ wirklich nichts anbrennen. »Glaub mir Liam, ich bin nicht dein Typ.«
»Das sehe ich anders. Allerdings ... «, er kniff die

Augen zusammen und musterte mich.
»Was?«
»Du bist anders. Irgendwie weicher, als du zugeben willst.«
»Das Gleiche könnte ich von dir sagen«, konterte ich.
Er ignorierte meinen Kommentar.
»Sag mal, wie viele Briefe hat dein Vater dir insgesamt geschickt?«
Ich verschluckte mich fast an seiner Frage. Wie konnte man so einen abrupten Themenwechsel vornehmen? Oder war ich ihm gerade zu nahe getreten?
»Zwei, warum?«
Er haderte mit sich, zögerte mit der Antwort, dabei sah er mich ernst an. »Weil Alex einen bekommen hat.«

***

Entgeistert starrte ich ihn an. Jetzt war Liam mir wirklich ein paar Erklärungen schuldig. »Alex? Du hast Kontakt zu ihm?«
»Nein.«
Jetzt kapierte ich überhaupt nichts mehr. »Nein? Woher weißt du es dann?«
Er lehnte sich zurück. »Ich habe dir schon einmal gesagt – du kennst mich nicht.«
»Mag sein. Das erklärt aber immer noch nicht, warum du weißt, dass Alex einen Brief von meinem Vater bekommen hat.«
Er senkte seinen Blick. »Ich habe einen Informanten in Ghent, der Alex für mich im Auge behält.«
»Du hast was?« Das klang schon sehr nach Spionage und machte ihn noch undurchsichtiger. »Und was steht in dem Brief?«

Er zuckte mit den Achseln. »Das weiß ich nicht und spielt eigentlich auch keine Rolle.«
»Natürlich spielt das eine Rolle! Es ist sogar extrem wichtig.«
»Für dich vielleicht. Für mich ändert sich dadurch nichts. Ich dachte nur, es würde dich interessieren.«
Wieso hatte ich ständig das Gefühl, dass Liam die Mauer um sich herum immer weiter hochzog, je vertrauter wir uns wurden? Noch nie war mir jemand begegnet, der so strikt niemanden an sich heranließ.
»Es interessiert mich wirklich. Ich finde, dass der Inhalt wichtig ist – auch für dich.«
Er runzelte seine Stirn. »Und wieso für mich?«
»Ganz einfach, weil ich immer noch glaube, dass wir erreichen können, dass er nicht aus dem Gefängnis kommt.«
Er lachte schallend, was ich überhaupt nicht nachvollziehen konnte.
»Was ist so lustig?«
»Na, du! Du bist so herrlich naiv. Nichts wird ihn aufhalten, Lisa. Glaubst du wirklich, er wäre so dumm, auch nur einen Regelverstoß zu begehen? Er wird sauber bleiben, bis zu dem Tag, an dem er zuschlägt.«
Ich dachte nach. Vielleicht hatte Liam recht, vielleicht aber auch nicht. Ich aß weiter, obwohl mir der Appetit inzwischen vergangen war.
»Und worüber musst du so dringend mit mir reden?«, wollte ich mit halbvollem Mund wissen.
Sein Gesicht nahm einen ernsten Ausdruck an, aber bevor er anfing zu sprechen, nahm er einen großen Schluck aus seinem Weinglas.
»Ich ... muss wissen, ob du mein Vorhaben akzeptieren kannst.«

Stirnrunzelnd sah ich ihn an. »Du willst wissen, ob ich dich an die Polizei ausliefere?«
»Ja, immerhin ist er dein Vater.«
Ich neigte meinen Kopf und versuchte, aus ihm schlau zu werden. Liam war nicht der klassische Mörder, wie ich mir ihn vorstellen würde – kalt, unberechenbar und ohne Gewissen. Dennoch war er geheimnisvoll.
»Hast du denn so etwas schon einmal getan?«
Mitten in seiner Kaubewegung hielt er inne und sah mich ernst an. »Du hast keine Ahnung, wer ich bin, stimmt´s?«
Sein Blick machte mich nervös, denn in seinen Augen schimmerte etwas Dunkles.
»Du willst auch nicht, dass ich das herausfinde, oder?«
Er aß weiter, ohne mir eine Antwort zu geben. Aber er beobachtete mich, was mir wirklich unangenehm war.
»Liam, ich weiß nicht, was ich denken soll. Also wenn du wissen willst, ob ich ihm eine Träne nachtrauern würde – nein, ganz bestimmt nicht. Aber ich kann es auch nicht gutheißen, wenn du ihn tötest – egal, was er uns angetan hat. Wir sitzen beide im gleichen Boot und meiner Meinung nach sollten wir zusammenhalten und uns gegenseitig schützen. Etwas Besseres fällt mir nicht ein.«
Ein Lächeln umspielte seine Lippen, doch es erreichte seine Augen nicht. »Und wie genau stellst du dir das vor?«
»Ich weiß nicht, sag du‘s mir.«
Schweigend aß er weiter, bis er den leeren Teller von sich schob. Mit einer Serviette wischte er sich den Mund ab und trank einen weiteren Schluck.
»Lisa, du kannst mir glauben, wenn ich dir sage, dass ich genug Erfahrung damit habe. Niemand wird je

herausfinden, wer es war. Ich werde alle Vorkehrungen treffen, damit keine Spur zu dir oder zu deiner Familie führt – das verspreche ich dir. Ich plane das schon seit sehr langer Zeit, einzig an dich habe ich nicht gedacht.«
Seine Worte sollten mich abschrecken und ich spürte deutlich, wie er mich auf Abstand halten wollte. Doch damit erreichte er nur das Gegenteil. Jetzt wollte ich alles von ihm wissen, mit allen Konsequenzen.
»Wie lange planst du das schon?«
Er überlegte. »Drei Jahre.«
»Das ist wirklich lang«, sagte ich und war ehrlich überrascht. »Was ... hast du, nachdem er eingesperrt war, gemacht? Ich meine, hast du eine Therapie begonnen oder sowas?«
»Nein, nie. Du etwa?«
»Nicht lange. Manchmal ... habe ich Albträume ... in letzter Zeit öfter. Denkst du manchmal darüber nach, was aus uns hätte werden können, wenn es nie geschehen wäre?«
Gedankenverloren kaute er weiter. »Jeden Tag.«
Seine Antwort überraschte mich nicht, mir ging es ja ähnlich. Und plötzlich konnte ich begreifen, warum er zu dieser Tat bereit war. Es war der Hass, den er spürte – jeden Tag, jede Stunde, jede Minute – wenn er sich daran erinnerte.
Mimi trabte ins Wohnzimmer, blickte kurz zu uns in den Essbereich und beschloss sich faul auf das Sofa zu legen. Ihr Miauen sorgte dafür, dass Liam schließlich auf ein anderes Thema zu sprechen kam. Zum ersten Mal unterhielten wir uns, über Haustiere und Katzen im Besonderen, Unis und Jobs in New York. Es lag so viel Normalität in unserem Gespräch, dass ich mich in seiner Gegenwart immer wohler fühlte.

Nach dem Essen räumten wir den Tisch ab. Mir kam der Gedanke, dass er tatsächlich darüber nachdachte, ob ich für ihn eine Gefahr darstellte. Ich verstand ihn. Ich vertraute ihm, obwohl ich ihn nicht kannte.

***

Als wir den Geschirrspüler eingeräumt hatten, lief er zum Sofa und nahm seine Lederjacke.
»Danke für das Essen.«
Wir standen uns gegenüber und wieder war da dieses merkwürdige Knistern zwischen uns, das ich nicht begreifen konnte.
»Du hast gekocht«, sagte ich peinlich berührt, weil er nicht aufhörte mich anzustarren, als wollte er etwas sagen. Verlegen strich ich eine Haarsträhne hinter mein Ohr. Er holte Luft, hielt sich aber im letzten Augenblick zurück.
»Also, vielleicht sieht man sich mal.«
Meine Knie wurden weich, als sein Blick noch intensiver wurde. Er zögerte, doch dann stand er plötzlich mit einem Schritt vor mir, sodass ich gezwungen war, zu ihm aufzusehen. Mit dunklem, verschleiertem Blick schaute er auf mich herab.
»Lisa ... wenn du möchtest, dann ...«
»Ja?« Meine Stimme klang heiser. Sofort schoss mir sein Duft in die Nase, der mich schlucken ließ. Meine Gedanken schwirrten. Mir war schrecklich heiß – die Heizung, ich musste sie runterdrehen. Und dann formte sich dieser Wunsch in meinem Kopf, wurde stärker und beherrschte mich völlig. Ich wollte ihn küssen und schmecken. Für nichts anderes schien mehr Platz in mir zu sein. Küss mich! Es hallte immer

lauter in mir nach und ich brauchte alle Willenskraft, meine Augen nicht zu schließen, um mich ihm anzubieten. Stattdessen verlor ich mich in seinen warmen Augen, die mich völlig weichspülten. Vergessen war meine Müdigkeit. Plötzlich strich er langsam mit dem Zeigefinger die Konturen meiner Lippe nach.
Mein Herz pochte wie verrückt und ich stand kurz davor, in Flammen aufzugehen. Ich widerstand dem Drang, seinen Finger in meinen Mund zu nehmen und daran zu saugen. Ein Seufzer entfuhr mir, was ihn für eine Sekunde die Augen schließen ließ.
Und dann war der Moment vorüber.
»Wir sehen uns, Süße«, flüsterte er. Es fiel ihm sichtlich schwer zu gehen – doch er tat es. Er ließ mich allein zurück. Zuerst war ich zu keiner Regung fähig, aber als die Tür hörbar ins Schloss fiel, presste ich meine Lider zusammen und versuchte krampfhaft, meine Fassung wiederzuerlangen. Ihn küssen? War ich denn verrückt geworden? Mein Gott! Wie konnte ich mir nur so etwas wünschen? Es musste am Wein liegen. Wütend nahm ich die Flasche und schüttete den Rest in den Ausguss. Meine innere Hitze war zwar verflogen, doch zur Sicherheit schaltete ich die Heizung aus. So etwas war mir noch nie passiert.
Als ich mich später ins Bett legte, fand ich noch lange nicht in den Schlaf. Ich wälzte mich hin und her. Sobald ich meine Augen schloss, tauchten Bilder von ihm auf und ich fühlte Emotionen, die mich total überwältigten.

Kapitel 12

Liam

Es war ein Fehler! Ich hätte ihr das nicht erzählen dürfen. Diese Briefe verkomplizierten alles.
Aufgewühlt fand ich nicht in den Schlaf – wie so oft in den vergangenen drei Jahren.
Der Reiz, einfach ein paar Pillen einzuwerfen, war mal wieder groß und ich befürchtete, schwach zu werden. Es wäre so leicht gewesen, wenn diese blonde Maus nicht dazwischengefunkt hätte. Jetzt verursachte sie nur Probleme. Obwohl es schön war, mit ihr zu reden. Ich fand sie witzig, wenn sie wütend war. Ihre Augen funkelten dann und ich glaubte, kleine Blitze darin zu erkennen. Dabei wirkte sie so zerbrechlich und sanftmütig, manchmal so zart wie eine Elfe.
Etwas war zwischen uns entstanden, wofür ich keine Erklärung hatte. Sie brachte mich zum Lachen, war mutig und entschlossen. Das imponierte mir. Gleichzeitig ertappte ich mich dabei, wie ich absichtlich ihre Nähe suchte. Aber das Schlimmste war, ich wurde schwach – immer wieder. Ich fühlte mich machtlos gegen ihre Art, die Dinge zu sehen – leichter und nicht so düster. Doch kaum war ich allein, umhüllte mich diese Dunkelheit, nahm mich gefangen und ließ keinen positiven Gedanken mehr zu. Weit entfernte sich das Licht, in welches mich Lisa führen wollte. Lisa war mein perfektes Gegenstück. Für mich war die Welt grau und trostlos, von ihr ging ein Lebenswille aus, der mich schon lange verlassen hatte.
Alles, was sie sagte, wie sie sich bewegte und was ich in

ihrem Gesicht lesen konnte, brachte mich zum Nachdenken.
Normalerweise war ich nicht der Typ für Frauen wie Lisa. Ich war hart, unnachgiebig und verkorkst. Ich nahm mir schon immer, was ich wollte, ohne groß darüber nachzudenken. Ich beschloss, in die US Army zu gehen, um meine Vergangenheit und meine Schuld hinter mir zu lassen. Heute wusste ich, dass das nur ein Weglaufen gewesen war. Dennoch bereute ich es nicht.
Ich tauschte meine heutige Schicht im Maboo und beschloss mich am Nachmittag nochmals aufs Ohr zu hauen. Doch kaum lag ich gemütlich auf dem Sofa, holte mich das Summen meines Handys aus meinen Gedanken wieder zurück. Es war Logan.
»Hallo?«
»Hi, ich bin´s. Am besten kreuzt du ganz schnell hier auf.«
»Warum? Was ist los?«
»Das wirst du sehen, wenn du hier bist.« Er beendete das Gespräch, ohne dass ich ihn weiter fragen konnte.
Wenn Logan so sprach, dann war es ernst. Also nahm ich meine Lederjacke und machte mich auf den Weg.
Minuten später kam ich im Maboo an. Alles war hell erleuchtet und Maria, unsere Putzfrau, wischte gerade den Boden.
»No, Senior!«, schimpfte sie mit mir, als ich neue, kleine Schmutzspuren auf den nassen Fliesen hinterließ.
»Entschuldigen Sie bitte. Wo ist er?«
Sie nickte in Richtung von Logans Büro. Mit großen Schritten, um Maria nicht noch mehr Arbeit zu verursachen, lief ich hinein und öffnete die Tür.
Wie gewohnt saß Logan an seinem Schreibtisch. Auf

einem seiner Sessel saß Lisa. Was wollte sie hier?!
»Da bist du ja. Also, am besten, ich lasse euch beide allein«, sagte Logan, stand auf und warf mir einen warnenden Blick zu.
Als er die Tür hinter sich schloss, schlenderte ich zu ihr. »Was ist passiert?«, wollte ich von ihr wissen. Sie sah nicht gerade so aus, als wäre alles in Ordnung. Nervös wippte sie mit dem Fuß und knabberte an ihrem Fingernagel.
»Ich muss dich dringend sprechen.«
»Jetzt bin ich ja hier. Was gibt´s?« Ich versuchte, so kühl wie möglich zu reagieren.
Nachdenklich machte sie eine kleine Pause, als müsste sie sich die Worte genau überlegen.
»Okay«, sie atmete tief ein. »Ich habe lange überlegt und ich möchte dir einen Vorschlag machen.«
»Jetzt bin ich aber gespannt.« Amüsiert lehnte ich mich an den Schreibtisch, überkreuzte die Arme und konnte mir ein Grinsen nicht verkneifen. Sie sah so süß aus, wenn sie nervös war und sich anstrengte, dies vor mir zu verbergen.
»Ich möchte nach Ghent fahren und Alex bitten, mir zu zeigen, was in dem Brief steht. Und ich möchte, dass du mich begleitest.«
Diese Frau! Irritiert schüttelte ich den Kopf. »Und was bezweckst du damit?«
»Ich möchte sehen, ob sich sein Brief von meinem unterscheidet. Wenn wir meinem Vater dadurch nachweisen können, dass er etwas Gesetzeswidriges plant, dann stehen die Chancen gut, dass er erst gar nicht freikommt. Oder zumindest ist den Behörden dann bekannt, dass er uns belästigt.«
Was war das denn schon wieder für eine verrückte

Idee? Vielleicht wollte sie auch einfach nicht, dass ihr Vater starb, und nutzte diese ganze Briefgeschichte nur als Ausrede.
»Lisa, ich ...«
»Lass mich ausreden, Liam.« Sie hob abwehrend die Hände und brachte mich zum Schweigen. »Ich habe einen Anwalt, der uns dabei helfen wird.«
»Moment! Du hast einen Anwalt konsultiert?«
»Nein, ich habe niemanden konsultiert. Ich habe mich einfach nur beraten lassen. Das Einzige, was er im Augenblick versucht, ist, eine einstweilige Verfügung gegen meinen Vater zu erlassen, damit er sich mir nicht nähern darf.«
»Scheiße! Hast du ihm von mir erzählt?«, brüllte ich wütend. Das durfte doch nicht wahr sein! »Bist du denn verrückt geworden?«
Sie wurde bleich. »Nein, du verstehst das falsch. Ich habe ihm nichts von dir oder Alex oder sonst wem erzählt, nur von mir. Ich habe ihn gefragt, was ich gegen meinen Vater unternehmen kann. Das ist alles.«
Ich seufzte. Konnte ich ihr das glauben? Mit dem Anwalt brachte sie all das in Gefahr, wofür ich jahrelang gearbeitet hatte.
»Liam, bitte. Ich will doch nur ...«, resigniert starrte sie auf ihre Hände.
»Ich kann das einfach nicht glauben! Wen versuchst du eigentlich zu retten?«
Sie hob ihren Kopf und sah mich von unten her an. Ihre Wangen färbten sich. »Dich«, flüsterte sie.
Es war so still im Raum, nichts nahm ich wahr, nur dieses geflüsterte Wort. Es prallte gegen meine innere Mauer und absichtlich stieß ich es von mir, wollte nicht zulassen, dass es in die Nähe meines kranken Herzens

kam. Von diesem ging jetzt eine Wärme aus, die sich immer mehr in mir ausbreitete. Ich verstand es nicht und sah schon gar keinen Sinn darin. Dennoch fühlte ich dieses Wort in meiner Brust, wie es in mir war und nicht wieder verschwinden wollte.
»Aber warum willst du, dass ich mitgehe? Mit Alexander wirst du auch ohne mich fertig. Ich bin mir sicher, er macht dir keine Probleme.«
»Also, ich würde mich einfach sicherer fühlen. Wenn du dabei bist, dann nimmt er uns ernster.«
»Warum tust du das, Lisa? Du weißt doch gar nichts von mir! Vielleicht bin ich es nicht wert? «
Beschämt senkte sie wieder ihren Blick. »Ich weiß genug, um zu wissen, dass du es sehr wohl wert bist, gerettet zu werden. Ich möchte einfach nicht, dass du dein Leben wegen ihm aufgibst.«
»Das musst du schon meine Sorge sein lassen«, sagte ich kühl.
Lisa ließ ihre Schultern hängen. Gab sie schon auf? War das alles, was sie an Energie aufzubringen vermochte?
Irgendwie war ich enttäuscht und trotzdem spürte ich den Drang, sie in meine Arme zu ziehen. Doch ich tat es nicht.
Sie biss auf die Zähne, als würde sie gegen ihre Tränen ankämpfen. Ihre Hände zitterten leicht und waren zu Fäusten geballt. Ihre Augen wanderten nachdenklich durch den Raum. Krampfhaft suchte sie nach einer Idee, nach irgendetwas, um mich umzustimmen.
Und dann passierte es. Ihre Augen nahmen ein Strahlen an und sämtliche Unsicherheiten waren wie weggewischt.
Kämpferisch hob sie mir ihr Kinn entgegen. »Wenn du

mich nicht begleitest, dann ... werde ich dem Anwalt von dir erzählen.«
Was? Fassungslos starrte ich sie an, konnte nicht glauben, was sie da gerade gesagt hatte. Erst musste ich schmunzeln, doch dann drang ein schallendes Lachen aus meiner Kehle. Ich hoffte, dass dies ein Scherz sein würde, doch sie zeigte keine Reaktion und verstärkte damit ihre Drohung. Als ich ihre Ernsthaftigkeit erkannte, blieb mir das Lachen schier im Hals stecken.
»Spinnst du? Weißt du, was du gerade tust? So etwas nennt man Erpressung, Lisa.«
»Nenn es, wie du willst. Ich bleibe dabei. Am Samstag werde ich nach Ghent fahren – mit dir oder ohne dich.«
»Ist das dein letztes Wort?«
»Ja.«
Ich überlegte. Ich wusste genau, dass sie nicht so weit gehen würde, und es war total kindisch und albern. Dann musste sie eben kapieren, wie ernst mir die ganze Sache war. »Na gut, dann ist das meine Antwort: NEIN! Ich werde nicht mitkommen.«
Ihr Kinn zuckte aufgeregt, aber sie sagte kein Wort, lief wutentbrannt aus dem Büro und schlug laut die Tür hinter sich zu.

***

Ich zündete mir eine Zigarette an und nahm den Drink, den Logan mir eingeschenkt hatte, dankbar an.
»Die Kleine hat es aber in sich, findest du nicht auch? Ich frage mich nur, ob sie dir wirklich etwas Gutes tun will oder ob es ihr nicht nur um das Leben ihres Vaters geht.« Er setzte sich in den Bürostuhl vor seinen

Schreibtisch.
»Ich weiß es nicht, Logan«, sagte ich nachdenklich. »Aber sie hat Mut, das muss man ihr lassen.«
»Das nützt uns aber nichts.«
»Meinst du, sie verpfeift dich?«
»Nein, das tut sie nicht. Zumindest kann ich mir das nicht vorstellen. Ich glaube, soweit kann ich sie schon einschätzen.«
»Und du hast ihr immer noch nicht die ganze Wahrheit gesagt?«
»Nein. Und das werde ich auch nicht.«
Er nickte und trank von seinem Gin Tonic. »Und was wirst du jetzt tun?«
Ich sah dem Rauch zu, wie er sich im Raum ausbreitete. »Nichts. Ich glaube, sie war nur enttäuscht darüber, dass ich nicht begeistert war von ihrer Idee, nach Ghent zu fahren. Sie wird sich schon beruhigen.«
»Und warum hast du nicht einfach eingewilligt? Ich meine, sie versucht dich vielleicht doch zu retten. Warum gibst du ihr nicht die Chance dazu?«
»Wozu? Das ändert nichts an der Tatsache, dass ich Mason Melory umlegen werde. Briefe hin oder her.«
»Das ist mir schon klar, aber ich sehe doch ganz deutlich, dass die Kleine dich nicht kaltlässt. Warum bist du dann so hart zu ihr, wenn dir offensichtlich etwas an ihr liegt?«
Ich sah meinen Freund an. Ich wusste genau, dass er damit recht hatte.
»Du kennst mich schon so viele Jahre, Logan. Du weißt genau, was alles hinter mir liegt.«
»Genau deshalb. Wieso bestrafst du dich selbst? Sie ist vielleicht die Einzige, die dich wirklich retten kann. Tu dir selbst einen Gefallen. Du könntest es sonst bereuen

und nie mehr von all dem Ballast, den du mit dir herumträgst, loskommen.«
Ich stand auf und trank das Glas in einem Zug aus.
»Ich hau ab«, sagte ich und schlenderte zur Tür.
»Liam?«
Ich wandte mich noch einmal zu ihm um.
»Denk wenigstens darüber nach.«
Ohne ein weiteres Wort verließ ich das Maboo, startete mein Motorrad und fuhr aus New York heraus. Ich brauchte Luft zum Atmen.

Kapitel 13

Lisa

Ich lief durch die Straßen, bis meine Wut verraucht war. Zurück blieben Scham und Ärger über meine eigene Blödheit, weil ich mich vor Liam völlig lächerlich gemacht hatte.
Meine Güte! Was war nur in mich gefahren? Ich hatte einen halbherzigen Erpressungsversuch gestartet, ohne darüber nachzudenken, wie das auf ihn wirken musste. Kein Wunder, dass er sich davon nicht hatte beeindrucken lassen.
Trotzdem wollte ich nach Ghent. Ich musste einfach wissen, was in dem Brief von Alex stand. Natürlich war mir klar, dass mein Vater nicht so dumm sein würde, eine offene Drohung aufs Papier zu schreiben. Doch meine Hoffnung beruhte darauf, dass er einen deutlichen Hinweis darin versteckt hatte, den ich John Great, dem Anwalt, geben könnte. Es war zumindest ein Strohhalm, nach dem ich greifen musste. Somit könnte Liam nochmals gründlich über sein Vorhaben nachdenken.
Außerdem ging mir die Frage nicht aus dem Kopf: wenn mein Vater wirklich rehabilitiert wäre – würde er uns dann nicht in Ruhe lassen?. Dann wüsste er genau, dass wir niemals wieder etwas mit ihm zu tun haben wollten. Warum dann diese Briefe? Das war der Hauptgedanke und die Hoffnung darauf, dass ich einen Fehler finden würde, den er vielleicht gemacht hatte.
Zornig wusch ich mir die Tränen aus dem Gesicht, während ich mich auf den Heimweg machte. Okay,

Liam wollte nicht mitkommen. Warum war er nur so stur? Was hatte er schon zu verlieren, außer Zeit? Aber je länger ich darüber nachdachte, desto besser verstand ich ihn. Sein Hass auf meinen Vater musste unbändig sein. Trotzdem klang die Enttäuschung nicht ab.

***

Die nächsten Tage vergingen, ohne dass ich etwas von Liam gehört hatte. Natürlich wunderte ich mich nicht darüber, aber ich hoffte jedes Mal, wenn die Ladentür aufging, wenn ich die Uni verließ oder wenn ich abends nach Hause kam, dass er plötzlich vor mir stehen würde.
Ich verbrachte viel Zeit damit, zu lernen, so kam ich endlich mal dazu, Professor Waterly zufriedenzustellen. Meine Leistungen hatten in letzter Zeit in manchen Fächern nachgelassen und dagegen musste ich dringend etwas unternehmen.
Die Lasagne befand sich bereits im Ofen und gleich würde Aidan kommen. Wir wollten zusammen lernen. Das Essen war sozusagen ein Ersatz für das Date, das nicht stattgefunden hatte.
Der Tisch war bereits gedeckt und gerade öffnete ich eine Flasche Wein, als es an der Tür klingelte.
Aidan strahlte übers ganze Gesicht.
»Guten Abend, schöne Frau.« Er küsste mich auf die Wange, drückte mir einen Strauß Blumen in die Hand und lief hinein. »Hm! Was duftet hier so?«
»Na, die versprochene Lasagne«, sagte ich und folgte ihm in die Küche. Aus dem Schrank nahm ich eine Vase, goss frisches Wasser hinein und stellte die Blumen auf den Tisch.

»Danke, sie sind wunderschön. Das Essen ist jeden Augenblick fertig. Hast du Hunger?«
»Machst du Witze? Ich verhungere gleich.«
Es war einfach wunderbar, mal nicht über meine Probleme zu grübeln, sondern locker und leicht über normale Themen, die Studenten so hatten, zu plaudern. Wir lachten viel und hatten Spaß. Aidan und ich ließen uns die Lasagne schmecken. Nach dem Essen räumten wir gemeinsam die Küche auf.
»Sag mal, Aidan, kannst du mir bei Professor Waterlys Thema helfen? Ich habe da einige Punkte nicht verstanden.«
»Natürlich, kein Problem.«
Nach einer Stunde rauchte mir der Kopf.
»Ich werde das nie in mein Hirn bekommen. Wieso muss immer alles so kompliziert sein?«
Aidan lachte. »Ach was, das bekommst du schon hin. Du musst nur wissen, wann welche Formel anzuwenden ist.«
»Dein Wort in Gottes Ohr«, seufzte ich und rieb mir die Schläfen.
»Sieh mal.« Mit unendlicher Geduld versuchte Aidan es noch einmal und ich fragte mich, ob er sich unter seiner ruhigen Fassade nicht die Haare raufte.
Der ersten Hälfte seines Vortrages konnte ich folgen, doch als ich mich wiederholt für die falsche Formel entschied, war klar, dass ich es immer noch nicht verstanden hatte. Als ich dann auch noch laut gähnte, lehnte sich Aidan grinsend zurück. »Na gut, machen wir Schluss für heute. Wenn du willst, können wir es am Samstag nochmals versuchen.«
»Bitte entschuldige. Vielleicht fällt der Groschen ja am Samstag. Ich ... Oh, am Samstag?« So ein Mist! » Da

kann ich leider nicht.«
Enttäuschung spiegelte sich in seinem Gesicht.
»Warum? Hast du ein Date?« Ich sah Aidan genau an, wie sehr ihm dieser Gedanke missfiel.
Schön wär´s. »Nein, es geht um eine Familienangelegenheit und das kann ich leider nicht aufschieben.«
Er nickte, doch ich sah ihm deutlich an, dass er mir das nicht so ganz abnahm. »Hat es etwas mit dem mysteriösen Motorradfahrer zu tun, der dich neulich an der Uni abgeholt hat?«
Es passte mir überhaupt nicht, dass unser Gespräch in diese Richtung verlief. Ich wurde rot und um Zeit zu gewinnen, stand ich auf, nahm die leere Schale mit den Nüssen und ging in die Küche. »Willst du auch noch ein paar Erdnüsse?«
Aidan sah mir nach und erhob sich plötzlich. »Sag mal, weichst du mir aus?«
»Dir ausweichen? Wie kommst du denn darauf?«
Er lief mir in die Küche hinterher.
»Weil du zuerst rot anläufst wie eine Tomate, dich offensichtlich ertappt fühlst und meine Frage nicht beantwortest.«
»Ich werde nicht rot. Und was hattest du mich gefragt?«
Aidan ließ mich nicht aus den Augen. Mist!
»Komm schon, Lisa. Ich merke doch, dass du mir etwas verheimlichst. Wer war dieser Typ auf dem Motorrad?«
»Ich verheimliche dir nichts. Und der Typ war ... ein Cousin«, log ich.
Misstrauisch sah er mich an. »Ein Cousin also?«
»Ja! Er war vorbeigekommen, um ...«
Aidan nahm mir die Schale ab, stellte sie auf die

Arbeitsfläche und nahm meine Hände. »Lisa, du weißt, ich bin dein Freund. Und seit einiger Zeit habe ich bemerkt, dass etwas nicht in Ordnung ist. Anfangs habe ich geglaubt, es würde an mir liegen. Aber nachdem du dich immer weiter zurückgezogen hast, glaube ich, dass es noch jemanden in deinem Leben gibt. Und ehrlich gesagt macht mich das ein wenig eifersüchtig.« Sanft strich er über meine Hände, streichelte meine Fingerkuppen und wartete auf eine Reaktion. Was sollte ich ihm sagen? Die Sache mit dem Cousin nahm er mir wohl nicht ab. Und schließlich konnte ich ihm nicht erzählen, wer Liam genau war. Wärme und Hoffnung lagen in seinem Gesicht. »Du weißt, was ich für dich empfinde. Bitte, wenn du mir nur sagen würdest, dass du Zeit brauchst, dann wäre ich der glücklichste Mann der Welt. Aber ich muss einfach wissen, ob ich überhaupt eine Chance bei dir habe.«

Oh Gott! Ich wollte ihm auf keinen Fall wehtun. Es war ihm wirklich ernst!

»Aidan ... ich ...«

»Pst! Sag jetzt nichts.« Er legte seinen Zeigefinger auf meinen Mund. »Ich wollte dich nicht in Verlegenheit bringen, aber du sollst wissen, wie ich für dich fühle.«

Ich schluckte.

Es war für mich das erste Liebesgeständnis überhaupt und ich hatte damit keinerlei Erfahrungen.

Die unbeschwerte Stimmung war dahin und ich befürchtete, dass das über den Abend hinausgehen könnte. Das war das Letzte, was ich wollte.

Er stand so nah bei mir, dass ich die Luft anhielt. Sein Atem streifte mein Gesicht. »Ich habe mich in dich verliebt, Lisa Green. Seit Monaten laufe ich dir

hinterher, aber du scheinst es nicht wahrzunehmen.«
»Aber ...«, stammelte ich. »Aidan, ich ...« Mehr brachte ich einfach nicht zustande, zu sehr schockierte mich sein Geständnis und mein Herz zog sich zusammen.
»Ich weiß, es gibt etwas, was du vor mir verheimlichst. Du musst es mir nicht sagen, aber ich wünschte, du könntest mir vertrauen.«
»Ich vertraue dir, es ist nur ...« Ich rieb mir über die Stirn, ratlos, was ich ihm sagen sollte. »Ich mag dich, Aidan, sogar sehr.«
Er senkte den Blick und nickte. Doch die Enttäuschung stand ihm ins Gesicht geschrieben. Er ließ mich los und lächelte. »Ich kann warten. Lust auf einen Film?« Er nahm die Packung mit den Nüssen und füllte die Schüssel. Verwirrt und durcheinander sah ich ihm dabei zu. Ich brauchte eine Weile, bis ich mich wieder fangen konnte.
»Ich glaube, es ist doch besser, wenn ich jetzt gehe. Du bist bestimmt sehr müde.«
»Nein, Aidan, du brauchst nicht zu gehen«, beeilte ich mich zu sagen, wollte ihn am Arm berühren, doch er lief schon in den Flur.
»Ich weiß, aber ich glaube, es ist besser. Sehen wir uns morgen in der Uni?«
Was für eine Frage! »Natürlich!«
Er zog seinen Mantel an. »Sei mir nicht böse, in Ordnung?«
»Aidan, warte. Ich bin dir doch nicht böse.«
Mit wenigen Schritten hatte ich ihn eingeholt und blieb direkt vor ihm stehen. Erwartungsvoll sah er mich mit seinen treuen Augen an.
Mein Herz begann zu rasen, aber ich wollte ihn nicht so gehen lassen. »Ich kann nicht leugnen, dass da jemand

ist, aber ich mag dich. Ich mag dich sogar sehr.«
»Du magst mich?« Er war enttäuscht.
Ich nickte. »Ich weiß nicht, was ich dir sonst noch sagen kann. Ich will nicht, dass unsere Freundschaft darunter leidet.«
Er öffnete die Tür. »Mach dir keine Sorgen. Das wird es nicht.« Er lächelte. »Gute Nacht, Lisa.« Er hauchte mir einen flüchtigen Kuss auf die Wange und ging.
Wieso hatte ich das Gefühl, mal wieder alles falsch gemacht zu haben?
Aidan war mein Freund und daran sollte sich auch nichts ändern. Aber schließlich konnte ich ihm ja keinen Gefallen tun und ihm Dinge versprechen, die ich nicht halten konnte. Er kannte die Lisa Green, die ich ihm all die Monate vorgespielt hatte. Von Laura Melory hatte er keine Ahnung.

***

Am Freitagnachmittag war ich mit Hannah im Neil´s verabredet. Gleich nach meiner Schicht wollten wir einen Kaffee trinken.
Es war kurz vor zwei Uhr, als sie das Neil´s betrat. Ihre Wangen waren von der Kälte gerötet und ließen sie frisch aussehen. Das Strahlen ihrer Augen könnte ganz New York mit Strom versorgen. Ein stetiges Lächeln lag auf ihren Lippen.
»Hi, ich bin gleich soweit«, rief ich ihr zu und ging zu Stella in den Aufenthaltsraum, die ihre Schicht gleich anfangen würde.
»Hannah ist da.«
»Wie schön. Was habt ihr zwei Hübschen vor?«
Ich lächelte. »Wir machen mal wieder einen Mädels-

Nachmittag. Du weißt schon, über Kolleginnen herziehen, shoppen ... das Übliche eben«, scherzte ich und streckte ihr die Zunge heraus.
Sie lachte. »Göre! Ich wünschte, ich könnte mitkommen, aber wenn ich mir euch so ansehe, dann glauben die Leute wahrscheinlich, Mum geht mit ihren beiden Töchtern aus.«
»Ach komm, so alt bist du nun auch nicht. Außerdem warst du schon häufiger mit uns unterwegs.«
»Eben. Du hast da nur die Blicke und das Getuschel nicht mitbekommen.«
Ich schüttelte grinsend den Kopf und zog meine Schürze aus. »Machst du für uns zwei Latte Vanille zum Mitnehmen?«
»Natürlich. Mit extra viel Milchschaum, wie immer?«
Ich nickte. »Du bist die Beste.«
Stella machte sich an die Arbeit, während ich meinen Mantel und meine Mütze anzog. Ich warf noch einen Blick auf mein Handy, in der Hoffnung, Liam hätte mir eine Nachricht geschickt oder angerufen. Dabei wusste ich noch nicht einmal, ob er meine Nummer besaß. Aber das ständige Nachsehen gab mir die Gewissheit, wenigstens nichts verpasst zu haben.
»Ich wünsche euch beiden viel Spaß«, sagte Stella und stellte die Pappbecher mit dem heißen Gebräu auf die Theke. Kunden betraten den Laden und Stella winkte uns noch einmal zu, als Hannah und ich in die Wintersonne traten.
»Das tut so gut! Ich kann es kaum erwarten, dass endlich Frühling wird.« Sie streckte ihr Gesicht der Sonne entgegen. Azurblauer Himmel und Sonnenschein – heute war ein schöner Tag in New York.

Ich hakte mich bei ihr unter und gemeinsam liefen wir die 5th Avenue entlang, bis wir im Central Park Bethesda Terrace erreichten. Die Sonne lockte Touristen an, die die Engelstatue im Brunnen fotografierten. Wir tranken unseren Kaffee und genossen den herrlichen Tag.

»Weißt du noch?« Ich stupste Hannah an, als wir am Brunnen vorbeiliefen.

Sie lachte. »Ja. Hier haben wir Jake nach der Vernissage das erste Mal wiedergetroffen. Und später haben du und ich uns gestritten.« Sie blieb stehen und sah zum Engel hinauf.

»Du warst aber auch unmöglich zu ihm.« Ich erinnerte mich, wie feindselig sie sich Jake gegenüber benommen hatte. Und jetzt waren sie ein Herz und eine Seele.

»Stimmt! Damals war ich total schockiert und gleichzeitig fasziniert von ihm.«

»Ich freue mich jedenfalls sehr für euch.« Wir liefen weiter.

»Hast du mal was von Matt gehört? Ich meine, weißt du, wie es ihm geht?«

»Machst du dir etwa immer noch Gedanken um ihn?« Sie zuckte mit den Schultern.

Ich schenkte ihr ein beruhigendes Lächeln. »Sag bloß, du hast immer noch Gewissensbisse wegen der Sache.«

Sie seufzte. »Nein, aber ich würde schon gerne wissen, wie es ihm geht. Schließlich waren wir mal ein Paar.«

Bevor Jake in Hannahs Leben getreten war, stand sie kurz davor, Matt zu heiraten. Äußerlich schienen die beiden ein gutes Team gewesen zu sein. Doch Hannah war nicht glücklich. Schon damals war mir klar gewesen, dass es zwischen den beiden nicht

funktionieren würde.
»Dass er unfreiwillig geheiratet hat, weißt du ja. Vor ein paar Wochen hat er mich einmal nachts angerufen. Er klang etwas verwirrt und redete erst um den heißen Brei herum. Dann erzählte er mir, dass er sich ernsthaft in seine Frau Lu verliebt hätte, sie ihm aber das Leben schwer machen würde. Er wollte damals meinen Rat und das Letzte, was ich gehört habe, waren wilde Geschichten um einen Elefanten und dass es ihm jetzt aber sehr gut geht.«
»Was für einen Elefanten?«, wollte Hannah wissen.
»Keine Ahnung. Wer weiß, vielleicht stimmen die Gerüchte ja auch nicht. Soll ich versuchen, etwas über ihn herausbekommen?«
Hannah schüttelte den Kopf. »Nein, lass nur. Es hat mich nur interessiert.«
Schweigend liefen wir weiter und setzten uns auf eine Bank in der Sonne.
Sie legte ihren Kopf auf meine Schulter. »Ich verstehe dich jetzt viel besser. Vieles ist mir klar geworden und trotzdem frage ich mich, woher du dein Selbstbewusstsein hast. Ich finde es unglaublich. Ich meine, nach so einem Schicksal ... Seit wir uns kennen, habe ich dich immer als keck und offen erlebt.«
»Was hatte ich denn für eine Wahl? Entweder ich bleibe in Little Falls und werde dort für immer die mitleidigen Blicke der Leute ertragen müssen oder ich gehe fort und versuche, das Beste aus meiner Situation zu machen.«
Sie nickte zustimmend. »Das zeigt aber, wie stark du bist.«
»Ich? Stark? Du hast keine Ahnung, wie sehr es mich belastet. Anfangs fiel es mir leicht, hier in New York.

Aber jetzt weiß ich, dass es nur ein Davonlaufen war. Ich bin, wer ich bin. Das kann ich nicht leugnen, auch wenn ich hier in New York vorgebe, jemand anderes zu sein. Trotzdem bin ich oft einsam.«
Sie legte ihren Arm um mich. »Du bist nicht allein, Lisa. Ich werde dich niemals im Stich lassen und immer für dich da sein.«
Ich schluckte. Das war das Netteste, was ich in den letzten Monaten gehört hatte. Mein Kloß im Hals verschwand trotzdem nicht, da konnte ich schlucken, wie ich wollte. »Womit habe ich dich verdient, Hannah?« Ich war ehrlich berührt. Wir umarmten uns, ich drückte meine Freundin fest an mich.
»Du hast so viel mehr verdient«, sagte sie und löste sich aus meiner Umarmung. »Deine Vergangenheit ist bestimmt auch der Grund, warum du keine Beziehung hast, oder?«
Dieses Thema hatte ich nicht erwartet und ich spürte die alte Beklommenheit in mir aufbrechen. Hannah wusste zwar, wie ich über Männer dachte, aber jetzt, da sie die wahren Gründe für meine zurückhaltende Art kannte, konnte ich viel leichter mit ihr darüber sprechen.
»Ja«, flüsterte ich. »Das, was mir passiert ist, ist schlimm. Mein Vater hat mich zwar sexuell nicht missbraucht, aber trotzdem schaffe ich es nicht, einen Mann an mich heranzulassen.
»Das kann ich verstehen, mir würde es wahrscheinlich auch so gehen«, sagte sie. »Vielleicht war bisher der Richtige einfach noch nicht dabei. Was ist mit Aidan? Soweit ich weiß, ist er sehr an dir interessiert.«
Ich seufzte. Aidan. Mein schlechtes Gewissen brodelte auf, wenn ich an unser letztes Treffen dachte.

»Das Problem ist nicht Aidan. Er ist sehr lieb, einfühlsam und er spürt ganz genau, dass ich etwas vor ihm verberge. Er will mir Zeit geben und all das. Aber ich weiß nicht, Hannah ... allein die Vorstellung, von ihm berührt zu werden, fühlt sich merkwürdig an.«
Hannah runzelte die Stirn. »Definiere merkwürdig«, forderte sie mich auf.
Ich zuckte mit den Schultern. »Keine Ahnung, anders eben?«
»Schlägt dein Herz schneller oder fühlst du ein Kribbeln im Bauch, wenn du ihn triffst?«
Ich dachte nach. Es fühlte sich so an, als würde ich Stella treffen – oder Hannah.
Ich schüttelte den Kopf und sie verstand, dass ich für Aidan nicht die gleichen Gefühle hatte wie er für mich.
Mit hämmerndem Herzen sah ich meine beste Freundin an. »Es gibt aber jemanden. In seiner Anwesenheit reagiere ich völlig paradox«, sagte ich leise. »Ich bin schnell böse auf ihn und genauso schnell wieder versöhnt. Ich sage dumme Dinge. Ich bin schrecklich aufgeregt und muss ihn immerzu anstarren. Mein Herz läuft ständig Gefahr, einen Infarkt zu erleiden, und wenn ich die Augen zumache, taucht sein Bild auf.«
»Du bist verliebt.« Hannah rückte noch ein wenig näher, grinste und sah mich verwundert an. »Kenne ich ihn?«
Diesmal war ich diejenige, die rot anlief. »Ja, du kennst ihn.«
»Um Gottes willen, Lisa! Spann mich nicht so auf die Folter! Wer ist es?«
Meine Finger kreisten nachdenklich über den Kaffeebecher, den ich zwischen meinen Händen hielt.

Ich haderte mit mir, war mir nicht sicher, ob ich Hannah von ihm erzählen sollte. Aber das befreiende Gefühl, diese Dinge mit ihr zu teilen, war stärker.
Ich sah meine Freundin an. Ich vertraute ihr.
»Sein Name ist Norman Jenkins, du kennst ihn unter Liam Norris.«
Jetzt war es endlich heraus. Ich wusste genau, wie verrückt es sich anhören musste. Gefühle für ein Opfer meines eigenen Vaters zu haben, musste ein bizarres Bild abgeben. Aber so empfand ich nun mal. Es entstand eine quälende Stille zwischen Hannah und mir, die ich kaum mehr ertragen konnte. »Ich weiß, das muss sich in deinen Ohren pervers anhören. Ob ich verliebt bin oder ob es einfach nur ein paar Emotionen sind, weil wir eine gemeinsame Vergangenheit haben, kann ich dir nicht sagen. Aber alles in meinem Kopf dreht sich nur um ihn.« Ihre Gesichtszüge entgleisten und sie sah mich mit großen Augen ungläubig an.
»... Jetzt sag schon endlich was!«
»Äh ... also ... du redest von dem Typen aus der Cocktailbar?«
Ich nickte.
»Oh, okay! Dann war unser Treffen dort von dir absichtlich gewählt?«
»Ja, ich habe ihn schon länger beobachtet. An unserem Abend wollte ich ihn mir das erste Mal aus der Nähe ansehen.«
»Jetzt wird mir einiges klar. Dein merkwürdiges Verhalten an dem Abend, deine Nervosität und deine Wortkargheit ... Weiß er, wer du bist?«
»Ja, er weiß es.«
»Und wie hast du es ihm gesagt?«
Ich atmete tief ein. Jetzt kam der knifflige Teil, aber ich

war fest entschlossen, ihr alles zu erzählen – bis auf seinen Plan.
»Also, um ehrlich zu sein, er hat mich dabei erwischt, wie ich in seine Wohnung eingebrochen bin.«
Hannah riss die Augen auf. »Du bist was?«
Ich versuchte ihr meine Gründe zu erklären. »Ich weiß, wie sich das in deinen Ohren anhören muss, aber wie sollte ich sonst herausfinden, ob er auch Briefe von meinem Vater erhalten hat? Jedenfalls hat er mich erwischt und da musste ich ihm sagen, wer ich wirklich bin.«
Hannah war geschockt und in ihrem Gesicht schien es zu arbeiten. Kaum merklich schüttelte sie ihren Kopf. »Du bist bei ihm eingebrochen«, stellte sie immer noch erschrocken fest. »Und wie hat er reagiert?«
»Anfangs war er natürlich sauer, aber dann ...«
»Ich fasse es nicht. Du bist wirklich bei ihm eingebrochen? Warum hast du ihn im Maboo nicht einfach angesprochen und ihm erklärt, was du von ihm willst?«
Beschämt senkte ich meinen Blick. »Weil ich mich nicht getraut habe. Außerdem wusste ich nicht, wie er reagieren würde, denn schließlich war sein Peiniger mein Vater.«
»Trotzdem, Lisa. Das hättest du nicht tun dürfen.«
»Es ist gut gegangen. Er war mir nicht lange böse.«
»Du steckst wirklich voller Überraschungen, das muss ich schon sagen. Und? Hat er auch Briefe bekommen?«
»Nein, aber Alexander.«
Sie sah mich an. »Das ist das andere Opfer, oder?«
»Ja. Deshalb werde ich morgen zu ihm fahren und ihn bitten, mir den Brief zu zeigen. Ich will wissen, was drinsteht, und mit ein wenig Glück kann der Anwalt

von Jake vielleicht erreichen, dass mein Vater weiterhin eingesperrt bleibt.«

Wir erreichten das kleine Seerestaurant, in dem wir damals mit Jake einen Kaffee getrunken hatten. Am Ufer sonnten sich kleine Enten und ließen sich von einer älteren Frau mit Brot füttern.

Hannah und ich sahen ihr dabei eine Weile zu.

»Findest du das abartig? Ich meine, weil ich etwas für Liam empfinde?« Wenn sie jetzt sagen würde, dass sie es für das Verrückteste und Ekligste halten würde, was sie jemals gehört hatte, dann wüsste ich nicht, was ich tun sollte. Ich wollte diese Gefühle nicht, aber sie einfach abzustellen war unmöglich.

»Nein, ich finde es nicht pervers. Aber um ehrlich zu sein, es ist schon sehr ungewöhnlich. Weiß er davon?«

»Nein. Vor Kurzem stand er plötzlich bei mir im Café und seitdem ... na ja, wir treffen uns hin und wieder.«

»Wieso hast du mir das noch nicht erzählt?«

»Ich hatte so viel zu tun, Hannah, und es ist so viel geschehen. Ich brauchte Zeit, um alles gedanklich zu ordnen.«

»Er wurde doch von deinem Vater ... sexuell missbraucht?«

Wieder nickte ich, weigerte mich, es laut auszusprechen. Sie keuchte und ließ meine Geste nachhallen.

Wir schwiegen. Keine von uns beiden wollte die Gedanken der anderen stören. Aber ich spürte, wie Hannah mich aus den Augenwinkeln beobachtete. Sie war geschockt, genau wie ich.

»Ich weiß, dass ich diese Gefühle für ihn nicht haben sollte, aber sie sind einfach da und ich kann nichts dagegen tun. Kannst du das verstehen?«

Jetzt hakte sich Hannah bei mir unter. »Und ob ich das kann. Dagegen bist du machtlos, Süße. Aber je länger ich darüber nachdenke – warum eigentlich nicht? Ich meine, wenn ihr beide damit kein Problem habt und ihr darüber sprechen könnt?«
Ich kniff die Augen zusammen. »Nein, das kann ich auf keinen Fall machen. Und ich glaube, er will das auch nicht.«
»Wieso nicht? Hat er das gesagt?«
»Nein, aber vor kurzem hätten wir uns beinahe geküsst und bevor es dazu kommen konnte, ist er einfach gegangen. Verstehst du, Hannah? Er spürt es auch, aber unsere Vergangenheit steht zwischen uns.«
»Es tut mir so leid für dich, Liebes.« Wieder legte Hannah einen Arm um mich, wollte mich trösten, wusste aber, wie aussichtslos meine Situation war. Wir unterhielten uns noch eine Weile, doch diesmal gab sie keine klugen Ratschläge, die ich befolgen konnte – nichts, was es ertragbar oder leichter gemacht hätte.
In Gedanken versunken, schlief ich an diesem Abend auf dem Sofa ein. In ein paar Stunden würde ich mich auf den Weg nach Ghent machen. Ich war nervös. Als ich das letzte Mal dort gewesen war, hatte ich es nicht geschafft, meinen Mund aufzumachen und mich Alex vorzustellen. Hoffentlich würde mir das morgen gelingen.

Kapitel 14

Lisa

Eine lange Autofahrt stand mir bevor. In der Nacht hatte es geregnet und die Kälte hatte aus den Straßen eine Rutschbahn gemacht. Normalerweise hätte ich die Fahrt wegen des Glatteises vertagt, aber in diesem Fall konnte ich es nicht aufschieben.
Ich hatte mir einen Mietwagen besorgt, mit dem ich nun durch den dichten Verkehr von New York steuerte. Kurz hinter der Stadtgrenze konnte ich die Blechlawinen hinter mir lassen. Die Heizung lief auf Hochtouren und ich genoss den geringen Luxus des Wagens. Ich schaltete das Radio ein, um mich abzulenken. Je näher ich Ghent kam, desto nervöser wurde ich. Das Baby von Alex und seiner Freundin musste schon auf der Welt sein. Ich war gespannt, gleichzeitig hatte ich Angst vor der Begegnung. Wie würde er reagieren, wenn er mich sah? Hätte ich es richtig angestellt, dann würde Liam jetzt neben mir sitzen. Aber er tat es nicht und ich war daran selbst schuld. Der Ärger über mich brodelte wieder in mir auf, als ich an den dämlichen Erpressungsversuch dachte. Schnell wischte ich die Gedanken aus meinem Hirn. Ich war schon nervös genug und konnte jetzt nicht länger darüber nachdenken.
Nach etlichen Meilen erreichte ich endlich das Ortsschild von Ghent. Nichts hatte sich geändert, nur, dass der Winter hier Einzug gehalten hatte. Es war klirrend kalt und alles war schneeweiß. Das Thermometer im Auto zeigte minus elf Grad an. In der

Nähe der Werkstatt parkte ich das Auto. Als ich das erste Mal hier gewesen war, hatte ich ihn mit seiner schwangeren Freundin knutschend in einem Auto in der Werkstatt gestört. Ich war gespannt, was mich jetzt erwarten würde. Übelkeit stieg in mir hoch, mein Magen begann zu flattern vor Aufregung. Ich überquerte die Straße und lief direkt auf den Hof der Holdings zu. Der Schnee knirschte leise unter meinen Stiefeln, während ich direkt auf das Flachdachgebäude zulief. Vor dem privaten Eingang, gleich neben der Werkstatt, blieb ich stehen. Ich zögerte, Zweifel und Angst mischten sich in meine Gedanken. Ich musste es einfach tun!
Die Schultern straffend, klingelte ich und hielt den Atem an. Mein Puls raste und genau in dem Augenblick, in dem ich mich dazu entschied, davonzulaufen, öffnete Alex die Tür.
Neugierig starrten mich seine Augen an. Er trug einen dicken Pullover und eine Jeans. Tiefe Schatten lagen unter seinen Augen, dennoch lächelte er freundlich. Er musterte mich. »Hallo, haben Sie einen Notfall?«
Ich schüttelte den Kopf. Er runzelte die Stirn und sah mich fragend an. Obwohl sich mein Mund staubtrocken anfühlte, gelang es mir, endlich was zu sagen. Ich schluckte. »Mein Name ist Laura Melory und ich würde dich gerne sprechen.«
Sein Lächeln erlosch, er neigte seinen Kopf und musterte mich mit zusammengekniffenen Augen. Dann erhellte sich sein Gesicht und er wusste, wer vor ihm stand. Er trat aus der Tür und lehnte sie an.
»Du bist Laura Melory? Du warst doch im Sommer schon hier. Was willst du?«
»Ich will dich auf keinen Fall stören, aber ich habe ein

paar wichtige Informationen für dich, die ... IHN betreffen.«
»Alex, wer ist an der Tür?«, rief eine männliche Stimme von drinnen.
»Niemand!«, log er und wandte sich wieder mir zu. »Hör mal, die Sache ist ewig her und ich habe das schon lange hinter mir gelassen.« Er zog seine Stirn in Falten. »Wie hast du mich überhaupt gefunden?«
»Das ist jetzt nicht wichtig. Er wird bald entlassen und vielleicht gibt es die Möglichkeit, dass man ihn länger eingesperrt.«
Nachdenklich fuhr er sich durchs Haar und blickte abwechselnd zwischen Tür und mir hin und her. Im Hintergrund hörte ich das Baby weinen.
»Junge, wer ist denn da?« Alex´ Vater erschien. Auch diesmal trug er eine Schildmütze und einen blauen Overall. Neugierig sah er mich an. »Sie kenne ich doch«, sagte er. »Sie waren doch im Sommer wegen eines platten Reifens hier.« Er nahm seine Mütze vom Kopf und kratzte sich. »Moment! War Ihr Name nicht ... Green?«
Ich senkte verschämt meinen Blick.
»Das ist Laura Melory, Dad«, sagte Alex und trat beiseite. Ben Holding wurde blass und sein Gesichtsausdruck verfinsterte sich. »Sie sind die Tochter dieser Bestie?«
»Sie sagt, sie hätte Informationen für uns.«
Mr. Holding musterte mich eine Weile und warf seinem Sohn einen ernsten Blick zu, bevor er sich wieder an mich wandte. »Ist das wahr?«
Wieder nickte ich.
»Dann kommen Sie mal rein in die gute Stube.«

***

Drinnen war es behaglich und gemütlich. Durch den kleinen Flur führten sie mich in eine Wohnküche. Ein alter Kaminofen sorgte für Wärme im Raum. Ein Küchenschrank, in dem Teller aufbewahrt wurden, stand offen. Auf einem Tisch standen Kaffeebecher und Kuchen, eine Kerze brannte.
»Es tut mir leid, dass ich Sie störe«, entschuldigte ich mich.
»Um diese Zeit trinken wir immer Kaffee. Möchten Sie einen?«, umging er meine Frage.
»Gern.«
»Setzen Sie sich«, sagte Alex´ Vater und wies mich an, am Tisch Platz zu nehmen. Er holte eine Tasse aus dem Schrank, während Alex mich unentwegt anstarrte. Deutlich waren ihm seine Fragen anzusehen, aber er sagte kein Wort. Ich fühlte mich unbehaglich und für einen Moment fragte ich mich, was ich hier eigentlich tat.
Mr. Holding stellte eine Tasse vor mir auf den Tisch und schenkte heißen Kaffee ein.
Meine kalten Finger umklammerten das Porzellan, bevor ich mich an Zucker und Milch bediente.
»Was für Informationen haben Sie , Mrs. Melory?«
Für einen kurzen Moment war ich versucht, ihm meinen Fake-Vornamen anzubieten, doch ich unterließ es, um die Schwierigkeiten und die Erklärungen zu vermeiden. »Er soll bald entlassen werden.«
»Das wissen wir bereits«, sagte Alex in einem ernsten Ton.
Eine Tür wurde geöffnet und Alex‘ Freundin, die ich damals noch schwanger aus dem Cabriolet steigen sah,

betrat mit einem Baby auf dem Arm den Raum.
»Oh, hallo!« Sie blickte mich freundlich an.
Ich nickte ihr ebenfalls lächelnd zu. Ihr Bauch war jetzt wieder flach und auch diesmal hatte sie ihr langes, braunes Haar zu einem Pferdeschwanz zusammengebunden.
»Ich gehe mit Emilia spazieren, vielleicht schläft sie dann endlich«, sagte sie zu Alex.

»Ja, tu das, Mel. Wir haben hier noch etwas Geschäftliches zu besprechen.«
»Kannst du sie noch kurz halten, bis ich den Kinderwagen aus dem Schuppen geholt habe?«, fragte sie.
»Natürlich.« Alex nahm das Kind auf den Arm und küsste es, während Mel die Wohnstube verließ. Die Kleine war süß. Sie hatte dünne, blonde Locken und große, braune Kulleraugen. Sie sabbelte und brabbelte fröhlich und lenkte damit die gesamte Aufmerksamkeit auf sich.
Ich lächelte sie an. »Sie ist sehr hübsch«, sagte ich.
»Emilia ist unser ganzer Stolz«, erwiderte Mr. Holding und streichelte seiner Enkeltochter liebevoll über die Wangen. Sie quiekte vergnügt und zappelte unruhig.
Kurze Zeit später kam Mel mit einem dicken Schneeanzug und einer Decke für das Kind zurück. Gemeinsam zogen Alex und Mel ihre Tochter für den Spaziergang an. Wie vertraut sie miteinander umgingen! Sie arbeiteten Hand in Hand, bis Emilia, der die Anziehaktion offensichtlich gar nicht gefiel, es hinter sich gebracht hatte. Schnell beruhigte sich die Kleine, als Mel sie wieder auf dem Arm trug. Sie trat näher zu Alex, gab ihm einen Kuss auf den Mund und

nickte mir lächelnd zu, bevor sie mit dem Kind hinausging.
»Meine Enkelin bekommt gerade ihren ersten Zahn und macht die Nacht zum Tag«, sagte Mr. Holding grinsend und nahm einen Schluck von seinem Kaffee. »Aber zurück zu Ihnen. Wir wissen, dass Mason Melory entlassen wird. Und was können wir tun, damit er eingesperrt bleibt?«
Aus meiner Handtasche zog ich die beiden Briefe und legte sie offen auf den Tisch. »Vielleicht lässt sich hiermit etwas tun.«
Die Männer starrten die Umschläge an. Vater und Sohn warfen sich einen vielsagenden Blick zu. Ein Klingeln riss beide aus ihren Gedanken.
»Ich geh schon! Bestimmt hat Mel irgendwas vergessen«, meinte Mr. Holding und ging zur Tür.
Alex stierte auf die Schrift der Briefe.
»Ich habe mit einem Anwalt gesprochen, Alex. Wenn wir durch diese Briefe nachweisen können, dass er uns ganz offensichtlich bedroht oder etwas plant, dann können wir erreichen, dass er gar nicht erst freikommt. Aber dazu muss ich wissen, was in deinem Schreiben steht. Vielleicht kannst du mir eine Kopie mitgeben.«
Alex sah auf. »Tut mir leid, Laura. Ich habe einen Brief bekommen und den habe ich verbrannt.«
Was?! Er hatte den Brief verbrannt? Oh, nein! Resigniert schloss ich die Augen und ließ meine Schultern hängen. Jetzt war alles umsonst gewesen! Männerstimmen waren von draußen zu hören und lenkten mich ab. Auch Alex sah zur Tür. »Was ist denn da los?« Gerade wollte er nachsehen, da wurde die Tür geöffnet. In meinem Kopf war alles wie leergefegt, als Liam den Wohnraum betrat. Die Kinnlade klappte mir

herunter und mein Herz fing sofort an zu rasen, als unsere Blicke sich trafen. Er grinste dämlich und genoss den Augenblick.
»Heute scheint das große Treffen zu sein«, sagte Mr. Holding sarkastisch. Auch Alex stand fassungslos da und sah genauso verdutzt zu Liam.
»Es tut mir leid, wenn ich einfach so hereinplatze, aber ich glaube, ich sollte bei diesem Gespräch dabei sein«, sagte er ruhig. Seine Augen waren auf mich gerichtet. Was hatte das zu bedeuten? Warum hatte er seine Meinung geändert?
Alex schien sich wieder zu fassen. »Hallo Norman.« Er reichte ihm die Hand, Liam ergriff sie und die beiden nickten sich zu.
»Es ist ein paar Jahre her, dass wir uns das letzte Mal gesehen haben. Komm, setz dich. Möchtest du auch einen Kaffee?«
»Gern.« Liam setzte sich neben mich.
Seine plötzliche Anwesenheit stieß tausend Fragen in mir auf. Diese musste ich mir allerdings für später aufheben, aber innerlich feierte ich auch einen kleinen Sieg. Unruhig rutschte ich auf meinem Stuhl hin und her.
»Hast du es ihm schon gesagt?«, wandte sich Liam an mich. Seine Stimme verursachte mir eine Gänsehaut.
»Ihr beiden kennt euch?« Fragend sah Alex zwischen uns hin und her.
»Ja, wir kennen uns. Das ist aber eine andere Geschichte«, winkte Liam ab und rettete mich damit. Mr. Holding brachte auch Liam eine Tasse und schenkte ihm Kaffee ein. »Dann scheint es wohl doch mehr Informationen zu geben, als uns die junge Dame bisher mitteilen konnte.« Fragend sah Mr. Holding in

die Runde.
»Während Sie vorhin draußen waren, erzählte ich Ihrem Sohn, dass ich auch Post von ihm bekommen habe.«
Wieder bedachte Mr. Holding Alex mit einem bedeutungsvollen Blick.
»Ich habe mich von einem Anwalt beraten lassen. Wenn wir meinem Vater durch diese Briefe nachweisen können, dass er etwas im Schilde führt, dann haben wir gute Chancen, dass er nicht freikommt.«
Ruhe herrschte am Tisch.
»Ich sagte dir ja schon, dass ich den Brief verbrannt habe.«
»Wann hast du ihn bekommen?«, wollte Liam wissen.
»Vor ein paar Wochen. So genau weiß ich das nicht mehr.«
Die Gewissheit, dass Alex seinen Brief für immer zerstört hatte, zerrte an meinen Nerven. Unterm Tisch presste ich meine Hände gegeneinander. Damit hatte ich verloren. Die einzige Chance, Liam vor dieser Dummheit zu bewahren, war in den Flammen verbrannt. Ich konnte es nicht fassen, biss die Zähne zusammen und versuchte, meinen Ärger zu verbergen. Plötzlich legte Liam seine warme Hand auf meine. Bei der Berührung zuckte ich zusammen, ließ es aber geschehen. Ich wagte es nicht, ihn anzusehen.
»Also, erstmal waren wir erstaunt, dass er Alex gefunden hat. Als damals die ganzen Verhandlungen zu Ende gingen, beschlossen meine Frau und ich, dass es wohl das Beste wäre, Ilion für immer zu verlassen. Damals war Alex gerade vierzehn Jahre alt geworden und wir wollten, dass ihn nichts mehr an diese fürchterliche Zeit erinnert. Wir sagten auch

niemandem, wo genau wir hinzogen. Wie hat dieser Teufel nur herausbekommen, wo wir wohnen?«
»Das ist nicht so schwer, selbst dann nicht, wenn man im Gefängnis sitzt«, erklärte Liam. »Alex, kannst du dich erinnern, was genau in dem Brief stand?«
Er seufzte tief. »Den hundertprozentigen Wortlaut kann ich nicht wiedergeben, aber er schrieb, dass er bald rauskommen würde und sich schon sehr auf ein Wiedersehen freue. Er wollte mich besuchen kommen. Sowas in der Art.«
Na also! Das war doch mehr als merkwürdig. »Siehst du? Dagegen hätten wir sehr wohl etwas machen können! Jeder Dummkopf würde seine Nachrichten als Drohung betrachten«, platzte es aus mir heraus. Ich blickte zu Liam. Er nahm seine Hand wieder von meiner. »Das reicht vielleicht für diese einstweilige Verfügung, aber nicht, um ihn dauerhaft einzusperren.«
»Also, wenn ich ehrlich bin, glauben mein Vater und ich mehr an einen Einschüchterungsversuch.«
Einschüchtern? Zu welchem Zweck? Nein, ich war mir sicher, dass mein Vater in seinem kranken Hirn viel mehr ausbrütete.
»Darf ich?«, fragte Mr. Holding und wollte nach meinen beiden Briefen greifen.
»Nur zu. Sie beinhalten ungefähr das Gleiche. Nur kenne ich meinen Vater besser und nehme seine Briefe sehr wohl als Drohung wahr. Ich bin mir sicher, dass er etwas vorhat. Und ich werde nicht tatenlos zusehen, wie er entlassen wird und dieser Albtraum sich wiederholt.«
Wütend presste ich meine Lippen aufeinander und unterdrückte heiße Tränen, die in mir aufsteigen

wollten. Wieder spürte ich Liams Finger, die versuchten, mich zu beruhigen.
»Ganz ruhig, er wird niemandem etwas tun. Die Polizei wird ihn bestimmt überwachen und ihn sofort festnehmen, falls er etwas plant«, sagte Mr. Holding und tätschelte mich am Arm.
Alex sah mich lange an. »Laura, ich verstehe deine Angst, aber wir sind keine Kinder mehr. Er kann uns so leicht nichts mehr tun. Sieh mal, ich bin selbst Vater geworden. Nach dieser Sache ist mein oberstes Ziel, meine Familie zu beschützen. Er wird es nicht mal in unsere Nähe schaffen.«
Sicherlich war da etwas dran. Dennoch ging es mir einfach nicht in den Kopf, wie Alex, Mr. Holding und Liam so ruhig bleiben konnten.
»Ich verstehe das Mädchen«, sagte Mr. Holding. »Man hätte ihn damals auf den elektrischen Stuhl setzen sollen. Entschuldige, aber auch wenn er dein Vater ist, das, was er den Jungs und auch dir angetan hat, ist barbarisch und ekelhaft. Solche Leute sollte man entweder für immer aus dem Verkehr ziehen oder aber auf den Stuhl setzen. Ich habe schon die milden zehn Jahre Knast nicht verstanden.«
»Beruhige dich, Dad. Wir können nichts daran ändern. Aber ich finde es sehr nett von dir, Laura, dass du extra hierhergekommen bist, um uns zu warnen«, sagte Alex. »Tut mir leid, dass ich dir jetzt nicht helfen kann. Der Brief ist verbrannt und inhaltlich war nicht wirklich eine Drohung herauszulesen.«
Ich nickte. »Schon gut.«
Die Unterhaltung verlief ab diesem Zeitpunkt in eine andere Richtung. Da Liam und Alex sich von früher kannten, erzählten sie sich, was es aus der alten Heimat

Neues zu berichten gab. Meine Enttäuschung saß tief und die konnte ich auch nicht verbergen. Ich hörte ihnen gar nicht mehr zu und meine Gedanken drifteten ab. Vielleicht hatten Alex und Mr. Holding recht und mein Vater wollte uns wirklich nur einschüchtern. Aber wir durften uns nicht zu sicher sein mit dieser Annahme. Fakt war, meine Mission war gescheitert – Liam würde schon bald einen Mord begehen.

Kapitel 15

Lisa

Eine Stunde später verabschiedeten wir uns von Alex und seinem Vater. Gerade kam Mel mit dem Kinderwagen zurück. Die kleine Emilia war tatsächlich eingeschlafen und ließ sich auch von unseren Stimmen nicht stören.

»Sie schläft«, sagte Mel erleichtert, als sie mit dem Kinderwagen vor uns im Hof stehen blieb. Alex legte liebevoll seinen Arm um sie und drückte sie an sich.

»Bin gespannt, wie lange.«

»Auf Wiedersehen, Laura. Falls Sie mal wieder in der Nähe sind oder sogar eine Panne haben, dann rufen Sie mich einfach an.« Mr. Holding gab mir eine Visitenkarte.

Ich lächelte. »Mach ich. Danke für den Kaffee, Mr. Holding.«

Er nickte freundlich. »Und haltet uns auf dem Laufenden«, rief Alex.

Liam reichte ihnen die Hand.

»Fahrt langsam, die Straßen sind bestimmt glatt«, ermahnte uns Alex und winkte uns nach, als wir vom Hof liefen.

Wir schwiegen, bis ich bemerkte, wie Liam mir zum Auto folgte. »Ich hoffe doch, du nimmst mich mit!«

Ich blieb stehen und sah zu ihm auf. »Wie bist du denn hergekommen?«

»Ein Freund hat mich mitgenommen.«

»Und der holt dich nicht wieder ab?«

»Nein, ich habe gehofft, du würdest dich erbarmen.«

Er grinste. Na toll! Er hatte von Anfang an damit gerechnet, dass ich ihn mitnehmen würde. Unruhig strich ich mir eine Haarsträhne aus dem Gesicht.
»Habe ich denn eine andere Wahl?«, gab ich schnippisch von mir und schloss das Auto auf. Ich fand es ziemlich frech von ihm, dass er sich einfach auf mich verließ. Die Tatsache, dass ich nun mehr als drei Stunden mit ihm in einem kleinen, engen Auto verbringen musste, machte mich nervös. Insgeheim freute ich mich zwar, aber das würde ich niemals zugeben. Ich war durcheinander, enttäuscht und erschöpft, was ich mir natürlich nicht anmerken ließ.
Liam schaltete die Heizung ein und rieb sich die kalten Hände. Es war wirklich eisig und stellenweise waren die Straßen glatt. Ich fuhr langsam Richtung New York und schnell strömte warme Luft aus dem Gebläse.
Liam sprach kein Wort, aber er beobachtete mich aus den Augenwinkeln heraus. Mein Herz klopfte verräterisch, wenn ich daran dachte, wie er unter dem Tisch seine Hand auf meine gelegt hatte. Allein sein Auftauchen hatte mich mit Wärme erfüllt.
»Bist du sehr enttäuscht?«, fragte er.
»Natürlich. Ich hatte wirklich große Hoffnungen ... Warum hast du deine Meinung geändert und bist doch gekommen?«
Er grinste. »Sagen wir, ich war selbst neugierig, was bei dem Gespräch herauskommen würde.«
Überrascht blickte ich kurz zu ihm. »Dann hast du auch gehofft, dass in Alex´ Brief mehr drinstehen würde?«
»Nein, aber genau wusste ich es natürlich auch nicht.«
Ich war mir sicher, dass er noch andere Gründe dafür hatte, einfach bei den Holdings aufzutauchen. Gründe, die mit unserer Auseinandersetzung zu tun hatten.

»Darf ich dich etwas fragen, Lisa?«
»Ja, was denn?«
»Deine Drohung, mich an die Polizei zu verraten, die hast du doch nicht ernst gemeint, oder?«
Nervös biss ich auf meine Lippe. Er sprach den bescheuerten Erpressungsversuch an und schon wurde ich wieder mit den unangenehmen Gefühlen konfrontiert. Ein wachsamer Ausdruck lag in seinem Gesicht.
»Ich ... war wütend, weil du nicht einen Moment bereit warst, darüber nachzudenken. Deshalb fiel mir diese Drohung ein und ... es tut mir leid. Okay?«
Er winkte ab. »Schon vergessen. Ich bin zwar wirklich nachtragend, aber bei dir mache ich eine Ausnahme.«
Etwas Bedrohliches lag in seiner Stimme und erst, als ich kurz zu ihm sah, bemerkte ich sein spöttisches Grinsen. Mistkerl! Für einen Moment hatte er mich erschreckt. Wie nachtragend er wirklich war, wollte ich lieber nicht herausfinden.
»Und was wirst du jetzt tun?«
»Wie meinst du das?«
»Ich meine, wirst du jetzt die Zeit bis zur Entlassung verstreichen und mich meinen Plan durchführen lassen?«
»Ist dir eigentlich bewusst, was du da von mir verlangst?«
»Was ist denn so schwer daran? Vergiss mich einfach. Vergiss das alles.«
Ich schüttelte aufgebracht den Kopf, verkrampft hielt ich das Lenkrad. »Ich fasse es einfach nicht! Erklär mir doch mal, was du davon hast! Was bringt es dir? Du wirst für lange Zeit ins Gefängnis wandern – vielleicht sogar für immer. Das kann unmöglich dein Wunsch

sein.« Wütend schnaubte ich und warf ihm abwartend immer wieder Blicke zu.
Er verschränkte die Arme vor der Brust und ein trotziger Ausdruck lag in seinen Augen. »Das kann dir doch eigentlich egal sein. Warum tust du das? Niemand hat dich darum gebeten – ich am wenigsten.«
»Wie oft willst du das noch hören?« Aufgebracht stieß ich meinen Atem aus, meine Gedanken überschlugen sich und ich sah nur einen Ausweg. Bei der nächsten Gelegenheit fuhr ich rechts ran und stieg aus. Ich brauchte frische Luft, sonst würde ich noch ersticken. Stocksauer stapfte ich am Straßenrand durch den Schnee und lief um das Auto herum. Liam war auch ausgestiegen und sah mich verwundert an.
»Was ist bloß los mit dir? Wieso willst du das einfach nicht sehen?«, schrie ich ihn an, lief auf ihn zu und schlug ihm auf die Brust. »Du willst einen Mord begehen und verlangst von mir, dass ich mich raushalte!«
»Ja, genau das will ich!«, fuhr er mich an.
»Ich glaub das einfach nicht!« Kopfschüttelnd sah ich ihn an, versuchte zu begreifen, warum er so handelte. »Ist dir denn dein Leben nichts wert?«
Düster und verschlossen musterte er mich.
»Erklär es mir doch endlich! Wieso kriegst du es nicht so hin wie Alex?«
Sein Blick wurde abschätzend und kalt. »Weil er mir alles genommen hat! Dein Vater hat alles zerstört – für mich bleibt nichts übrig und er hat den Tod verdient!«, brüllte Liam. Ein Schauer fuhr mir den Rücken hinunter und ich bekam Angst. Trotzdem hob ich mein Kinn und funkelte ihn böse an. »Du bist nicht Gott! Diese Entscheidung triffst nicht du. Alex hatte auch nie

solche Gedanken, wieso kannst du es nicht wenigstens versuchen?« Ich begann zu zittern und Tränen liefen über mein Gesicht, die ich mit dem Handrücken grob wegwischte.

»Du weißt nicht, wie kaputt meine Seele ist, Lisa«, sagte er jetzt ruhiger. Er senkte den Blick. »Komm, es ist kalt. Du frierst.«

»Lenk nicht vom Thema ab, Liam. Es kann nicht sein, dass du zulässt, dass er gewinnt«, schrie ich.

»Er hat schon lange gewonnen, verstehst du? Es ist nichts mehr da, wofür ich kämpfen könnte. Nichts! Er hat mich für immer zerstört«, flüsterte er leise.

Ich war wie gelähmt. In seinen Augen stand der blanke Hass. Mein Herz zog sich zusammen, während eine weitere Tränenflut über meine Wangen lief. Sekunden vergingen, während ich ihn weinend beobachtete. Er brauchte Hilfe – dringend. Aber ich spürte, dass dafür mehr nötig war als ein paar teure Therapiestunden. Er wirkte so verloren und verzweifelt. Wieder übermannte mich Mitleid.

»Ich verstehe, dass du wütend und enttäuscht bist. Aber glaube mir, das wird vorbeigehen. Du hast es versucht und das ist schon mehr, als jemals jemand überhaupt für mich getan hat.« Er trat auf mich zu und zog mich in seine Arme. Er roch nach frischgewaschener Wäsche, Duschgel – nach Liam. Es war ein gutes Gefühl und es beruhigte mich. »Das war ein harter Tag für dich. Entspann dich ein wenig, ich werde weiterfahren. In Ordnung?«

Ich nickte und ließ zu, dass Liam mich zurück zum Auto führte. Er schnallte mich an und stieg ein. Während wir weiterfuhren, ruhte sein Blick auf der Straße. Nur seine Wangenknochen traten angespannt

hervor.
Er hatte ein schönes Profil – markant und charaktervoll. Liam war ein sehr attraktiver Mann, nur seine Seele schien die Farben der Hölle angenommen zu haben – vom Hass zerfressen und bereit für seine letzte Aufgabe. Ich hatte verloren. Liam würde meinen Vater am Tag seiner Entlassung erschießen. Schnell wischte ich die Gedanken fort, wollte nicht länger darüber nachdenken.

***

»Hey! Wir sind da.« Jemand rüttelte sanft an mir. Ich öffnete die Augen, streckte mich gähnend, und als ich kapierte, dass ich immer noch mit Liam im Auto saß, war ich sofort hellwach. Draußen war es bereits dunkel. Liam parkte in der Nähe meiner Wohnung, saß neben mir und beobachtete mich grinsend.
»Na, gut geschlafen?« Alles Düstere war aus seinem Gesicht verschwunden, stattdessen sah er mich so liebevoll an, dass ich treudoof zurücklächelte.
»Geht es dir besser?«
Nickend richtete ich mich auf und ärgerte mich darüber, den ganzen Weg verschlafen zu haben.
»Ja, und dir?«
»Mir geht es gut. Mach dir bitte um mich keine Sorgen«, sagte Liam, zog den Schlüssel aus der Zündung und reichte ihn mir. Wir machten beide keine Anstalten, aus dem Auto auszusteigen, zögerten den Moment des Abschieds hinaus.
»Wo wirst du Weihnachten verbringen?«, wollte er wissen, doch ich wusste genau, dass er krampfhaft versuchte, ein unverfänglicheres Thema zu finden.

»Ich fahre zu meiner Mutter nach Little Falls.«
»Sie lebt noch dort?«
»Ja, wir haben ein Jahr nach der Verhandlung das Grundstück verkauft, aber Mum hat es einfach nicht übers Herz gebracht, Little Falls ganz zu verlassen. Und du? Wann hast du Ilion den Rücken gekehrt?«
»Erst ein paar Jahre später.«
»Wohin bist du gegangen?«
»In die US Army und von dort aus nach Afghanistan. Ich kam erst vor drei Jahren zurück.«
Ich nickte. Das erklärte, wo er das Töten gelernt hatte. Nervös nestelte ich mit meinen Fingern. »War es schlimm?«
»Du meinst die Zeit in Afghanistan?« Er wandte seinen Blick von mir ab. »Dort herrscht Krieg, Lisa. Man sieht Dinge, die so grausam und brutal sind, dass man sie sein ganzes Leben nie wieder vergessen kann.«
Ich konnte und wollte mir nicht vorstellen, was Liam alles durchmachen musste. Seine inneren Dämonen waren um einiges größer als meine.
»Und wo wirst du Weihnachten verbringen?«, versuchte ich ihn abzulenken.
»Nirgends. Ich ... halte nichts von solchen Festtagen.«
Wieder schwiegen wir und ich überlegte, ob ich ihn fragen sollte, ob er noch mit hochkommen wollte.
Er legte einen Finger unter mein Kinn und schob meinen Kopf zurück, sodass er mir direkt in die Augen sah. »Ich muss los«, flüsterte er. »Danke fürs Mitnehmen.«
Wärme durchströmte mich, als sein Blick auf meinen Lippen verweilte. Wieder keimte der Wunsch in mir auf, ihn fest an mich zu ziehen. Mein Atem ging flach und mein Puls raste. Seine Mundwinkel zuckten und

ich wusste, dass auch er einen inneren Kampf mit sich austrug. Er wollte mich genauso küssen wie ich ihn. Unsere Lippen waren nur noch wenige Zentimeter voneinander entfernt, nichts anderes nahm ich noch wahr. Verlangen erfasste mich. Ich schloss die Augen, streckte ihm meinen Mund entgegen, in voller Erwartung, seine Lippen fest auf meinen zu spüren. Doch nichts geschah. Liam lehnte seine Stirn an meine. »Du bist so schön, Lisa, und ich würde dich wirklich gerne küssen, aber ... wenn ich das jetzt tue, will ich dich noch mehr«, flüsterte er.
»Dann tu es doch«, hauchte ich voller Erregung.
Er öffnete seine Augen und sah mich an. »Dann will ich mehr, süße Lisa – viel mehr. Bist du bereit, mir das zu geben?«
Was? Schlagartig riss er mich damit wieder in die Realität zurück. Worüber sprach er, verdammt noch mal?
Er lehnte sich zurück, als ich ihm keine Antwort gab. »Ich will dir nicht wehtun. Lass uns Freunde sein, bis es vorbei ist. Das ist alles, was ich dir anbieten kann.«
Freunde. Ich war durcheinander, konnte keinen klaren Gedanken fassen, fühlte nur diese merkwürdige Leere in mir.
Er streichelte meine Wange. »Ich muss los. Wir sehen uns.« Noch bevor ich irgendetwas erwidern konnte, stieg er aus und schlug die Tür zu. Ich sah seinem Schatten hinterher, bis er schließlich mit der Dunkelheit verschmolz.
Wieso taten seine Worte so weh? Und wieso wünschte ich mir so sehr seine Nähe?
Mimi kuschelte sich an mich, als wir es uns gemeinsam auf dem Sofa gemütlich machten. Der

Anrufbeantworter quoll fast über vor Nachrichten. Meine Mum hatte dreimal angerufen und wollte wissen, wann genau ich nach Hause fahren würde. Hannah hatte es fünfmal probiert und Aidan ganze siebenmal.
Erst zwei Stunden später war ich bereit, Hannah anzurufen. Mum und Aidan mussten sich hinten anstellen. Ich gab Hannah den Vortritt, schließlich war sie die Einzige, die über alles genau bescheid wusste. Ich wählte ihre Nummer.
»Hi, ich bin´s.«
»Na, endlich! Den ganzen Nachmittag sitze ich hier schon auf heißen Kohlen. Erzähl, wie war es?«
In allen Einzelheiten berichtete ich ihr von den Ereignissen in Ghent, erzählte von Liam und von den Dingen, die im Mietauto geschehen waren.
»Puh, das ist schon alles sehr kompliziert. Ist das nicht normalerweise mein Part?«, versuchte sie mich aufzumuntern. »Aber im Ernst. Du bist ihm wichtig, sonst würde er dir keine Freundschaft vorschlagen.«
»Vielleicht. Aber ich weiß nicht, was ich jetzt tun soll.«
»Lass es doch auf dich zukommen. Ich meine, du kennst ihn auch noch nicht gut genug. Vielleicht ist es wirklich so, wie du sagst – dass deine Gefühle von dem Mitleid und eurer Vergangenheit herrühren.«
Ich nickte und fand Hannahs Erklärung einleuchtend.
»Und was die Briefe betrifft – ich werde noch einmal mit John sprechen. Vielleicht findet er ja noch eine andere Lösung. Du weißt ja, Gesetz ist nicht immer gleich Gesetz. Aber versprechen kann ich natürlich nichts.«
»Ja, schon klar. Und, was treibt ihr heute Abend noch?«

»Jake und ich gehen zu einer Kunstausstellung von einem Freund von ihm. Nancy wird auch da sein. Ich werde sie von dir grüßen.«
»Ja, tu das. Aber erzähl ihr nichts.«
»Natürlich nicht. Erhol dich ein wenig und mach dir nicht so viele Gedanken.«
Ich seufzte. »Ich werde mir Mühe geben. Mach´s gut, Hannah. Wir sehen uns.«
Freundschaft! Was genau meinte er damit? Und wie stellte er sich das vor? Bedeutete Freundschaft nicht, dass man den anderen kannte, ihm seine Geheimnisse und Ängste mitteilte? Okay, einen Teil seiner Geheimnisse kannte ich, aber seine Ängste?
Ich wusste nichts über ihn – außer diesen hässlichen Punkt aus unserer Vergangenheit und dass sein Leben bisher nicht so gut verlaufen war.
Das Telefon schreckte mich aus meinen Grübeleien, ich war froh über die Ablenkung. Liam sollte nicht so viel Platz in meinem Kopf einnehmen. Vielleicht hatte Hannah wirklich recht. Ich sollte einfach abwarten.

***

In der folgenden Woche arbeitete ich hart für meine bevorstehende Klausur. Zum Glück verhielt sich Aidan wie immer. Dadurch wurde es leichter, mit unserer letzten Begegnung umzugehen. Nur manchmal glaubte ich, in seinem Blick mehr zu lesen.
Die neuen Kaffeekreationen und der fallende Schnee trieben noch mehr Kunden ins Neil´s als sonst. Die Leute gaben sich unermüdlich die Klinke in die Hand. Weil das Geschäft boomte, beschloss Neil, unsere Schichten umzuwerfen. Von nun an sollten Stella und

ich gemeinsam im Laden bedienen. Für die Gegenschicht stellte er zwei Mitarbeiter aus einer anderen Filiale ein.
Ich freute mich über seine Entscheidung, da ich viel zu viel grübelte, sobald ich Luft dafür hatte. Mit Stella würde mir das nicht passieren. Sie unterhielt mich und erzählte mir von ihren Söhnen, die sie ganz schön auf Trab hielten.
»Ich glaube, du kannst jetzt abschließen«, rief mir Stella zu, als ich gerade die Werbeschilder von der Straße hereinholte. Ich verriegelte die Tür und drehte das Schild auf »CLOSED«.
»Puhhh, was für ein Tag«, stöhnte ich und ließ die Rollos der großen Schaufenster hinunter.
»Wem sagst du das? Also, wenn du mich fragst, ich verstehe nicht, was die Leute an den neuen Kaffees finden. Für meinen Geschmack sind sie viel zu teuer und durch die Sahne haben sie auch noch haufenweise Kalorien.«
»Neil will eben mit Starmack mithalten. Die Läden schießen ja wie Pilze aus dem Boden.«
»Trotzdem, ich finde, er könnte sich etwas anderes einfallen lassen, als es den Konkurrenzfirmen nachzumachen. Und wenn ich daran denke, dass diese Schnepfe Mindi nächste Woche für dich arbeitet, während du im Urlaub bist, wird mir jetzt schon ganz schlecht.«
Ich warf ihr einen mitleidigen Blick zu. »Na komm, gib Mindi eine Chance. Sie ist neu und muss sich einfach noch an vieles gewöhnen.«
»Du brauchst sie gar nicht in Schutz zu nehmen! Selbst meine Söhne sind nicht so anstrengend. Und wenn wir ehrlich sind, hat Neil sie auch nur eingestellt, weil sie

blond ist, sexy Beine hat und total übertrieben mit ihrem Hintern wackelt.« Kichernd schaltete ich das Licht aus und wir zogen unsere Mäntel an. »Wie sieht es aus? Kommst du zum Abendessen? Die Kinder haben sich für heute Pizza gewünscht«, sagte sie, während ich mir meinen dicken Schal umband.
»Heute? Eigentlich gern, aber morgen habe ich eine wichtige Klausur und da möchte ich mich nochmal in die Bücher werfen.«
»Oh, wie schade! Aber dein Studium geht natürlich vor.« Wir verließen das Neil´s.
»Bis morgen, Liebes. Und viel Glück.«
»Danke!«
Unsere Wege trennten sich und ich machte mich auf den Nachhauseweg. Dicke Flocken fielen vom Himmel. Ich liebte es, wenn es schneite. Der Schneefall dämpfte alle lauten Geräusche ab und es wurde still und friedlich in mir. Zuhause stieg ich die Stufen bis zu meinem Appartement hinauf und als ich den Schlüssel ins Schloss stecken wollte, hörte ich Musik aus meiner Wohnung.
Hatte ich vergessen, das Radio auszuschalten? Dabei konnte ich mich nicht erinnern, wann ich das alte Ding das letzte Mal eingeschaltet hatte.
Ich schloss auf und wunderte mich – das Licht brannte. Jetzt war ich mir sicher, dass jemand hier sein musste. Ein Verdacht keimte in mir auf, ließ mein Herz sofort schneller schlagen. Als ich in meiner Küche Liam erblickte, wusste ich nicht, ob ich mich freuen oder stinkwütend auf ihn sein sollte.
Mit offenem Mund starrte ich ihn an, wie er Gemüse schnitt. Der Backofen lief auf Hochtouren und den Tisch hatte er auch schon gedeckt.

Er bemerkte mich im Türrahmen. »Oh, hi! Du bist ja schon da!«, sagte er merkwürdig gutgelaunt.
»Was tust du hier? Und wie bist du schon wieder hereingekommen?«
»Also ich dachte, Freunde besuchen sich von Zeit zu Zeit. Und wie ich hier reingekommen bin, weißt du ja.«
Mein Blick wanderte zum Fenster. Diesmal hatte er es geschlossen und die Vorhänge sorgfältig zugezogen. Na gut! Wenigstens hatte er daran gedacht.
»Möchtest du ein Bier zum Essen?« Ohne auf meine Zustimmung zu warten, nahm Liam zwei Bierflaschen aus dem Kühlschrank und öffnete sie.
Perplex starrte ich ihn an. Ich hatte nicht damit gerechnet, ihn so schnell wiederzusehen.
»Komm, zieh deinen Mantel und die Stiefel aus, mach es dir bequem. Das Essen ist bald fertig.« Er zwinkerte mir zu, als ich langsam aus der Küche ging und meinen Mantel auszog. Wie sollte ich aus ihm jemals schlau werden? Zum tausendsten Mal dachte ich an unser letztes Gespräch und sofort war dieses vertraute und verhasste Gefühl wieder da. Es war nie fort gewesen, sondern hatte die ganze Zeit in mir geschlummert, und Liam zerrte es durch sein Auftauchen wieder an die Oberfläche. Na gut, ich würde mit ihm essen. Wer wusste schon, wie der Abend sich entwickeln würde?

Kapitel 16

Liam

Es war mir ein Rätsel, wie sie es anstellte, dass ich für ein paar Stunden meine dunklen Gedanken völlig ausblenden konnte. Sie brachte mein altes Ich in mir hervor, das ich vor langer Zeit begraben hatte.
Voller Vorfreude hatte ich in ihrer Wohnung auf sie gewartet, nachdem ich es in meinen eigenen vier Wänden nicht mehr länger ausgehalten hatte. In den letzten Tagen waren mir ihr Kampfgeist und ihre blauen Augen nicht mehr aus dem Kopf gegangen. Sie war so lebendig und voller Lebensdurst, dass ich nachts nicht mehr schlafen konnte. Sie verfolgte mich.
Jetzt stand ich ihr gegenüber und musste mich schwer zusammenreißen, um nicht in schallendes Gelächter auszubrechen. Eingepackt in einen dicken Schal, mit ihrer Tasche in der Hand und von der Kälte geröteten Wangen, starrte sie mich fassungslos an.
»Oh, hi! Du bist ja schon da!«, sagte ich lachend.
Unsere Blicke trafen sich und im ersten Augenblick hielt ich die Luft an. Wie schön sie war!
»Was tust du hier? Und wie bist du schon wieder hereingekommen?«
Dass sie nicht gerade erfreut darüber war, mich mal wieder unangekündigt in ihrer Küche vorzufinden, ließ mich grinsen. Ihr Anblick war wirklich komisch. »Also ich dachte, Freunde besuchen sich von Zeit zu Zeit. Und wie ich hier reingekommen bin, weißt du ja.«
Sofort sah sie zum Fenster. Diesmal hatte ich daran gedacht, es zu schließen. Immerhin wollte ich ja Zeit

mit ihr verbringen. Sie sollte sich in meiner Gegenwart endlich entspannen und wohlfühlen.
»Möchtest du Bier zum Essen?« Ich nahm zwei Flaschen aus dem Kühlschrank und öffnete sie. Sie würde sich schon wieder einkriegen und das Bier würde ihr dabei helfen.
»Komm, zieh deinen Mantel und die Stiefel aus, mach es dir bequem. Das Essen ist bald fertig.« Ich zwinkerte ihr zu, bevor sie sich umziehen ging.
In Socken und einer bequemen Jogginghose kam sie in die Küche zurück und sah mir neugierig über die Schulter.
»Hungrig?«, fragte ich, während sie ein Stück Paprika von meinem Gemüsebrett stahl und sich auf die Arbeitsfläche setzte.
»Ja, sehr! Was kochst du diesmal?«
»Hähnchenbrust mit frischem Gemüse und Reis. Ich habe die Sachen selbst eingekauft. Ich dachte, du freust dich, wenn du nach Hause kommst und eine warme Mahlzeit vorfindest. Ich hoffe, du magst Hähnchen.«
Sie nickte, nahm ihre Bierflasche und trank, während ich das kleingeschnittene Gemüse in die Pfanne warf. Es zischte laut und dampfte.
»Wo hast du kochen gelernt?«, fragte sie und sah mir dabei zu, wie ich ihren Gewürzschrank durchsuchte.
»Gelernt habe ich es nicht, aber früher habe ich meiner Mutter ständig dabei zugesehen.«
»Und kochst du auch für dich selbst?«
»Selten.«
»Warum?« Sie runzelte ihre Stirn.
»Weil es mir keinen Spaß macht, für mich selbst zu kochen. Ich habe schon immer lieber für andere gekocht. Aber das ist lange her.«

»Musst du heute nicht im Maboo arbeiten?«
»Du bist aber sehr neugierig.« Ich schenkte ihr ein Lächeln und es erstaunte mich immer wieder, wie locker mir das in ihrer Gegenwart gelang.
»Du sagtest selbst, wir sind Freunde. Und Freunde sollten zumindest einiges voneinander wissen, meinst du nicht?«
»Stimmt. Ich habe ein paar Tage frei und muss nur zu meinem Nachtjob.«
»Verdienst du im Maboo denn nicht genug? Ich meine, du bekommst doch sicherlich einen Haufen Trinkgeld von deinen Mädels.«
Ich warf ihr einen kurzen Blick zu. Das Bier schien sie wirklich zu entspannen und ließ sie auch mutiger werden. »Das Trinkgeld ist schon in Ordnung, aber ich habe einen Lebensstil, der bezahlt werden will. Da brauche ich mehr als nur einen Job. ... So, das Essen ist fertig.«
Lisa rutschte von der Arbeitsfläche, während ich unsere Teller füllte. Sie setzte sich und ich brachte die Teller an den Tisch.
»Guten Appetit.«
Schweigend aßen wir, während sie mich jedoch nicht aus den Augen ließ. So ganz traute sie mir nicht über den Weg und das war auch gut so. Ich selbst war mir nicht sicher, was genau ich hier tat. Eigentlich hatte ich mir geschworen, ihr fürs Erste aus dem Weg zu gehen und sie eine Weile nicht zu sehen. Insgeheim hatte ich die Hoffnung, ich würde sie vielleicht vergessen können, doch sie ging mir einfach nicht mehr aus dem Kopf. »Was sind das für Bücher und Unterlagen dort auf dem Tisch?« Ich nickte Richtung Wohnzimmer. Ihr Blick folgte meinem.

»Das ist für meine morgige Klausur.«

Erstaunt hob ich die Brauen. »Du schreibst morgen eine wichtige Arbeit?«

Sie nickte und schaufelte sich eine Gabel mit Gemüse in den Mund.

»Und kannst du den Stoff?«

»Das Thema ist nicht unbedingt mein Steckenpferd. Aidan hat auch schon versucht, es mir zu erklären, aber leider ist nicht unbedingt viel hängengeblieben.«

Ich sah ihr deutlich an, dass sie nicht gerade glücklich über diesen Umstand war, und ich bezweifelte, ihr helfen zu können. »Ich meine, Architektur ist bestimmt nicht einfach. Wie kamst du auf die Idee, das studieren zu wollen?«

Schulterzuckend sah sie mich an. »Mathematik und Physik lagen mir schon immer und wenn in Little Falls ein Haus gebaut wurde, habe ich gerne zugesehen. Also dachte ich mir – wieso nicht?«

»Einfach so?«

Sie verdrehte die Augen. »Naja, nicht einfach so. Ich hatte eine Liste«, gab sie zu. »Auf die schrieb ich alle Pros und Kontras.«

»Und wie lauteten die?«

»Willst du das wirklich wissen?«

Es war ihr peinlich. Sie senkte ihren Blick und biss sich auf die Lippen.

»Und ob! Erzähl schon.«

»Also, ich habe ein Hochbett für meine Cousine entworfen und mein Onkel hat es genau nach meinem Plan gebaut. Ich kann ziemlich schnell ein Billigregal aus dem Baumarkt aufbauen und ich wüsste, an welchen Pfeilern man sägen müsste, um die Akropolis zum Einsturz zu bringen.«

Ich brach in schallendes Gelächter aus. »Das ist nicht dein Ernst!«
»Doch!«, warf sie kichernd ein.
»Du hast doch die Akropolis noch nie gesehen, oder?«
»Muss ich auch nicht, um das zu wissen.«
Ich schüttelte den Kopf und lachte. Allein die Vorstellung fand ich schon sehr witzig. »Und was ist mit den Kontras?«
»Meine Cousine und ich haben auf dem Hochbett getobt und da ist es über meinem Onkel, der darunter einen Schreibtisch gebaut hat, zusammengebrochen. Und die Akropolis muss nicht angesägt werden, um zusammenzubrechen. Die Frage lautet eher, wohin mit dem Sand?«
Ich lachte noch lauter. Ihr Humor war trocken und ich mochte die Art, wie sie erzählte. »Und was ist morgen das Thema?«
»Tragwerkslehre. Ziemlich schwierig.«
»Ich meine, ich habe wirklich keine Ahnung, aber vielleicht kann ich dich abhören oder so was in der Art.«
Ihre Augen wurden größer. »Das würdest du tun?«
»Klar.«
Gleich nach dem Essen führte mich Lisa in die Tragwerkslehre der Architektur ein. Sie drückte mir eine ganze Liste mit Formeln in die Hand, die sie auswendig lernen musste. Gemeinsam saßen wir auf dem Teppich vor ihrem Wohnzimmertisch, tranken Bier und ich fragte sie die Formeln ab. Ich verstand überhaupt nichts davon, aber lesen konnte ich immerhin. Wie lange war es her, dass ich irgendwelche schulischen Unterlagen in den Händen gehalten hatte? Nach zwei Stunden hatten wir die Formeln durch.

»Ist doch gar nicht schlecht gelaufen. Ich hab zwar kein Wort verstanden, aber die meisten Buchstaben und Ziffern waren identisch mit der Formelsammlung. Ich glaube, das wirst du morgen gut hinbekommen.«
»Ich kann vielleicht die meisten Formeln, aber ob ich sie morgen auch anwenden kann, ist eine andere Frage. Trotzdem danke, du hast mir sehr geholfen.«
Sie schenkte mir ein bezauberndes Lächeln und ihre blauen Augen ließen mein Herz schneller schlagen.
Ich ermahnte mich innerlich, sie nicht näher an mich heranzulassen.
»Was ist mit dir? Wolltest du immer Barkeeper werden?«
Ich zuckte mit den Schultern. »Nein, aber ich habe die Schule geschmissen und kann nichts anderes.«
»Und wovon hast du immer geträumt? Ich meine, bevor das alles passiert ist, was wolltest du als kleiner Junge werden?«
»Ich weiß nicht – vielleicht Superman!«
Sie kicherte. Ich liebte ihr Lachen, ihr Blick wurde intensiver und sie nicht berühren zu dürfen, brachte mich fast um den Verstand.
»Es ist spät geworden, du bist bestimmt sehr müde.«
»Was? Aber ...« Sie unterbrach sich selbst. Sie hatte sich in meiner Gesellschaft wohlgefühlt, das war mehr, als ich erwartet hatte.
Wir erhoben uns.
»Danke für das Essen und deine Hilfe.« Ihr Blick ging mir durch und durch und kurz überlegte ich, ob ich sie einfach in meine Arme reißen sollte. Ich schluckte.
»Viel Glück morgen«, sagte ich stattdessen, lief zum Fenster und öffnete es. »Bis bald, Liam.« Ich sah sie noch einmal an, lächelte und kletterte hinaus.

***

Durch lautes Gepolter aus der kleinen Küche schreckte ich hoch. Es war dunkel, wahrscheinlich mitten in der Nacht. Kurz darauf folgte ein leises Wimmern – Mum. Ich wusste, was los war. Sofort befiel mich die Angst, die immer in mir hochkroch, wenn Dad mit ihr stritt. Mein Herz klopfte laut in meiner Brust, als ich mit nackten Füßen zur Tür schlich und lauschte.
»Verflucht! Wie oft habe ich dir gesagt, ich kann diese alte Schachtel nicht leiden. Wir brauchen ihr Gemüse nicht. Sie soll sich ihre Almosen sonst wo hinschieben! Ich kann für meine Familie allein sorgen.« Sein Atem roch bestimmt nach Alkohol.
»Sie meint es ja nicht böse, Berry. Bitte sei nicht sauer deswegen«, weinte Mum leise. Im Lichtspalt konnte ich sehen, wie sie sich am Stuhl hochzog und ihre Wange gerötet und geschwollen war. Dad torkelte an ihr vorbei und sofort wich Mum einen Schritt zurück. Ich wusste, warum sie das tat. Sie hatte Angst – Angst, wieder von seiner Faust getroffen zu werden.
»Hol mir die Schnapsflasche«, befahl er ihr.
»Willst du nicht lieber erst etwas essen? Ich habe dir extra das Stück Fleisch vom Eintopf aufgehoben«, fragte sie leise.
»Halt endlich das Maul und hol mir die Flasche, verdammt!«, brüllte Dad.
Mum lief sofort los, um ihm die halbvolle Flasche zu bringen. Trotzdem richtete sie ihm anschließend einen Teller mit Eintopf, den sie am Mittag gekocht hatte, und stellte ihn vor Dad auf den Tisch.
»Was soll das sein?«, fragte er mürrisch.

»Eintopf.«
Ich sah, wie die Adern an seinem Hals anschwollen, sein Gesicht dunkel anlief und er den Mund zu einer Fratze verzog. Manchmal sah er aus wie ein Hund. Er schnaufte schwer, nahm den Teller und warf ihn meiner Mum hinterher. Ich wusch mir schnell die Tränen aus dem Gesicht, damit ich sehen konnte, ob er sie erwischt hatte.
»Willst du mich verarschen? Diesen Fraß soll ich essen?!« Wütend stand er auf und ging ihr hinterher. Was jetzt folgte, war mir nicht fremd. Ich presste beide Hände auf die Ohren, ihre Schreie drangen nur noch dumpf zu mir durch. Dabei wisperte ich ganz leise immer wieder einen Satz – einen Wunsch. »Ich will, dass du tot bist – tot, tot, tot.«
»Du bist so eine Versagerin, genau wie deine Brut! Na warte, dir werd ich´s zeigen ...« Das Gepolter und die Schreie meiner Mum wurden lauter.
Jammernd erwachte ich endlich aus dem Traum. Ich war schweißnass, mein Atem ging schnell und die Bilder verschwammen nur langsam. Es war so viele Jahre her, doch der Schmerz war immer noch so stark wie damals.
»Versager«, echote es in meinem Kopf und ich wusste, es würde lange dauern, bis ich wieder zur Ruhe finden würde. Mein Blick fiel auf die Schublade, in der ich die Tabletten aufbewahrte. Leise und verlockend flüsterten sie mir zu. Die Stimme war süß und lieblich, fast wie eine zärtliche Berührung. Sie streichelte meine Seele, versprach mir Heilung und Frieden.
Ich öffnete die Schublade und nahm sie heraus. Gleich würde der Schmerz vergehen, gleich würde ich in völlige Harmonie abdriften – vergessen und nichts

fühlen.
Die Tabletten lagen vor mir, lockten mich, riefen mich, doch etwas ließ mich zögern. Ich hielt inne und mir stockte der Atem. Es fand nur in meinem Kopf statt, doch ich wusste genau, dass ich es schon einmal gehört hatte. Es war klar und hell und berührte mich, lenkte mich von allem anderen ab. Ein Kichern?
Verwirrt stand ich auf, lief ins Badezimmer und klatschte mir kaltes Wasser ins Gesicht. Ich wurde wacher, verstand plötzlich, was ich beinahe getan hätte. Ich stellte die Dusche an, zog meine Klamotten aus und stieg hinein. Wie tausend Nadelstiche prasselte das eiskalte Wasser auf meine Haut herunter. Der Schmerz war kaum auszuhalten, entlockte mir ein lautes Keuchen. Doch die Eiseskälte trieb einen meiner dunklen Dämonen zurück und ich gewann wieder die Oberhand.
Völlig unterkühlt stieg ich aus der Dusche. Meine Lippen waren blau und ich zitterte am ganzen Körper. Ich stützte mich mit beiden Armen am Waschbecken ab, brauchte einen Augenblick, bis mein Herzschlag sich normalisiert hatte, und sah in den Spiegel. Das Gesicht war mir fremd und doch so vertraut. Es war das Gesicht eines Killers. Ich wandte den Blick ab, konnte mein Spiegelbild nicht ertragen.
Nachdem ich mir ein T-Shirt und eine Jogginghose übergezogen hatte, fühlte ich mich schon besser. Ein paar Stunden lag ich noch wach im Bett, dachte an die Vergangenheit und die Gegenwart, an die blonde Frau, die versuchte, etwas Gutes in mir zu sehen. Ich konnte beim besten Willen nichts Positives an mir finden, egal, wie oft sie mir das Gefühl gab, nett oder liebenswert zu sein. Sie hatte keine Ahnung, wer ich wirklich war, und

das war auch gut so.
In Gedanken ging ich meinen Plan durch. Das half mir, mich wieder auf das zu konzentrieren, was ich am besten konnte. Niemand würde mich aufhalten und schon gar nicht retten.
Verächtlich dachte ich an Mason Melory. Mein Hass war grenzenlos und nur durch Rache konnte ich die Genugtuung erleben, ihn tot vor mir liegen zu sehen.
Die Müdigkeit übermannte mich und ich fiel in einen tiefen Schlaf – endlich.

Kapitel 17

Lisa

»Und? Wie ist die Klausur bei dir gelaufen?«, fragte Aidan, als wir das Unigebäude verließen.
»Ich glaube, gar nicht mal so schlecht. Und bei dir?« Er hielt mir die Glastür auf.
»Ganz gut. Aber die Ergebnisse werden wir wohl erst nach den Semesterferien erfahren.« Wir liefen über den Vorplatz und blieben auf dem Gehweg vor den Parkplätzen stehen.
Ich seufzte. »Egal, für mich ist nur wichtig, dass ich es hinter mir habe.«
»Und? Hast du schon alle Weihnachtsgeschenke besorgt?«
Ich verdrehte die Augen. »Ich habe mir noch nicht mal Gedanken darüber gemacht. Hast du etwa schon alle?«
Aidan lachte. »Dieses Jahr ist es sehr einfach. Ich verschenke Gutscheine, so gehe ich all den unzufriedenen Gesichtern und den Umtauschaktionen aus dem Weg.«
Lächelnd schüttelte ich den Kopf. Typisch Aidan! Bloß keine Fehler machen.
Mein Handy klingelte. Ich zog es aus meiner Hosentasche. »Ja?«
»Lisa! Ich bin´s, ich muss dich dringend sehen! Es ist etwas ganz Unglaubliches passiert.« Hannah kam kaum zu Atem. Sie war aufgeregt und ihre Stimme zitterte.
»Hannah, ist alles okay bei dir?«
»Können wir uns gleich treffen? Ich kann dir das nicht

am Telefon erzählen.«
Sie machte mir Angst. Ich sah zu Aidan, der mich fragend ansah. »Natürlich! Wo?«
»Im Neil´s? In zwanzig Minuten?«
»Okay, ich komme. Bis gleich.« Ich legte auf.
Fragend sah mich Aidan an. »Was ist los?«
»Wenn ich das wüsste! Das war Hannah, sie will mir unbedingt was sagen. Sie klang sehr aufgewühlt.«
»Geht es ihr gut?«
»Ich weiß nicht«, sagte ich nachdenklich. »Ich muss los, ich treffe sie gleich.«
»Okay, ruf mich später an.«
»Ja, mache ich.« Ich umarmte ihn kurz und schon war ich auf dem Weg zum Neil´s. So aufgeregt hatte ich Hannah noch nie erlebt und ich machte mir wirklich Sorgen.
Als ich das Neil´s betrat, war Hannah noch nicht da. Ich bestellte bei meiner Kollegin zwei Café Latte und setzte mich ans Fenster. Unruhig stellte ich mir die verschiedensten Szenarien vor.
Endlich erkannte ich ihre rosa Mütze auf der Straße. Sie rannte, und als sie endlich die Tür aufschwang, erhob ich mich.
Sie war völlig außer Atem, lehnte sich einen Moment an die Tür, bevor sie auf mich zukam.
»Um Gottes willen! Was ist passiert?«
»Lisa!«, keuchte sie und warf sich mir in die Arme.
Jetzt hatte ich wirklich Angst. Noch niemals zuvor hatte ich sie so erlebt.
Ich löste mich etwas aus der Umarmung. »Was ist passiert?«
Sie sah mich mit ihren blauen Augen an. Ein Lächeln spielte um ihre Lippen und sie rang immer noch nach

Luft. »Jake! Er hat mir gestern Abend einen Antrag gemacht und ich habe JA gesagt!«
Was?! »Oh, mein Gott! Hannah!« Kreischend vor Freude lagen wir uns in den Armen und es dauerte eine ganze Weile, bis wir uns einkriegten. Die neugierigen Blicke ignorierten wir. Jetzt entdeckte ich auch ihr Strahlen und die Hektikflecken in ihrem Gesicht.
»Ich freu mich ja so für dich! Komm setz dich. Du musst mir alles erzählen!«
Die Worte sprudelten nur so aus ihr heraus und ich hatte zuerst Mühe, ihr zu folgen. »... und plötzlich geht er auf die Knie und fragt mich, ob ich mein Leben mit ihm verbringen will. Einfach so!«
»Das ist wirklich total romantisch. Oh, Hannah!«
»Dann hat er mir den Ring an den Finger gesteckt und versprochen, dass ich mir den schönsten Ehering aussuchen darf.« Stolz hob sie ihre Hand und zeigte mir den Verlobungsring.
»Wow! Er ist wunderschön!«
»Ich kann dir gar nicht sagen, wie glücklich ich bin. Mein ganzes Leben hat sich so sehr verändert. Alle meine Träume scheinen sich zu erfüllen.« Sie strahlte.
»Du hast es verdient.«
»Aber einen Teil von meinem Glück habe ich dir zu verdanken. Ohne dich wäre ich niemals auf die Idee gekommen, Jakes Angebot anzunehmen. Du hast mich dazu gebracht, mich aus meinen Ketten zu befreien.«
Liebevoll legte ich meine Hand auf ihre. Mein Herz strömte über vor Liebe. »Ich bin so froh, dass du deinen Mut gefunden hast. Habt ihr denn schon einen Termin?«
»Ja, Jake will es so schnell wie möglich, deshalb haben wir gestern Abend beschlossen, kommenden Frühling

zu heiraten ... Ich kann es noch immer nicht fassen!« Verträumt und über beide Ohren verliebt sah sie ihren Ring an.

»Ach, das Wichtigste hätte ich beinahe vergessen.« Sie räusperte sich und sah mich mit ihren offenen und klaren Augen an. »Du bist meine beste Freundin, Lisa. Und weil ich das alles damals ohne dich nie durchgestanden hätte und ich dich für immer mit meiner Liebe zu Jake verbinde, möchte ich dich fragen, ob du meine Trauzeugin werden willst.«

Oh Gott! Trauzeugin? Ich? Ich schluckte und kämpfte gegen die Tränen an. »Ja, ja natürlich möchte ich deine Trauzeugin werden!« Noch einmal umarmten wir uns innig. Und jetzt war ich selbst nervös, wenn ich an das bevorstehende Ereignis dachte.

Wir tranken unsere Latte und Hannah erzählte mir ein paar Einzelheiten über die Hochzeit, die Jake und sie schon gestern Abend besprochen hatten.

»Also, es soll keine ganz große Hochzeit werden, aber Familie und Freunde wollen wir schon dabei haben.«

»Und hast du schon ein Kleid im Kopf?«

»Gut, dass du das ansprichst. Du musst mich unbedingt beraten.«

»Das mach ich«, sagte ich lachend. »Nenn mir den Zeitpunkt, dann machen wir alle Braut-Boutiquen in ganz New York unsicher.«

»Jake hat gesagt, ich kann alles so gestalten, wie ich möchte. Er ist mit allem einverstanden, Hauptsache, ich gehöre bald ihm allein.« Sie kicherte, verlegen senkte sie den Blick.

»Hast du es deiner Mutter schon gesagt?«

Das Lächeln wich aus ihrem Gesicht. »Nein, du bist die Erste, der ich es erzählt habe. Du weißt ja, dass Mum so

ihre Probleme hat. Es ist zwar etwas besser geworden und sie hat Jake auch akzeptiert, dennoch ist eine Hochzeit immer noch etwas anderes.«
»Mach dir keine Gedanken, sie wird sich schon damit abfinden. Außerdem ist es dein Leben.«
»Ja, und ich möchte Jakes Frau werden. Ich liebe ihn so sehr.«
Sie war so glücklich und Jake war der Grund dafür. Meine Güte! Wie sehr hatte sich ihr Leben verändert! Noch eine Weile saßen Hannah und ich im Neil´s, doch ihre Aufregung legte sich kein bisschen. Ihre Augen funkelten und immer wieder betrachtete sie den Ring, den Jake ihr an den Finger gesteckt hatte.

***

Den Nachmittag verbrachten Hannah und ich mit Weihnachtseinkäufen. Wir schlenderten über die 5th Avenue, sahen die Schaufenster an und ließen uns von der Menschenmenge durch das Getümmel treiben. Irgendwie schien die gesamte Vorweihnachtszeit an mir vorübergegangen zu sein. Ich hatte nicht mitbekommen, wie die Stadt sich auf das Fest vorbereitet hatte. Überall funkelten Tannenbäume, verkleidete Weihnachtsmänner winkten und von allen Gebäuden und Fenstern glitzerten Lichter. Am Ende unserer kleinen Tour hatte ich etwas für meinen kleinen Bruder und Phil gefunden. Für Mum beschloss ich, einen Duft aus der Parfümerie zu kaufen, die sich ganz in der Nähe meiner Wohnung befand. Hannah betrachtete sich gerade mit einer Pudelmütze im Spiegel und zog eine Grimasse.
»Sie steht dir.«

»Ja, sie hat was. Die nehme ich ... Ich treffe mich gleich mit Jake zum Essen. Kommst du noch mit?«
»Nein, ich muss heute noch arbeiten und bin spät dran. Stella reißt mir sonst den Kopf ab.«
Hannah lachte und zog mich in ihre Arme. »Okay, ruf mich an.«
»Mach ich. Bis dann.« Ich winkte ihr noch einmal zu und machte mich auf den Weg.
Zu Hause angekommen verstaute ich die Einkäufe und – mit einem Sandwich zwischen den Zähnen – rannte ich auch schon los.
Im Neil´s war die Hölle los und die Zeit raste nur so dahin. Ich kam noch nicht einmal dazu, eine Pause zu machen. Zehn Minuten vor Ladenschluss war Stella gerade damit beschäftigt, die Maschinen zu säubern, während ich die letzte Kundenschlange für diesen Tag bediente.
»Hi, was darf es sein?«
»Eine Verabredung und einen ausführlichen Bericht, wie deine Klausur gelaufen ist.«
Seine Stimme verursachte mir eine Gänsehaut. Ich sah auf und blickte in schokoladenwarme Augen. Gütiger Himmel, wie schaffte Liam es, mich so in seinen Bann zu ziehen – immer wieder? Er lächelte mich an, was mein Herz sofort schneller schlagen ließ.
»Hi«, sagte ich verlegen.
»Hi.«
In seinem sonst so makellosen Gesicht lagen tiefe Schatten und er war etwas bleich um die Nase.
»Geht es dir gut? Du siehst müde aus.«
»Ja, alles in Ordnung.« Er nickte. »Und wie ist die Klausur gelaufen?«
»Ich glaube, ich habe mich ganz gut geschlagen. Die

Ergebnisse bekomme ich aber erst nach den Weihnachtsferien.«
»Hey, wird das heute noch was?«, schimpfte ein Typ hinter Liam und funkelte uns böse an.
»Sorry, ich muss weitermachen«, flüsterte ich.
»Ich warte – du hast ja gleich Feierabend, oder? Was dagegen, wenn ich dich nach Hause begleite? Also, wenn du nichts anderes vorhast!« Er bedachte mich mit einem tiefen Blick, der mich dahinschmelzen ließ. Ich nickte einverstanden und sah ihm dabei zu, wie er sich aus der Schlange zurückzog und an einem der Tische Platz nahm.
»Hallo! Fräulein?«, schnippte der nächste Kunde mit seinen Fingern direkt vor meinem Gesicht. »Wollen Sie mich jetzt bedienen oder nicht? Ich kann auch zu Starmack gehen«, sagte der Kerl und lachte, während er mit seinem schicken Blackberry telefonierte. Genervt richtete ich meine Augen auf ihn und fixierte den typischen Schlipsträger. Mit einem Bauchansatz und einem Schnauzer stand er vor mir. »Leg die Kleine endlich flach, Miller, dann kannst du dich auch besser auf den Vertrag konzentrieren.« Wieder lachte er dreckig. Solche Typen konnte ich nicht ausstehen. Ich musste mich zusammenreißen. Innerlich zählte ich bis fünf. Okay, der Kunde ist König, auch wenn er sich absolut daneben benahm. »Was darf´s sein?«, fragte ich zuckersüß und legte so viel Freundlichkeit in meine Stimme, wie ich konnte.
Er unterbrach sein Gespräch. »Einen Caramel Macchiato«, sagte er genervt und telefonierte weiter. »Besorg es der Schlampe einfach, vielleicht kneift sie bei dir die Beine nicht zusammen und gibt endlich Ruhe.«

Ich blickte zu Stella. Genau die benötigte Maschine war schon gereinigt und ausgeschaltet.
»Tut mir leid, Sir, den bekommen Sie erst morgen wieder.«
Er unterbrach sein Gespräch und sah mich perplex an.
»Moment, Miller.« Er tippte auf sein Handy und wandte sich dann an mich. »Junge Frau, es ist fünf vor. Also haben Sie demnach noch geöffnet und müssen mich bedienen.« Sein Blick war drohend, doch ich ließ mich nicht einschüchtern.
»Sir, es tut mir sehr leid, dass Sie es selbst nicht fertiggebracht haben, die Kleine flachzulegen. Demnach würde ich Ihnen eher Viagra empfehlen als Kaffee. Dies ist ein ganz heißer Tipp von mir – und für Sie übrigens gratis.« Ich setzte ein honigsüßes Lächeln auf und genoss seinen dämlichen Gesichtsausdruck.
Leise hörte ich im Hintergrund Gekicher und Gelächter von einigen Kunden, während er verächtlich schnaubte. »Also, das ... ist eine Frechheit! Was erlauben Sie sich? Ich werde mich über Sie beschweren«, brüllte er.
»Das können Sie gerne tun, Sir. Sie wissen, wie Sie hier rausfinden? Oder sollen mein Baseballschläger und ich Ihnen den Weg zeigen?« Mittlerweile pumpte der Kerl nach Luft und die Leute beobachteten uns lachend. Er sah sich um, spürte, wie alle Augen auf ihn gerichtet waren. Nur Stella blickte mich fassungslos mit offenem Mund an, erst jetzt registrierte ich Liams Blick – ein faszinierter Zug lag um seine Lippen.
Wutentbrannt verließ der Kerl den Laden, stieß dabei noch ein paar Obszönitäten aus und warf laut die Tür hinter sich zu.
Ups! War ich zu weit gegangen? Das berauschende

Gefühl war dennoch befreiend – es war großartig! Mit bester Laune bediente ich die letzten Kunden, bis wir dann endlich schlossen. Liam wartete draußen auf mich, was das Adrenalin in meinem Blut nicht gerade sinken ließ.
»Ist das der Typ?«, fragte Stella, kaum hatten wir das Rollo runtergelassen.
»Ja.«
»Wow! Der sieht zum Anbeißen aus!«
»Stella, du bist verheiratet!«, ermahnte ich sie.
»Oh, musst du mich daran erinnern? Mein Kopfkino war gerade so spannend ...« Sie verzog das Gesicht, als würde sie sich gleich übergeben müssen. Ich konnte nicht anders und lachte schallend.
»Nein, das war nur ein Scherz«, meinte sie. »Aber er ist unglaublich heiß.«
»Ja, ja, komm jetzt. Wenn wir uns nicht beeilen, ist er ein Eiszäpfchen.« Ich zog sie zum Hinterausgang. Als ich die Tür öffnete, lehnte Liam lässig an der Hausmauer und nickte Stella freundlich zu.
»Dann wünsche ich euch beiden noch einen schönen Abend. Bis morgen, Liebes.« Sie drückte mir einen Kuss auf die Wange und machte sich auf den Heimweg.
»Hi«, sagte ich schüchtern.
»Du kannst sehr überzeugend sein. Ich wusste gar nicht, dass du so schlagkräftige Argumente hast. Das vorhin hat mich echt umgehauen«, sagte er lächelnd.
Verlegen trat ich mit der Stiefelspitze in den Schnee.
»Ja, man sollte sich lieber nicht mit mir anlegen.«
Lächelnd schüttelte er den Kopf und stieß sich von der Hausmauer ab. »Komm, es ist kalt und ich möchte nicht, dass du krank wirst«, sagte er und nahm meine Hand.

Noch nie kam mir der Nachhauseweg so kurz vor. Die Zeit verging rasend schnell und ich ertappte mich dabei, wie ich kleinere Schritte tat, um länger seine Hand zu halten. Ich wollte nicht, dass es vorbei war, obwohl ich ständig diese Stimme in mir hörte. Sie flüsterte mir leise zu, meine Gefühle zu unterdrücken und mahnte mich, ihn nicht zu nah an mich heranzulassen.
Aber was war denn schon dabei? Schließlich waren wir Freunde.

***

Zwei Tage später war ich diejenige, die Liam besuchte. Wie immer auf ganz besondere Weise – indem ich bei ihm einbrach. Das Fenster war unser Eingang geworden. Ich fand es witzig. Es war unsere ganz spezielle Art, uns zu besuchen. Dafür hatte Liam sein Fenster nicht verriegelt. Ich schob es hoch und kletterte hinein.
Es war früher Abend und Musik drang vom Wohnzimmer zu mir. Ich lief den Flur entlang, folgte dem Duft nach Gebratenem und fand Liam schließlich in seiner Küche.
»Hey! Da bist du ja!«, sagte er gutgelaunt, während er mit einer Pfanne hantierte. »Wie war dein Tag?«
»Ganz gut und deiner?«
»Der fängt jetzt erst an, gut zu werden.«
Wärme durchdrang mich, wenn er solche Dinge sagte. Ich setzte mich an die kleine Theke und sah ihm dabei zu, wie er unser letztes gemeinsames Abendessen, vor meiner Reise nach Little Falls zubereitete.
»Wie läuft Weihnachten bei euch ab?«

Ich zuckte mit den Schultern. »Eigentlich wie bei allen anderen auch. Gegen Mittag kommen unsere Verwandten und wir essen und essen und essen. Nur die Bescherung findet erst viel später statt.«
»Dann wirst du nach den Feiertagen nach New York zurückrollen?«, scherzte er.
»Ja, wahrscheinlich.«
Liam stellte einen Teller vor mir auf die Theke. Das Wasser lief mir im Mund zusammen – Süßkartoffeln mit gebratenen Garnelen und grünem Salat.
»Das sieht aber lecker aus!«
»Ich dachte mir, ein kleines Weihnachtsessen, bevor du nach Hause fährst.« Er drückte mir Besteck in die Hand und holte eine Flasche Wein.
»Und ich dachte, du hältst nichts von Weihnachten.«
»Tu ich auch nicht.«
»Und warum eigentlich nicht?«
Er vermied es, mich anzusehen. Offenbar war es ihm unangenehm, trotzdem antwortete er. »Wir haben nie Weihnachten gefeiert.«
Ungläubig sah ich ihn an. »Nie? Auch nicht, als du noch klein warst?«
»Nein. Wir hatten nie genug Geld, weil mein Vater alles versoffen hat. Besuch bekamen wir höchstens von der Polizei, wenn er mal wieder randalierte und Mum ...«
Er brach mitten im Satz ab. Die Erinnerung daran musste schmerzhaft für ihn sein.
»Tut mir leid, Liam.« Ehrliches Mitgefühl durchströmte mich. Ich legte meine Hand auf seine Schulter. Er ergriff sie und küsste meine Finger. »Ist schon okay, das ist lange her. Komm, das Essen wird kalt.« Offenbar sprach er nicht so gern über seine Familie, was ich ja verstehen konnte. Trotzdem nagte

die Neugier an mir. Ich wollte so gern wissen, warum er so war, wie er war. Liam war mir wirklich ein Rätsel und je mehr er mir verschwieg, desto mehr wollte ich von ihm erfahren.
Schweigend machte ich mich über meinen Teller her. Wenn ich mir vorstellte, wie er als kleiner Junge die Ausbrüche seines Vaters, die Hilfslosigkeit seiner Mutter und die Armut ertragen musste, packte mich Entsetzen und Wut. Wie musste er gelitten haben und dann noch – mein Vater! Wie hatte er das nur alles ausgehalten?
»Darf ich dich mal etwas fragen, Liam?« Er wischte sich den Mund an der Serviette ab und sah mich aufmerksam an. »Die Sache mit meinem Vater damals ... Hat er dich auch gebrandmarkt?«
Unruhig rutschte er auf dem Stuhl hin und her. »Ja«, antwortete er knapp, sah mich aber dabei nicht an.
»Wie hast du das Mal vor deiner Mutter geheim gehalten? Ich meine, das ist doch groß und eigentlich nicht zu übersehen.«
Er wich meinem Blick aus. »Ich habe es versteckt ... Hast du Lust auf einen Nachtisch?«
Ich wurde das Gefühl nicht los, dass er mir auswich. Vielleicht wollte er nicht darüber reden oder daran erinnert werden. Ich ließ mich auf die Ablenkung ein. »Also, ich bewundere deine Kochkünste. Von mir aus könntest du mich immer so verwöhnen.«
Er grinste verschmitzt, während er in die Küche ging. »Wann kommst du denn wieder?«
»Ich weiß nicht, in ein paar Tagen. Ich werde froh sein, wenn ich wieder im Bus auf der Heimreise bin. Meine Familie kann schon sehr nervig sein. Aber hey, wir könnten uns Kurznachrichten schreiben.«

»Gute Idee.«
Wir tauschten unsere Handynummern aus.
Liam verschwand kurz in seinem Schlafzimmer, um etwas zu holen. Erst jetzt fielen mir die verschiedenen Shaker auf, die auf einem Regal standen. Wahrscheinlich eine Sammelleidenschaft von ihm. Gleich daneben befanden sich fünf bunte Flaschen, deren Inhalt man nicht sehen konnte. Irgendwie sahen sie merkwürdig aus.
»Was sind denn das für Flaschen auf deinem Regal?«, rief ich.
»Das sind Übungsflaschen«, sagte er plötzlich hinter mir. Ich zuckte zusammen, hatte nicht mitbekommen, dass er wieder ins Wohnzimmer zurückgeschlichen war.
»Übungsflaschen?«
»Ja, zum Jonglieren. Hab ich früher viel gemacht, um die Langeweile zu vertreiben.« Er versteckte etwas hinter seinem Rücken und grinste.
»Was ist? Was hast du da?« Neugierig wollte ich einen Blick hinter ihn werfen, doch er ließ es nicht zu.
»Ein Geschenk für dich. Du darfst es aber erst an Weihnachten öffnen.« Er gab mir ein kleines Päckchen.
»Was? Aber ...« Sprachlos betrachtete ich das Geschenk. Damit hatte ich überhaupt nicht gerechnet! Liam schenkte mir etwas? Sofort fühlte ich mich schäbig, weil ich nichts für ihn hatte. »Liam, ich weiß nicht, was ich sagen soll. Ich ...«
»Schon gut, es ist nichts Besonderes. Nur ...«
»Rede nicht immer so abfällig. Jedes Geschenk ist etwas Besonderes.« Ich wollte seine Hand berühren, doch er entzog sie mir und lief zu seiner Musikanlage. In Gedanken versunken, zupfte ich an dem

Geschenkbändchen.
»Ey! Erst an Weihnachten.« Drohend schwang er seinen Zeigefinger.
»Ist ja schon gut«, lachte ich und steckte es in meine Handtasche. Ich ließ mich in das Sofa fallen, während Liam eine CD suchte. Ich grübelte – wie er wohl als Teenager gewesen war? Bestimmt waren die Mädchen Schlange gestanden und hatten sich um ihn gezofft. Vielleicht war er auch ein Rowdy gewesen, einer, über den die wildesten Gerüchte kursierten.
»Was denkst du?«
»Ich stelle mir gerade vor, wie du als Teenager warst.«
»Keine gute Idee«, sagte er seufzend und drückte ein paar Knöpfe auf seiner Anlage.
»Wieso nicht?«
»Weil ich viel Scheiß gemacht habe. Also eigentlich würde ich dir lieber von meinen tollen Eigenschaften erzählen.«
»Die kenne ich bereits, danke«, witzelte ich, bevor er ernst wurde.
Plötzlich war sein Gesicht stählern und der Ausdruck seiner Augen düster. Seine Wangenknochen mahlten.
»Jetzt erzähl schon, was hast du angestellt?«
Er zögerte und presste seine Lippen aufeinander. »Ich war ein Schläger, ein Dieb – ein Krimineller eben. Zufrieden?«, knurrte er mürrisch, wich meinem Blick aus und sah aus dem Fenster. Die lockere Stimmung war dahin.
»Ich bin kein guter Kerl, Lisa. Selbst bevor die Sache mit deinem Vater geschah. Ich komme aus einem Säuferhaus, hab mich rumgetrieben, hab Drogen genommen. Ich habe noch nicht mal einen Schulabschluss. Ich bin ein Vollversager, verstehst

du?«
Mein Herz zog sich zusammen. So sah er sich?
Ich ging zu ihm und legte meine Hand auf seine Schulter. »Deshalb bist du kein schlechter Mensch, Liam. Du hast viel durchgemacht. Was ist mit deinem Job in Maboo? Die Leute lieben deine Cocktails. Die Frauen stehen auf dich – selbst Stella, meine Kollegin. Du bist lieb und freundlich und ... Ich mag dich.«
Etwas Sanftes kehrte in seine Augen zurück. Er streichelte meine Wange. Ich erwiderte diese Zärtlichkeit und drückte sachte mein Gesicht gegen seine Handfläche. Er war mir plötzlich so nah, dass ich seinen Atem schmecken konnte.
»Du bist wunderbar, Lisa – ehrlich, mutig und einfühlsam. Noch nie war jemand so um mich bemüht ... Aber du siehst in mir eine Person, die ich einfach nicht bin. Ich verdiene das alles nicht. Du machst es mir nicht leicht und ich stecke in einer Zwickmühle. Egal, was ich tue, ich kann dich nicht haben und darf diesem Drang nicht nachgeben. Bald bin ich fort und ich weiß nicht, ob ich damit leben kann, dich auch noch zu verlieren. Und da ist noch diese Sache mit deinem Vater, die zwischen uns steht.«
Er presste seine Augen fest zusammen und ich konnte spüren, wie heftig sein Herz in seiner Brust pochte.
»Aber es stimmt. Die meisten Stunden am Tag denke ich an dich, höre dein Kichern – du hast keine Ahnung, wie viel Kraft mir das verleiht. Ich wünschte, wir hätten uns zu einer anderen Zeit oder in einer anderen Welt kennengelernt. Deshalb ist Freundschaft – bis ich meinen Plan umgesetzt habe – das Einzige, was ich dir bieten kann.«
Eine tiefe Traurigkeit legte sich über mich und Tränen

stiegen mir in die Augen. Er hatte es ausgesprochen. Mein Vater stand zwischen uns und das würde für immer so bleiben, nichts würde sich jemals daran ändern. Er zog mich sanft in seine Arme. Ich ließ es geschehen und kuschelte mich an ihn, sog seinen Duft ein und gab mich dem Schmerz hin, niemals mehr von ihm zu bekommen.

Kapitel 18

Lisa

Mit dem Rucksack und meiner kleinen Tragetasche stand ich am nächsten Tag am Busbahnhof. Eine halbe Stunde hatte ich noch Zeit, bevor ich mich auf den Weg nach Little Falls machen würde. Grübelnd schlenderte ich an den vielen kleinen Geschäften vorbei und schaute mir die Schaufenster an.

Liams Worte von gestern Abend gingen mir nicht aus dem Kopf. Ich wusste, dass er es nicht leicht gehabt hatte, aber die Beichte über sein Leben – und auch über seine Schandtaten – hatte mich nachdenklich und traurig gestimmt.

Ein Opfer des berühmt-berüchtigten Skin-Burners von Little Falls zu sein, war nicht einfach. Ein Opfer von häuslicher Gewalt im eigenen Elternhaus zu sein, war grausam, und ich wusste, dass Liam noch nie etwas anderes gekannt hatte, außer der Hölle.

Ich dagegen hatte bis zu dem Tag, an dem ich meinen Vater damals mit Liam im Schuppen entdeckt hatte, eine schöne Kindheit gehabt – zumindest glaubte ich das.

Aber er – er kannte nur Armut, Gewalt und Leid. Man sagt, Gewalt erzeugt Gewalt, und in Liams Fall traf dies tatsächlich zu.

Was meine Gefühle anging, war ich mir jetzt sicher – ich hatte mich in Liam verliebt. Obwohl ich das nicht wollte und obwohl es für uns keine Zukunft gab. Meine Gefühle konnte ich nicht einfach abstellen. Trotz allem, was ich von Liam erfahren hatte, vertraute ich ihm,

liebte seine freche Art und konnte nur Gutes in ihm sehen. Vielleicht war die Freundschaft zu ihm eine Chance, unsere Vergangenheit zu bewältigen – jeder auf seine Weise. Aber was würde aus uns werden, wenn er die Sache mit meinem Vater hinter sich gebracht hatte? Könnten wir auch dann noch Freunde sein?
In einem Schaufenster entdeckte ich einen edlen, verzierten Shaker, er stach mir sofort ins Auge. Er war aus Edelstahl gefertigt und auf dem unteren Rand zierte ihn ein wellenartiges Muster. Als die Idee in meinem Kopf immer mehr an Reife gewann, fackelte ich nicht lange und betrat den Laden.
Der Becher kostete ein kleines Vermögen, aber ich konnte noch eine Namensgravur und eine hübsche Verpackung herausschlagen. Ich verstaute ihn in meinem Rucksack und machte mich auf den Weg zur Haltestelle, wo der Bus schon wartete.
Ich reichte dem Busfahrer mein Ticket, ging den Mittelgang entlang zu den hinteren Sitzen und ließ mich in die weiche Polsterung fallen. Es saßen nur wenige Fahrgäste im Bus, aber mehr würden es wahrscheinlich nicht werden, da nur wenige in die Gegend von Little Falls unterwegs waren.
In knapp vier Stunden würde ich in meinem alten Zuhause sein. Nervös und sogar ein bisschen ängstlich dachte ich an unsere Verwandten und Nachbarn. Ob ich ihre dämlichen Gesichter ertragen konnte?
Mein Handy piepte und ich zog es aus meiner Jeans.

Hey Kleine,
sitzt du schon im Bus?
Liam

Grinsend antwortete ich ihm.
Hey Großer,
ja, wir fahren gleich ab.
Lisa

Okay. Wirst du mich vermissen?
Liam

Lass mich kurz überlegen?
ähhh nö!
Lisa :D

Das war jetzt aber gemein!
Du wirst mir fehlen.
Liam

Komm schon, so ein Kerl wie du
kann das schon ertragen.
Na klar wirst du mir fehlen.
Lisa

Geht doch! :D
Sieht aber nicht so aus, als wären die Sitze bequem.
Meinst du, mein
Hintern hält vier Stunden Fahrt aus?
Liam

Was?! Sofort sah ich mich um. War er hier? Ich konnte ihn nirgends entdecken.

Wo bist du?
Lisa

Also, wenn du ein Stück rutschst,
dann werde ich die nächsten vier
Stunden neben dir sitzen.
Liam

Mein Kopf flog herum und ich suchte den gesamten Platz des Busbahnhofs nach ihm ab – nichts! Ich blickte nach vorn, sah, wie er einstieg und mit seinem typischen Grinsen durch den Mittelgang auf mich zukam. Er zog seinen Rucksack von den Schultern und setzte sich schmunzelnd neben mich.
»Was machst du denn hier?«, fragte ich erstaunt.
»Ich sollte sowieso mal wieder zu Hause nach dem Rechten sehen, da dachte ich, dass ich auch gleich mit dir fahren kann.«
Ungläubig schüttelte ich den Kopf. »Wann hast du denn das entschieden?«
»Heute Nacht. Okay, ich hab schon länger darüber nachgedacht, aber dazu durchgerungen, habe ich mich in den frühen Morgenstunden«, gab er zu.
Die Türen schlossen sich und der Motor wurde angelassen. »Freust du dich nicht? Ich kann mich auch gerne nach vorne setzen, wenn dir das lieber ist.« Er setzte eine gespielt beleidigte Miene auf und tat so, als wollte er aufstehen.
»Bist du verrückt? Du bleibst gefälligst hier!« Ich hielt

ihn an seiner Jacke fest und zog ihn auf den Sitz zurück. »Gerade dachte ich, meine Beine könnten eine gute Ablage gebrauchen.« Ich lehnte mich mit dem Rücken gegen das Fenster, streckte die Beine über seinen Schoss und schenkte ihm ein freches Lächeln.
»Nein, im Ernst. Ich find´s toll, dass du mitfährst.« Liam zwinkerte mir zu und legte seine Hände auf mein Bein. Ich genoss diese Position.
Der Bus rollte los und wir ließen New York hinter uns. Liams gute Laune war ansteckend. Wir witzelten eine halbe Ewigkeit miteinander und ich vergaß meine Anspannung. Wir waren beide ganz locker, niemand ahnte, welche Probleme Liam und ich in Wahrheit hatten.
Nach zwei Stunden Fahrt hielt der Bus für zehn Minuten an. Einige Fahrgäste stiegen aus, um sich die Beine zu vertreten. Ich setzte mich auf und kramte aus meinem Rucksack nach einem Brötchen, welches ich mir für die Fahrt in einer Bäckerei gekauft hatte. Ich riss die Hälfte davon ab und gab sie ihm.
»Wie lange wirst du bleiben?«, fragte ich Liam, während ich von meiner Hälfte abbiss.
»Das weiß ich noch nicht, wahrscheinlich nur ein bis zwei Tage. Warum?«
»Vielleicht können wir auch zusammen zurückfahren«, erwiderte ich mit vollem Mund.
»Nein, das glaub ich nicht. Ich muss danach noch etwas in Northville erledigen.« Jetzt tat er wieder so geheimnisvoll und ich hatte das Gefühl, dass er mir nicht sagen wollte, was genau er in Northville vorhatte. Aber ich wollte nicht zu neugierig sein und fragte nicht weiter nach.
Nach unserem Minifrühstück sorgten das monotone

Motorgeräusch und das leichte Schunkeln dafür, dass Liam einnickte. Sein Hinterkopf lehnte an der Heckscheibe des Busses. Er sah so süß aus, wenn er schlief. Sein Mund stand ein wenig offen und ein leises Schnarchen war zu hören. Er war so müde, dass er nicht einmal einen lautstarken Streit zwischen einem Pärchen aus dem vorderen Teil des Busses mitbekam. Sachte zog ich seinen Oberkörper zu mir und bettete seinen Kopf auf meinem Schoss. Nur kurz machte er die Augen auf und blickte mich an. Als er registrierte, dass ich ihm eine bequemere Position verschaffen wollte, ließ er sich auf meinen Schoss nieder, griff nach meiner Hand und schlief weiter. Seine Beine legte er über die anderen Sitze. Es war schön, ihn so friedlich zu sehen. Vorsichtig glitt meine Hand in sein Haar.

***

Mit jeder Minute, die verging, wünschte ich mir, ihn in einem anderen Leben getroffen zu haben. Dann könnte es nur noch uns beide geben. Wir hätten uns normal kennengelernt und niemand könnte unsere Liebe als pervers oder anrüchig bezeichnen. Wir könnten Laura und Norman sein.
Die Zeit verging viel zu schnell. Liam schlug die Augen auf und streckte sich. Meine Hand lag noch in seinem Haar. Ich ließ eine einzelne Strähne immer wieder durch meine Finger gleiten. »Hi, du Schlafmütze«, flüsterte ich lächelnd. »Hast du gut geschlafen?«
»Traumhaft«, sagte er gähnend und richtete sich auf. »Wo sind wir?« Er blickte aus dem Fenster.
»Wir erreichen bald Little Falls.«
Verschlafen wischte er sich durch sein Gesicht. »Freust

du dich auf deine Familie?«
»Eigentlich schon. Ich habe meinen kleinen Bruder vermisst.«
Er blickte auf seine Hände und schien über etwas nachzudenken. »Lisa?«
»Ja?«
Er öffnete den Mund und betrachtete mein Gesicht. Es fiel ihm schwer, er suchte nach den richtigen Worten. »Ich ... wünsche dir schöne Weihnachten zu Hause«, sagte er, verzog sein Gesicht zu einem unechten Lächeln und zog mich in seine Arme. Ich hatte das Gefühl, dass noch etwas anderes auf seinen Lippen lag. Vielleicht hatte ich mich auch nur getäuscht und es war auch zu spät, um den Gedanken länger zu verfolgen.
Wir fuhren die Haltestelle in Little Falls an. Kurz blieb ich noch in seinen Armen liegen, lauschte seinem Herzschlag und sog heimlich seinen Duft ein. Erst, als der Bus langsamer wurde, richtete ich mich auf, zog meine Jacke an und machte mich bereit für den Ausstieg. Liam half mir mit der Tasche. Als der Bus zum Stehen kam, zog er mich noch einmal an sich, drückte mir einen Kuss auf die Wange und wartete, bis die Türen mit einem lauten Zischen aufglitten. Mir war zum Heulen zumute. Hastig schluckte ich den Kloß hinunter und lächelte tapfer.
»Wir sehen uns, Süße. Ich bin nur eine Ortschaft entfernt«, sagte er mit rauer Stimme.
Ich nickte und zwang mich ebenfalls zu einem Lächeln. Eine merkwürdige Empfindung schlich sich ein. Wieso fühlte es sich wie ein Abschied für immer an?
Ich stieg die Stufen hinunter, sah noch einmal in sein schönes Gesicht. Die Türen schlossen und der Bus fuhr langsam los. Liam ließ mich nicht aus den Augen, er

lief den Gang entlang bis zur Heckscheibe. Wir winkten uns nicht zu, sahen uns nur an, bis der Bus aus meinem Blickfeld verschwunden war.
Was hatte er versucht, mir zu sagen? Und wieso hatte er es nicht getan? Ich hasste das Gefühl, im Unklaren zu sein.
Es hupte laut. Zuckend fuhr ich zusammen und wandte mich um. Ein Polizeiauto hielt hinter mir.
»Hey, junge Frau! Ich verhafte Sie auf der Stelle, wenn Sie mich nicht sofort umarmen!«, rief eine männliche Stimme aus dem Wagen. Der Polizist stieg aus und lachte mich breit an.
»Phil!« Ich warf mich in seine Arme. Erst jetzt wurde mir bewusst, wie sehr ich meinen Stiefvater vermisst hatte. Phil war wie ein Ersatzvater für mich. Er hatte Mum geheiratet und sie bekamen Jason. Für ihn war ich immer Laura Melory gewesen – ein normales Kind aus Little Falls. Phil hatte sich mir gegenüber immer fair verhalten. »Komm her, mein Mädchen! Ach, ist das schön, dich endlich wiederzusehen. Sag schon, geht es dir gut? Du hast abgenommen! Das wird deiner Mutter ganz sicher nicht gefallen.«
»Es geht mir gut«, lachte ich. »Schön, dass du mich abholst.«
»Na, hör mal! Nichts hätte mich davon abbringen können, meine kleine Architektin abzuholen, außer vielleicht eine Verfolgungsjagd«, scherzte er.
Ich lachte kopfschüttelnd. Phil war der Polizeichef in Little Falls, sorgte für Recht und Ordnung, war in der ganzen Stadt bekannt und liebte seinen Job. Von Verbrechensbekämpfung konnte in Little Falls keine Rede sein, hier verhaftete er Falschparker und Umweltsünder. Unser kleines Dorf war seiner Aussage

nach sauber.
Er kümmerte sich um mein Gepäck und wir fuhren los. Phil erzählte, was in meiner Abwesenheit in unserer kleinen Stadt so los gewesen war. Ein paar Jugendliche, die randaliert hatten, Mrs. Pinelos Katze, die von einem Baum nicht mehr heruntergekommen war – der ganz normale Wahnsinn eben. Grinsend hörte ich ihm zu. Ich mochte es, wenn er von seinen Einsätzen erzählte.
Er parkte den Streifenwagen in der Auffahrt. Unser Haus war schneebedeckt und von allen Fenstern funkelten uns Lichterketten entgegen.
»Bereit für die Familie?«, fragte er.
Grinsend nickte ich und im selben Augenblick flog die Eingangstüre auf und Jason sprang mir freudestrahlend entgegen. »Laura! Laura! Da bist du ja!«
Ich stieg aus, breitete meine Arme aus und fing meinen Bruder auf.
»Hallo Zwerg.« Seine blauen Augen leuchteten. »Du bist schwer geworden«, ächzte ich, »und gewachsen bist du auch! Meine Güte! So lange war ich doch gar nicht fort!«
Er lachte und drückte mir einen Kuss auf die Wange. Ich ließ ihn wieder runter. »Ich habe in meinem Zimmer eine Polizeistation aufgebaut, mit der können wir spielen.« Schon wollte er mich an der Hand ins Haus ziehen.
»Jason! Lass deine Schwester doch erst nach Hause kommen. Später hat sie bestimmt Zeit für dich«, sagte Mum, die auf uns zugelaufen kam. »Hi, mein Schatz«, wandte sie sich lächelnd an mich.
»Hi, Mum.« Wir umarmten uns.
»Schön, dich wieder zu Hause zu haben. Du hast uns

gefehlt.«
»Ihr habt mir auch gefehlt, Mum.«
Lächelnd legte sie ihren Arm um mich. »Na komm, du bist bestimmt müde von der langen Fahrt.«

***

Nach einem guten Essen und einer ausführlichen Berichtserstattung über mein Studium und mein Leben in New York richtete ich mich in meinem alten Zimmer ein. Alles stand noch an seinem Platz und war sauber abgestaubt. Die Fotos aus meiner Kindheit hatte ich vor langer Zeit von den Wänden verbannt, nur die alten Poster von Beyonce und Christina Aguilera empfingen mich sexy und topgestylt. Es fühlte sich an, als wäre ich niemals fort gewesen. Ich war einfach wieder Laura Melory, ein Mädchen mit einer dunklen Vergangenheit. Es war so still in meinem Zimmer. Wie schnell hatte ich mich an die Hektik und die Lautstärke in New York gewöhnt! Was wohl Liam gerade tat? Ich zog mein Handy heraus und überprüfte meine Nachrichten. Nichts. Ich setzte mich auf das Bett und fing an, meine Tasche auszuräumen. Dabei fiel mir sein Geschenk in die Hände. Mist! Ich hatte total vergessen, es ihm zu geben, aber vielleicht würde sich noch eine Gelegenheit bieten.
Die anderen Präsente verstaute ich in meinem Schrank und war gerade fertig, als Mum an die Tür klopfte.
»Hi Mum, komm rein.«
Sie lächelte und betrat das Zimmer. »Oh, du hast schon ausgepackt?«, fragte sie und setzte sich auf mein Bett.
»Ja. Viel habe ich ja nicht dabei.«
Sie nestelte mit ihren Händen, ein sicheres Zeichen

dafür, dass sie mir etwas sagen wollte. Ich schloss die Schranktür.
»Ein paar Verwandte kommen morgen.«
»Okay.« Damit hatte ich schon gerechnet.
»Ich weiß, du magst es nicht, wenn das Haus mit Leuten voll ist, aber ich habe mir gedacht, dass wir das schon hinbekommen werden, oder?«
»Klar.«
»Wie geht es deiner Freundin Hannah?«
Wieso hatte ich das Gefühl, dass sie gerade versuchte, um den heißen Brei zu reden?
»Oh, ihr geht es sehr gut. Sie wird bald heiraten.«
Erstaunt blickte sie auf. »Ist sie nicht schon längst verheiratet?«
»Äh, nein! Sie hat sich von Matt getrennt, aber das ist eine längere Geschichte.«
Ich setzte mich zur ihr. »Mum, was ist los?«
Sie sah mich an. »Laura, ich ... muss dir etwas sagen.«
Jetzt machte ich mir wirklich Sorgen. »Was?«
Sie schluckte mehrmals und seufzte tief. »Er wird bald aus dem Gefängnis entlassen.«
Ihre Augen studierten mein Gesicht. Was sollte ich jetzt tun? Ihr sagen, dass ich es längst wusste? Ihr von den Briefen erzählen oder lieber alles verschweigen? Ich war hin und her gerissen, wollte nicht, dass sie sich Sorgen um mich machte und schon gar nicht, dass sie Angst hatte.
»Die zehn Jahre sind vorbei«, sagte ich nickend.
»Hör zu, Schatz. Ich glaube, er wird uns in Ruhe lassen. Trotzdem wird Phil eine Alarmanlage am Haus installieren – uns wird nichts geschehen. Ich habe nur Angst um dich. Du bist weit fort und ...«
»Mum, bitte. Du brauchst keine Angst zu haben, er

wird nicht mal in meine Nähe kommen.«
Erstaunt hob sie ihre Augenbrauen. »So? Und was macht dich so sicher?«
»Überleg doch mal, ich bin jetzt erwachsen. Er weiß ganz genau, dass wir mit ihm fertig sind. Außerdem würde er niemals so weit gehen und uns terrorisieren. Dann würde man ihn sofort wieder einsperren, meinst du nicht?«
Das war genau Alex´ Argumentation, aber jetzt schien sie mir plausibel genug zu sein. Ich spürte genau, worauf meine Mutter hinaus wollte.
»Vielleicht, aber vielleicht auch nicht. Ich habe einfach Angst und will kein Risiko eingehen. Deshalb habe ich überlegt, ob du dein Studium in New York nicht für einige Zeit unterbrechen könntest und ...«
»Halt! Stop! Nein, Mum. Das werde ich nicht tun.«
Ich wusste es. Sie wollte mich in ihren Sog aus Angst und Beschützerinstinkt ziehen, doch das konnte ich auf keinen Fall zulassen.
Ich stand vom Bett auf und verdrehte die Augen. »Hör zu, Mum, ich verstehe deine Bedenken, aber ich kann unmöglich von New York wieder zurückziehen. Ich habe ein Leben dort und es gefällt mir.«
»Laura! Er wird entlassen! Verstehst du denn nicht, was das bedeuten könnte?«
»Natürlich verstehe ich das. Aber glaubst du, er wäre so dumm, seine neue Freiheit aufs Spiel zu setzen? Außerdem bin ich kein hilfloses Kind mehr, ich kann mich wehren.«
Sie war entsetzt, schüttelte verständnislos den Kopf.
»Laura! Er könnte auf Rache aus sein oder einfach durchdrehen!«
»Ich könnte auch in New York von einem Taxi

überfahren werden oder einer Schießerei zum Opfer fallen. Mum, bitte! Es könnten so viele Dinge passieren, wir können nicht alles kontrollieren, dürfen unser Leben deshalb nicht aus Angst ändern.«
Wir funkelten uns an. Mum versuchte, meine Argumente zu begreifen. Sie spürte genau, dass sie mich nicht dazu überreden konnte, hier zu bleiben. Meine Entscheidung hatte ich getroffen.
»Ich habe einfach nur Angst um dich.« Sie fing an zu weinen. »Ich konnte dich damals nicht vor ihm beschützen und jetzt kann ich es auch nicht.« Die alten Schuldgefühle plagten sie immer noch.
Tröstend nahm ich sie in meine Arme. »Ach Mum, weine nicht. Es war nicht leicht – für uns beide nicht. Niemand hätte das damals verhindern können. Damit müssen wir jetzt leben.«
Sie wischte sich die Tränen aus dem Gesicht. »Ich möchte einfach alles tun, damit dir nie wieder so weh getan wird.«
»Das weiß ich, Mum.«

Kapitel 19

Lisa

Am Weihnachtstag verbrachten wir den Vormittag hinterm Haus und bauten einen Schneemann. Phil bastelte an einer defekten Lichterkette, während Mum in der Küche stand und für den morgigen Tag all die leckeren Speisen vorbereitete.
»Lauf schnell in die Küche zu Mum und frag, ob sie dir eine Karotte geben kann«, sagte ich zu Jason.
»Wir brauchen auch noch einen Hut.«
»Genau! Um den werde ich mich kümmern.« Wir gingen los – Jason in die Küche und ich in mein Zimmer. Im Schrank hatte ich noch einen alten Strohhut, den würde ich unserem Schneemann aufsetzen.
Mein Handy vibrierte und ich zog es aus meiner hinteren Hosentasche.

»Wo auch immer du gerade bist,
ich wünsche dir fröhliche Weihnachten.
Ich vermisse dich und denke an dich. Dein Aidan.«

Schnell tippte ich eine Antwort.
Bin zu Hause bei Mum und ganz viel leckerem Essen. Ich wünsche dir auch fröhliche X-Mas. Ich vermisse euch auch alle.
L.

Ich drückte auf »Senden« und durchwühlte meinen Schrank nach dem alten Hut. Zurück im Garten hatte

Jason die Karotte schon mitten in das Gesicht des Schneemanns gesteckt und wartete ungeduldig auf die fehlende Kopfbedeckung. »Da bist du ja endlich! Darf ich ihm den aufsetzen?«

Ich reichte ihm das gute Stück. Er streckte sich und schaffte es gerade so, dem Schneemann den Hut auf den Kopf zu ziehen. »Fertig!« Er ging einen Schritt zurück und betrachtete stolz unser Werk.

»Er sieht toll aus!«

»Ich nenne ihn Mason«, sagte Jason und drückte ihm noch einen weiteren Stein in den Bauch.

Ich erstarrte. Wie kam Jason auf diesen Namen?

»Wieso willst du ihn so nennen?«

Jason zuckte mit den Schultern. »Einfach so.«

Das glaubte ich nicht! Bestimmt hatte er diesen Namen aus Unterhaltungen aufgeschnappt.

»Mir gefällt dieser Name nicht. Wollen wir uns nicht lieber etwas Lustigeres überlegen?«, versuchte ich ihn zu überreden. Dabei kam mir der Gedanke, dass Jason etwas von meinem Vater wissen könnte. Bisher hatte Mum darauf bestanden, alles vor ihrem Sohn geheim zu halten. Sie wollte nicht, dass er etwas über diese dunkle Geschichte wusste. Es lag nahe, dass er etwas aufschnappen oder falsch verstehen könnte.

»Sag mal, bist du schon einmal in der Schule geärgert worden?«

Jason antwortete nicht, was mich misstrauisch machte. Er hatte mich genau gehört und ganz sicher auch verstanden. Mit seinem Handschuh fuhr er über den runden Bauch des Schneemanns.

»Jason, bist du?« Ich beugte mich zu ihm hinunter und sah in sein Gesicht. »Hey, du weißt doch, mir kannst du alles erzählen.« Ich streichelte ihn und gleichzeitig

hoffte ich inständig, dass seine Antwort »Nein« lauten würde.
»Aber das bleibt unser Geheimnis, okay?« »Natürlich, Zwerg.« Mir wurde übel, wenn ich nur daran dachte.
Er brauchte noch eine Weile, bis er endlich zu sprechen begann. »Manchmal sagen sie gemeine Sachen«, rückte er endlich mit der Sprache heraus.
»Was sagen sie denn?«
»Dass Mum früher mit einem Teufel verheiratet war und dass ich Teufelsblut in mir habe.«
Mein Gott! Ich sah in das kleine, süße Gesicht meines Bruders, erkannte seine Unsicherheit und seine Angst. Mit dem Zeigefinger hob ich sein Gesicht an, damit er mich anschaute. »Soll ich dir was sagen, Zwerg? Das ist das Dümmste, was ich jemals gehört habe. Wer sagt denn sowas?«
»Ein paar Jungs aus meiner Klasse.«
Mum musste unbedingt etwas dagegen unternehmen und vor allem sollte sie Jason unsere Situation endlich erklären. Es tat mir weh zu sehen, wie er praktisch im Dunklen tappte, keine Ahnung hatte und diese Beleidigungen ertragen musste. Er sollte es von uns erfahren – natürlich alles seinem Alter entsprechend.
»Und was sagen sie noch?«
Er zuckte mit den Schultern. »Doofe Sachen eben.«
»Was für doofe Sachen?«
Wieder druckste er herum. »Dass du nicht meine Schwester bist. Aber einmal habe ich mich deswegen mit Tom geprügelt und hab ihm eins auf die Nase gehauen.«
»Du hast dich geprügelt?« Mein kleiner Bruder und sich prügeln? Er war immer sehr sozial gewesen, jemand, der Streit schlichtete und versuchte, Lösungen

für Probleme zu schaffen. Aber offensichtlich war er in dieser Situation überfordert gewesen, was ich ihm nicht verdenken konnte.
»Ich weiß, das war falsch. Aber ich war so wütend!«, erklärte er.
»Und was ist dann passiert?«
»Ich musste mich entschuldigen und Mum kam in die Schule.«
»Und? Hast du dich entschuldigt?«
»Nein.«
Innerlich führte ich einen kleinen Freudentanz auf. Endlich hatte Jason sich mal gewehrt, wenn die Schlägerei auch nicht ganz in Ordnung war.
»Okay, du hörst mir jetzt ganz genau zu. Ich bin deine Schwester und das werde ich immer bleiben, ganz egal, was passiert. Es ist nur so, dass wir nicht den gleichen Vater haben.«
Seine Augen wurden riesig. »Nicht?«
»Nein, aber trotzdem ist Phil mein Dad. Verstehst du das?«
Nickend, aber immer noch in Gedanken, blickte er mich an. »Und was ist mit deinem richtigen Dad?«
Gott! Es war gar nicht so leicht, die richtigen Worte zu finden. Ich überlegte. »Er ist ein schlechter Mensch und sitzt deshalb im Gefängnis.«
»Ehrlich?, entfuhr es ihm. »Und was hat er getan?«
Puh, wie erklärt man einem Sechsjährigen sexuellen Missbrauch und Körperverletzung an Kindern?
»Er hat anderen sehr wehgetan. Aber soll ich dir noch was verraten?«
Eifrig nickte er.
»Unser Dad – also Phil – hat ihn verhaftet und ins Gefängnis gebracht. Er ist ein Held.« Ich lächelte ihn

an und hoffte, Jason würde meine Erklärungen verstehen.
»Du meinst, so richtig?«
»Ja, Dad ist ein richtiger Held. Und darauf sind die Jungs in deiner Klasse bestimmt sehr neidisch. Deshalb reden sie auch dummes Zeug – weil sie keine Ahnung haben. Aber du weißt jetzt Bescheid. Außerdem sind sie eifersüchtig, weil du so schlau bist. Du weißt eben viel und verstehst sehr schnell, während die anderen mehr lernen oder stundenlang in ein Buch gucken müssen.«
Ich spielte mit dem kleinen Schneehaufen in meiner Hand, während ich Jason Zeit gab, das Alles zu verdauen.
»Dann hat Tom aber doch recht gehabt ... und ich habe ihn geschlagen.« Sein ausgeprägter Sinn für Gerechtigkeit kam wieder in ihm durch.
»Aber du wusstest es bis jetzt nicht und deshalb zählt es auch nicht.«
Er überlegte einen Moment. »Aber richtig war es trotzdem nicht«, meinte er.
»Würdest du Tom noch einmal schlagen, wenn er nochmal behaupten würde, ich wäre nicht deine Schwester?«
Jason schüttelte energisch den Kopf.
»Siehst du, weil du jetzt weißt, dass es stimmt. Deshalb brauchst du kein schlechtes Gewissen zu haben, Jason ... Und die Sache mit dem Teufelsblut ist totaler Quatsch. Im Gegenteil, du hast edles Heldenblut in dir und darauf kannst du sehr stolz sein.«
Seine Mundwinkel hoben sich zu einem winzigen Lächeln.
Ich musste unbedingt Mum und Phil bitten, sich um

das Problem in der Schule zu kümmern. Ich wollte nicht, dass er deswegen Schwierigkeiten hatte. Es war für Jason schon schwer genug, Freunde zu finden. Oft stand ihm seine Intelligenz im Weg, weil er in seiner Denkweise schon viel reifer war als die meisten Kinder in seinem Alter. Er wirkte wie ein Professor und manchmal wie ein Eigenbrötler. Kinder konnten wirklich grausam sein.

»Hey ihr zwei. Könnt ihr mir mal helfen?«, rief Phil uns vom Haus aus zu.

»Ja, wir kommen gleich«, rief ich zurück. »Das bleibt aber erst mal unser Geheimnis, in Ordnung?«

»Keine Sorge, ich kann gut Geheimnisse für mich behalten.«

»Das weiß ich, Zwerg. Deshalb habe ich es dir erzählt. Aber denk daran, dass du nur solche Geheimnisse für dich behältst, die nicht unrecht sind. Und niemand – kein Erwachsener darf dich jemals berühren. Dann musst du es gleich Mum oder Dad erzählen.«

»Ja, das weiß ich. Das hast du mir auch gesagt, bevor du nach New York gegangen bist.«

»Sehr gut. Und jetzt komm, wir helfen Dad.«

***

Während Mum Jason am Abend ins Bett brachte, saß ich mit Phil in der Küche und wartete darauf, dass Jason endlich einschlafen würde und wir loslegen konnten. Der Weihnachtsbaum stand schon in der Garage und wartete nur darauf, von uns ins Haus gebracht und geschmückt zu werden. Alles musste fertig sein, bevor Jason am Morgen aufwachte.

Wie es Tradition war, hatte Jason ein Glas Milch und

Kekse vor den Kamin gestellt. Obwohl das Schlitzohr genau wusste, dass Phil in Wahrheit den Weihnachtsbaum aufstellte und schmückte, schien er unseren Eltern den Spaß nicht nehmen zu wollen und spielte dieses Spielchen gerne mit.

»Der wird Augen machen, wenn er morgen früh aufwacht«, sagte Phil mit vollem Mund, während er sich über die Kekse und das Glas Milch hermachte.

»Tut er das nicht jedes Weihnachten?«

»Schon, aber diesmal habe ich einen Prachtburschen von Baum bekommen.«

Mum betrat die Küche. »Es kann losgehen, er schläft.«

Sofort ging Phil an die Arbeit. Mum und ich fegten die Tannennadelspur auf, die er von der Garage bis ins Wohnzimmer hinterließ. Bis der Baum richtig platziert und Phil endlich vollkommen zufrieden war, dauerte eine Weile. Es war so typisch für ihn – Mum grinste mich an, weil sie das Gleiche dachte.

»Okay, so müsste es gehen. Ihr dürft mit dem Schmücken beginnen«, verkündete Phil feierlich und betrachtete sein Werk.

Schnell glitzerten die vielen, bunten Kugeln am Baum und selbst Phil strahlte wie ein kleiner Junge. »Ein richtiger Prachtbursche!«

Plötzlich klingelte mein Handy. Ich zog es aus meiner Hosentasche und schaute aufs Display. Liam.

Schnell nahm ich ab. »Hallo?«

»Hi, Kleines.« Seine Stimme brachte mich aus dem Konzept und sofort wurde mir heiß.

»Äh, warte mal«, sagte ich zu ihm, warf Mum und Phil einen entschuldigenden Blick zu und verzog mich aus dem Wohnzimmer, damit ich ungestört mit ihm telefonieren konnte.

»So, jetzt! Hi.«
»Bist du geflüchtet, damit uns keiner zuhört?« Deutlich hörte ich, wie er sich über mich lustig machte.
»Natürlich. Was glaubst du, würde meine Mum davon halten, wenn sie wüsste, mit wem ich spreche?«
»Ja, das kann ich verstehen. Ich dachte, du bist vielleicht schon in deinem Zimmer oder so.«
»Nein, wir schmücken gerade den Baum. Und du? Was treibst du?«
»Ich sitze hier, trinke ein paar Bier und dachte, ich ruf dich mal an. Was hast du heute den ganzen Tag gemacht?«
»Ich habe heute tatsächlich einen Schneemann gebaut.«
Er lachte. »Das ist jetzt nicht dein Ernst!«
»Doch! Jason kam auf die Idee. ... Es war schön und hat Spaß gemacht. Das solltest du auch mal ausprobieren.«
Er schwieg. Dann hörte ich seinen Atem durch das Telefon rauschen. »Ich war heute bei der Scheune, Lisa.«
Ein Stich fuhr mir durchs Herz. Seit damals war ich nicht mehr bei der alten Scheune gewesen und wenn ich ehrlich war, würde ich mich das auch nie trauen.
»Was wolltest du da?«
»Nichts. Ich bin zufällig daran vorbei gekommen.«
Was ging in ihm vor? Wieso quälte er sich selbst so?
»Ich habe sie mir nur angesehen.«
»Und? Wie sieht sie aus?«
»Es ist eine einzige Bruchbude, wahrscheinlich wird der nächste Sturm dieses alte Ding umfegen.«
»Vielleicht ist das gar keine schlechte Idee ...«
»Ja, das finde ich auch«, erwiderte er. »Okay, ich will

dich nicht aufhalten. Ich wollte einfach nur kurz deine Stimme hören.«
»Geht es dir gut? Du klingst so ...«
»Keine Ahnung, ob es mir gut geht oder nicht ... Ich sollte jetzt schlafen gehen.«
Vielleicht waren es ein oder zwei Bier zu viel gewesen.
»Bist du etwa betrunken?«
Er lachte. »Nur ein kleines bisschen, Süße.«
Grinsend schüttelte ich den Kopf. Er dürfte morgen einen Kater haben.
»Gute Nacht. Schlaf gut«, sagte er und legte auf.
»Gute Nacht.«
Wie gern wäre ich jetzt bei ihm! Ich stand auf und ging zum Schrank, nahm das Geschenk heraus, das er mir überreicht hatte. Es war ja schon fast Weihnachten und meine Neugier viel zu groß. Ich öffnete das Päckchen und lächelte, als ich eine Miniatur-Akropolis in meinen Händen hielt.
Es war wirklich im herkömmlichen Sinn nichts Besonderes, aber für mich bedeutete es unendlich viel. Ich erinnerte mich an unser Essen an dem Abend, an dem er mich überrascht hatte. Wie ausgeglichen und fröhlich wir beide gewesen waren! Ich hatte viel gelacht und es sehr genossen, seine warmen Blicke zu spüren. Ich stellte die Mini-Akropolis auf meinen Nachttisch, dort konnte ich sie immer betrachten und an ihn denken. Dass Liam unser Gespräch nicht vergessen hatte, ließ mich schmunzeln.
Nachdenklich ging ich wieder ins Wohnzimmer.
»Wer war das?« Phil und Mum blickten mich neugierig an.
»Nur ein Freund«, antwortete ich und machte mich sogleich über die Kugeln her, die noch aufgehängt

werden mussten. Natürlich spürte ich die Blicke, die Mum und Phil sich zuwarfen. Aber ich ignorierte sie und hoffte, sie würden sich damit begnügen.
»Jemand aus der Uni?«, bohrte Mum nach.
Warum musste sie auch immer alles so genau wissen wollen? »Äh ... ja ... aus der Uni.«
Damit gaben sie sich zufrieden und ließen mich mit ihrer Fragerei in Ruhe.
Als wir alle Kugeln aufgehängt, die Beleuchtung angebracht, die Weihnachtsgeschenke unterm Baum verteilt und alles schön hergerichtet hatten, war ich froh, ins Bett zu kommen.
Mum umarmte mich noch einmal, als ich ihr eine gute Nacht wünschte. »Ich bin so glücklich darüber, dass du doch gekommen bist.«
»Ich auch, Mum. Gute Nacht.«
»Gute Nacht, Liebes.«
Als ich endlich in meinem Bett lag, konnte ich nicht einschlafen. Was würde ich jetzt dafür geben, um bei Liam zu sein! Er hatte sich nicht gut angehört am Telefon. Was wollte er an der alten Scheune? Aber je länger ich mir darüber Gedanken machte, umso mehr glaubte ich, dass er einen Weg suchte, um damit abzuschließen – das war für mich die einzig logische Erklärung.
Freiwillig würden mich dort keine zehn Pferde mehr hinbringen. Allein der Gedanke daran ließ die Panik in mir wieder aufbrodeln. Ich unterdrückte das Gefühl, dachte an den Schneemann und an Phils Gesicht beim Kekse essen. Irgendwann übermannte mich die Müdigkeit und ich schlief endlich ein.

***

Am nächsten Morgen wurde ich durch aufgeregtes Geschrei geweckt. »Fröhliche Weihnachten! Aufstehen, ihr Schlafmützen! Es ist Weihnachten!«
Ich würde nie begreifen, wie man am frühen Morgen schon so putzmunter und zu allen Schandtaten bereit sein konnte. Selbst als Kind hatte mich Mum immer wecken müssen.
Ich zog die Decke über meinen Kopf und hoffte, die Nervensäge würde mich noch schlafen lassen. Doch da hatte ich Jason falsch eingeschätzt. Er rannte von Zimmer zu Zimmer, bis alle wach waren.
»Komm! Steh auf, Laura! Der Weihnachtsmann war da.«
»Lass mich noch schlafen, Jason. Nur noch eine halbe Stunde«, gab ich mit belegter Stimme von mir.
Er sprang auf mein Bett und zog mir die Decke vom Kopf. Sofort wich das mollig warme Gefühl und kühle Luft strömte über meine Haut.
»Aber es ist doch Weihnachten!«, rief er und hatte null Verständnis für mich.
Dieser Quälgeist! Ich blieb einfach liegen, bis er anfing, auf meinem Bett zu hüpfen.
»Hey! Na gut, du hast gewonnen.« Genervt richtete ich mich auf.
Zufrieden grinste er, während ich meinen müden Körper aus dem Bett quälte. Nach einer ausgiebigen Dusche zog ich heute meinen Rock mit einer blickdichten Strumpfhose und eine hübsche Bluse an. Sorgfältig legte ich etwas Make-up auf, mein Haar ließ ich wie immer locker über die Schultern fallen. Heute war der erste Weihnachtstag und auch, wenn ich nicht in Stimmung dafür war, wollte ich für Jason, Mum und

Phil ein wenig zur weihnachtlichen Stimmung beitragen.
In der Küche fand ich die Drei. Mum bereitete gerade das Frühstück vor, während Phil schon bei einer Tasse Kaffee saß und Jason ungeduldig im Schlafanzug auf seine Eier mit Speck wartete.
»Morgen«, murmelte ich und warf Jason einen vernichtenden Blick zu. Er grinste fröhlich.
»Morgen«, grüßte Phil und trank einen Schluck aus seiner Tasse.
»Morgen, Liebes. Ich bin gleich so weit, Speck und Eier sind gleich fertig. Phil, könntest du bitte die Teller aus dem Schrank holen?«
»Natürlich«, sagte er.
»Bis zum Nachmittag gibt es einiges zu tun. Ich muss noch zwei Salate vorbereiten, den Vogel rechtzeitig in den Ofen schieben und ich darf das Dessert nicht vergessen.«
Wie jedes Jahr geriet Mum am Weihnachtsmorgen in Stress, dabei plante sie alles bis ins kleinste Detail. Doch meistens endete ihre Kocherei dann doch im Chaos.
»Wer kommt denn alles?«, wollte ich wissen und schenkte mir Kaffee ein.
»Deine Cousinen Mira und Natalie mit Tante Augusta und Onkel Morris. Grandma Rose und Grandpa Rugh Handerson und Grandma Margret«, sagte Phil und gähnte laut.
Mum hatte gerade die Eier fertig und schaufelte jedem eine ordentliche Portion auf den Teller.
Innerlich stöhnte ich auf. Tante Augusta und ihre beiden Töchter waren ein Grund, warum ich Weihnachten lieber in New York geblieben wäre. Meine

Cousinen hatten mich schon immer wie ein außerirdisches Wesen angesehen und Tante Augusta verstärkte dies auch noch, weil sie glaubte, ihre Töchter wären etwas Besseres. Früher hatte sie meiner Mutter ständig Ratschläge gegeben – wie ich mich anziehen und welchen Sport ich machen, oder welche Schule oder Uni ich besuchen sollte. Insgeheim verglich ich sie immer mit der bösen Stiefmutter aus Aschenputtel. Einzig Tante Nancy brachte es fertig, sie zum Schweigen zu bringen. Schade, dass sie heute nicht hier sein konnte.

Onkel Morris war Phils Bruder und mit der nervigen Tante Augusta verheiratet. Er hielt meistens den Mund, er hatte sowieso nicht viel zu melden. Aber ich mochte ihn. Er war eine der wenigen Personen aus Phils Familie, die mich in Ruhe ließen. Grandma und Grandpa Handerson, Phils Eltern, hatten sich anfangs wirklich Mühe gegeben. Sie wollten mich zu den besten Ärzten schicken und die Rechnungen bezahlen, wollten Mum damit unterstützen, doch ich hatte mich geweigert. Seitdem war unser Verhältnis leicht unterkühlt.

Einzig Grandma Margret, meine richtige Großmutter, war warmherzig und gütig. Ich hatte sie schon eine Weile nicht mehr gesehen. Früher hatte sie mich oft in Schutz genommen vor den fiesen Sticheleien über meine Schulleistungen.

Nach dem Frühstück verbrachten Mum und ich den ganzen Vormittag in der Küche. Die Arbeit machte mir Spaß und lenkte mich ab. Dabei erzählte ich ihr, wie Hannah mit Jake zusammengekommen war und wie sich ihr Leben seitdem komplett verändert hatte. Nur die Sache mit seinem früheren Job behielt ich für mich.

Mum war nicht so offen und hatte von solchen Dingen keine Ahnung.
Ich dachte an Liam, der wohl noch in den Federn lag, und stellte mir vor, wie groß sein Kater heute wohl sein würde. Obwohl wir uns erst gestern gesehen hatten, fehlte er mir. »Und Nancy? Läuft ihre Galerie wirklich so gut?«, wollte Mum wissen und unterbrach damit meine Träumereien.
»Ja, absolut. Neulich war sogar ein Scheich da, um ein paar Bilder zu kaufen. Der Vorfall mit der Statue brachte Tante Nancy zusätzlich viel Publicity ein und ihr Name ist im Kunstgeschäft nun eine feste Größe.«
Mum schüttelte lachend den Kopf. »Deine Tante war schon immer ein verrücktes Huhn.«
Am späten Nachmittag war es dann soweit. Die liebe Familie traf mit einem großen Hallo und vielen Küsschen ein. Ich hasste es, die klebrigen Lipglossreste von Tante Augusta auf meinen Wangen zu spüren. Am liebsten hätte ich mich in mein Zimmer verkrochen. Doch ich lächelte tapfer, ließ diese bescheuerte und unechte Prozedur über mich ergehen.
»Du bist ein wenig zu blass, meine Liebe. Dein Studium scheint sehr anstrengend zu sein.« Und zack!
Die erste Stichelei kam schon über ihre Lippen.
»Mir geht es gut, Tante Augusta. Danke«, lächelte ich und wandte mich Grandma Rose zu.
»Fröhliche Weihnachten, Grandma.«
»Das wünsche ich dir auch, mein Kind.« Während sie mir ihre kalte Hand reichte und mich freundlich ansah, entdeckte ich Grandma Margret, die etwas Probleme mit den Stufen an unserem Eingang hatte. Froh, einen Grund zu haben, mich den Begrüßungsfloskeln von Rose zu entziehen, ging ich sofort auf sie zu.

»Grandma, lass dir helfen.«
Sie sah auf und lächelte mich liebevoll an. »Laura! Wie schön!« Ich stützte sie leicht, und als sie die wenigen Stufen hinter sich gebracht hatte, umarmte sie mich.
»Danke! Du siehst wunderschön aus. New York scheint dir zu bekommen – oder steckt da etwa ein junger Mann dahinter?« Ich errötete, sagte aber nichts.
Phil und Morris trugen die bunt verpackten Geschenke ins Wohnzimmer und verteilten sie unter dem Weihnachtsbaum. Alle unterhielten sich lautstark, begrüßten sich und strichen nacheinander über Jasons Kopf – verstrubbelten seine Haare.
»Ich schlage vor, ihr setzt euch alle an den Tisch, damit wir das Essen auftragen können. Hilfst du mir in der Küche, Laura?« Mum spürte meine Unsicherheit und gab mir die Möglichkeit, in der Küche zu verschwinden. Dafür war ich ihr sehr dankbar. Während alle am Esstisch Platz nahmen, richtete ich die Schüsseln an, die Mum dann auftrug.
»Du weißt, zwei Stunden nach der Bescherung sind sie wieder verschwunden«, zwinkerte sie mir zu. Sie nahm weitere Servierteller und Schüsseln und ging wieder hinaus.
Warum tat Mum sich das eigentlich jedes Jahr an? Sie mochte dieses Tamtam genauso wenig wie ich. Tat sie es Phil zuliebe? Ich schüttelte ratlos den Kopf.
Während des Essens ertrug ich die heimlichen Blicke meiner Cousinen, die Stimme von Tante Augusta und die unermüdlichen Fragen von Grandpa über mein Studium. Ich gab mir Mühe, wählte meine Worte mit Bedacht und beantwortete alle Fragen. Natürlich genoss die Uni, an der sich meine beiden Cousinen eingeschrieben hatten, einen viel besseren Ruf.

Irgendwann hörte ich einfach nicht mehr zu, stocherte in meinem Essen herum, bis es an der Tür klingelte.
»Laura, wärst du so freundlich und würdest aufmachen?«
Froh, endlich aufzustehen, lief ich den Flur entlang und öffnete.
»Überraschung!«
»Tante Nancy? Was machst du denn hier?« Ich bekam vor Staunen den Mund nicht mehr zu.
»Da staunst du, was?« Sie riss mich in ihre Arme.
»Aber ich dachte mir, wenn du dir das Familientreffen antust, dann ertrage ich es eben auch und unterstütze dich. Immerhin war ich diejenige, die dich dazu überredet hat.«
Erleichterung durchströmte mich. Sie war wirklich gekommen – wegen mir!
Sie löste sich aus meinen Armen. »Und? Ist die Hexenversammlung vollzählig?«
»Oh ja, du kommst genau im richtigen Augenblick.«
»Dann lass uns die Bande mal aufmischen.«

Kapitel 20

Lisa

»Fröhliche Weihnachten allerseits!«, rief Tante Nancy laut ins Wohnzimmer und brachte augenblicklich alle zum Schweigen. Ich schmunzelte über die verdutzten Gesichter.

»Nancy!«, entfuhr es Mum. Jason sprang auf und umklammerte fröhlich ihren Hals. »Tante Nancy!«

»Na, das nenne ich eine tolle Weihnachtsüberraschung!«, rief Phil. Nancy küsste ihn auf beide Wangen und schloss meine Mum herzlich in ihre Arme.

Sie liebte ihren großen Auftritt und begrüßte die anderen Familienmitglieder. Ihr leuchtendrotes Kostüm saß wie angegossen und ihr Make-up war tadellos, ihr Lippenstift besaß den gleichen roten Farbton wie ihre Kleidung. Sie sah wie ein Filmstar aus. Phil sorgte dafür, dass alle am Tisch ein wenig zusammenrückten, damit Nancy Platz hatte. Augusta und Grandma Rose begrüßten sie genauso reserviert wie immer. Nicht so Grandma Margret - sie ließ es sich nicht nehmen, ihre Tochter innig zu umarmen.

Jetzt wurde die Runde gleich etwas lustiger, weil Nancy es verstand, zu allen Themen ihre freche und unkonventionelle Art zum Besten zu geben.

Sie war genau wie ich – ein Sonderling der Familie. Vielleicht liebte ich sie deshalb so sehr. Tante Nancy kannte keine Tabus und scherte sich einen Dreck darum, was andere von ihr dachten. Vor allem aber war sie für ihr freches Mundwerk bekannt. Und wie sollte

es auch anders sein: Tante Augusta und Tante Nancy konnten sich noch nie ausstehen. Nancy erzählte munter von ihrer Galerie, ihren außergewöhnlichen Kunden, von New York, der High Society und den Problemen der Schönen und Reichen. Kurz um, sie rettete mich buchstäblich, machte das Weihnachtsfest fröhlicher und erträglicher. Phil, Morris, Grandma Margret, Mum und ich klebten schier an ihren Lippen. Nach dem Essen hielt es Jason fast nicht mehr aus und sehnte sich die Bescherung herbei. Nachdem Nancy, Mum und ich den Tisch abgeräumt hatten, sangen wir alle Weihnachtslieder – wie es sich gehörte. Dann wurden endlich die Geschenke ausgepackt.
»Fröhliche Weihnachten, Liebes«, sagten Mum und Phil und überreichten mir ein Päckchen. Ihre Augen leuchteten und beide konnten es nicht erwarten, dass ich es öffnete. Vorsichtig riss ich das Papier ab. »Was ist das?«, fragte ich neugierig.
»Etwas, das du brauchen kannst«, sagte Phil.
Endlich hatte ich den Karton geöffnet – eine Digitalkamera!
»Du kannst uns Bilder von New York schicken und uns zeigen, was du so tust«, sagte Mum leise.
Ich drückte sie an mich. »Danke, das werde ich.«
Auch bei Phil bedankte ich mich mit einer Umarmung.
»Dann lass uns gleich damit anfangen ... Nancy? Könntest du uns zusammen mit den Kindern fotografieren?«
»Natürlich!« Sie nahm meine Kamera und wartete, bis Jason und Mum bereit waren. Ein Blitz erhellte kurz den Raum und schon konnte ich auf dem Display das Foto erkennen. »Wow, das ist ja toll!«
»In der Kamera ist eine kleine Mikrokarte. Auf dieser

Karte sind alle Fotos gespeichert. Du kannst sie jederzeit per Mail verschicken.«
Natürlich kannte ich die Funktionen einer Digitalkamera, aber es freute Phil, wenn er mir etwas erklären konnte, von dem er glaubte, ich hätte keine Ahnung.
»Ich erwarte, dass du uns Bilder schickst. Ich will schließlich wissen, was meine Kleine in der großen Stadt so alles zu sehen bekommt«, ereiferte er sich.
»Natürlich, Sir!«, salutierte ich und verstellte gespielt meine Stimme. Wir lachten. So ausgelassen hatte ich mich im Kreise meiner Lieben schon lange nicht mehr gefühlt.
Ich ging mit Mum in die Küche und half ihr mit dem Dessert.
»Alles in Ordnung, Schatz?«
»Ja, alles gut«, versicherte ich ihr. Mum sah zufrieden aus und ich war es auch. Es war schön, zu Hause zu sein. Natürlich hätte ich auf Tante Augusta, meine Cousinen und auf Grandma Rose verzichten können, aber sie waren ganz friedlich und ließen mich in Ruhe. Die Erinnerungen an die vielen Weihnachtsfeste von früher wallten in mir auf. Ich hörte die Stimme meines Vaters, wie er lauthals und fröhlich mit uns Weihnachtslieder sang. Er war damals ein völlig anderer Mensch gewesen, nicht zu vergleichen mit dem Mann, den ich später in ihm entdeckt hatte.
»Tante Augustas Gesicht hättest du sehen sollen, als Nancy kam! Ich wette, ihr hat das nicht in den Kram gepasst. Wusstest du eigentlich, dass sie kommen wollte?«
»Was?« Ich hatte gar nicht mitbekommen, dass Mum mich etwas fragte.

»Wo bist du mit deinen Gedanken?«
»Oh, entschuldige. Was hast du gesagt?«
Liebevoll strich sie mir eine Haarsträhne hinters Ohr. »Nichts, Schatz.« Sie musterte mich. »Weißt du, je länger ich dich ansehe, desto besser gefällt mir dein blondes Haar. Es passt irgendwie zu dir.« Sie nahm das Tablett mit den Dessertschalen und verließ die Küche. Ich folgte ihr, doch kaum hatten wir das Wohnzimmer betreten, blieben wir beide wie angewurzelt stehen.
»Niemand hat behauptet, dass ein Architekturstudium einfach ist, aber dass es für Laura das Richtige ist, glaube ich kaum.«
»Augusta, bitte!«, mahnte Morris seine Frau. »Das geht dich überhaupt nichts an.«
»Nein, lass sie doch«, forderte Nancy sie heraus.
Ich hielt die Luft an. Die Stimmung war plötzlich eisig.
»Ich meine ja nur. Wäre es nicht besser gewesen, man hätte sie damals in ein Internat gesteckt? Dort hätte Laura anders therapiert werden können und wäre heute nicht so ... so ...«
Mein Herz begann aufgeregt zu klopfen und eine Welle der Übelkeit erfasste mich. Doch ich schluckte und hieß die Leere, die mich früher schon oft erfüllt hatte, auch diesmal willkommen.
»Ich muss schon sagen, Augusta, du machst es dir sehr einfach. Ich gebe dir einen guten Rat: kümmere dich um deine eigenen Motten. Wenn man keine Ahnung hat, sollte man lieber die Klappe halten.«
»Nancy!«, ermahnte Grandma Margret ihre Tochter, doch Augusta ging darauf gar nicht ein.
»Wieso? Ich hatte es in meiner Jugend auch nicht einfach und trotzdem wusste ich genau, was für mich gut und richtig war.«

Nancy schnaubte. »Du kannst dich doch niemals mit Laura vergleichen. Ich bitte dich! Was hast du denn schon Schlimmes erlebt? Einen abgebrochenen Fingernagel? Oder hast du dir ausversehen mal die Hände schmutzig gemacht? Aber wieso erwarte ich von dir, dass du das verstehst? Bei deinem IQ lässt dein Hirn eben nicht mehr Verständnis zu, deshalb verzeihen wir dir.«
Augustas Mund klappte auf. Fassungslos blickte sie Nancy an, die einen Schluck von ihrem Wein nahm und ihren Triumph auskostete. Es war mucksmäuschenstill im Wohnzimmer, nur Jason schien von der Unterhaltung nicht viel mitbekommen zu haben. Er saß bei Grandpa und blätterte in einem Lexikon.
»Das ist ... das ...!«, stotterte Augusta völlig baff.
»Mach deinen Mund wieder zu, Augusta. Sonst wird dein Herz noch kälter, als es ohnehin schon ist.«
»Jetzt hört auf, Mädels. Es ist Weihnachten«, versuchte Phil, die Lage zu beruhigen.
»Morris! Tu doch etwas! Wie kannst du zulassen, dass sie so mit mir redet?«, fauchte Augusta ihren Mann an. Er blieb jedoch am Kamin stehen und würdigte seine Frau keines Blickes. Augusta ließ sich auch von Grandma und Mum nicht beruhigen.
»Sie hat es bestimmt nicht so gemeint«, sagte Margret und warf ihrer Tochter einen grimmigen Blick zu. Nancy jedoch lehnte sich zurück und genoss schmunzelnd ihren Wein.
»Ich finde auch, dass Nancy sich bei Augusta entschuldigen muss«, mischte sich Rose in das Streitgespräch ein. Die ganze Sache schien gleich zu eskalieren, plötzlich sprachen alle Frauen durcheinander. Nur Mum blieb still. Sie stellte das

Tablett auf dem Tisch ab und sah zu Phil, der ihren Blick erwiderte. Es war wie ein stummes Gespräch, welches sie miteinander führten. Was ging hier vor sich? Ich beobachtete die beiden. Sie nickten sich einmal kurz zu.
»Ruhe!«, schrie Mum, augenblicklich verstummten alle und sahen sie entgeistert an. So hatte ich sie noch nie erlebt. »Ich habe es satt und kann es nicht mehr länger ertragen. Das ist Phils und mein Haus. Niemand von euch darf in unseren vier Wänden so über meine Tochter, mich oder über unsere Vergangenheit sprechen«, betonte sie ernst. »Ihr habt keine Ahnung, was wir durchgemacht haben, und ich verbitte mir diesen Ton, Augusta. Ich bin stolz auf meine Tochter. Sie finanziert ihr Studium ganz allein und arbeitet hart dafür. Du hast kein Recht, über sie zu urteilen. Ich möchte, dass du mein Haus verlässt. Und zwar auf der Stelle!«

***

Alle Augen waren auf Mum gerichtet. So hatten wir sie noch nie erlebt. Ich brachte meinen Mund vor Staunen nicht mehr zu. Sie stand da wie ein Fels in der Brandung, egal, wie hoch meine Tante die Wellen schlug, Mum stand hinter mir.
»Das wagst du nicht!«, giftete Augusta Mum an. Sofort suchte sie in Phils Blick Sicherheit. Er stellte sich, ohne ein Wort zu sagen, hinter Mum und legte seine Hände auf ihre Schultern – bezog damit ganz klar Stellung. Ich schloss die Augen, war so gerührt von dieser Geste. Mein Herz schwappte in diesem Augenblick über vor Liebe.

»Morris!«, schrie Augusta. Dieser reagierte jedoch nicht. »Natalie, Mira! Wir gehen!« Nur Natalie erhob sich aus dem Sessel und lief langsam zu ihrer Mutter hinüber. Mira blieb demonstrativ sitzen, was ihr einen bitterbösen Blick ihrer Mutter einbrachte. Sie rührte sich nicht, wagte es aber auch nicht, Augusta in die Augen zu sehen. Wutentbrannt verließ Augusta zusammen mit Natalie das Haus und knallte laut die Tür hinter sich zu.

»Wer es noch einmal wagen sollte, abfällig oder schlecht über meine Tochter zu sprechen, für den ist in dieser Familie und in diesem Haus kein Platz mehr. Derjenige kann sich gerne Augusta anschließen.«

Ihr Blick wanderte in jedes einzelne Gesicht. Als sie bei Nancy ankam, stockte sie.

Nancy prostete Mum siegesgewiss zu. »Ich bin sehr stolz auf dich, Schwesterchen. Endlich hast du mal den Mund aufgemacht.« Ein kleines Lächeln huschte über Mums Mundwinkel. Niemand sagte mehr ein Wort, stattdessen fing Grandma Rose an zu weinen. »Es tut mir leid! Ich habe es nie böse gemeint! Ehrlich gesagt, habe ich dich immer dafür bewundert, Maggy, wie du mit all den Dingen von damals fertig geworden bist. Davor habe ich großen Respekt.«

»Danke, Rose«, sagte Mum und nickte ihrer Schwiegermutter zu.

»Tante Maggy«, meldete sich jetzt auch Mira zu Wort, »ich liebe meine Mutter, weiß aber auch, wie schwierig sie ist. Aber ich habe nie schlecht über dich oder Laura gedacht. Es tut mir sehr leid, was damals passiert ist.«

»Danke.« Mum schenkte ihr ein liebevolles Lächeln, während Mira zu ihrem Vater blickte. Morris ging zu seiner Tochter und küsste sie auf die Stirn.

Mum drehte sich zu mir. Mittlerweile liefen mir die Tränen hinunter und ich war total überwältigt von ihrem Mut.
»Es tut mir leid, dass du das mit anhören musstest. Aber es gibt eben Dinge, die ein für alle Mal klargestellt werden mussten.« Ich warf mich in ihre Arme und weinte vor Rührung.
»Danke, Mum«, flüsterte ich leise.
»Nicht dafür, Liebes. Das war längst überfällig.«
»Kommt, es ist Weihnachten. Lasst uns feiern!«, sagte Phil und schaltete die X-Mas-CD ein.
In dieser Nacht konnte ich lange nicht einschlafen, so sehr hatten mich die Ereignisse des Abends aufgewühlt. Nichts stand mehr zwischen Mum und mir. Sie hatte mich mit meinen Macken akzeptiert und mich angenommen – mit allen Konsequenzen. Ich fühlte mich geliebt und zum ersten Mal war das Weihnachtsfest ganz wunderbar – auch, wenn Onkel Morris jetzt vor großen Problemen stand.
Tante Nancy und Mum hatten sich noch lange unterhalten und schliefen noch, als ich am nächsten Morgen die Küche betrat. Phil war dabei, die Reste der Weihnachtsfeier aufzuräumen. Sofort lächelte er, als er mich in die Küche kommen sah. »Morgen. Kaffee?«
»Gern.« Ich setzte mich an die kleine Theke.
»Ein sehr aufschlussreiches Weihnachtsfest, findest du nicht auch?« Natürlich sprach er den Vorfall vom gestrigen Abend an.
»Ja, sehr. Was passiert jetzt mit Onkel Morris? Augusta wird ihm die Hölle heißmachen.«
Er lachte. »Ganz sicher sogar. Aber mach dir deshalb keine Gedanken, mein Bruder hat ein dickes Fell.«
Nachdenklich sah ich in meinen Kaffee. »Mum hat mir

erzählt, dass ER ... entlassen wird. Sie möchte, dass ich hier bleibe, bis ein wenig Gras über die Sache gewachsen ist.«
Phil presste seine Lippen aufeinander. »Liebes, deine Mutter macht sich Sorgen um dich. Da ist es nur verständlich, dass sie in Panik gerät, wenn du wieder nach New York fährst und er freikommt.
Ich kann dich verstehen, aber ich verstehe auch deine Mum. Du warst immer wie eine Tochter für mich und ich liebe dich, aber ich habe auch Angst. Wir möchten dich einfach in Sicherheit wissen – hier oder in New York.«
Ich sah zu ihm auf. »Glaubst du denn, er wird uns etwas antun?«
Phil zuckte mit den Schultern. »Ich weiß es nicht, möglich wäre es. Denk einfach in Ruhe darüber nach. Egal, welche Entscheidung du triffst, deine Mutter und ich werden dich immer unterstützen.«
Ich trank einen Schluck Kaffee und nickte nachdenklich. »Kannst du mir dein Auto leihen?«
»Mein Auto? Was hast du vor?« Fragend blickte er zu mir rüber, erstaunt über den Themenwechsel.
»Ich muss etwas erledigen.«
Er neigte ein wenig seinen Kopf. »Ich hab zwar nicht mehr viel Sprit drin, aber für eine kurze Strecke dürfte es reichen.« Phil lief in den Flur und kam mit dem Autoschlüssel wieder. »Hier! Einen Benzinkanister habe ich noch im Kofferraum als Reserve. Wo willst du hin?«
»Ich möchte einen Freund besuchen«, antwortete ich – und das war noch nicht einmal gelogen.
»Na gut.« Phil drückte mir einen Kuss auf den Scheitel. Wenig später fuhr ich los und ließ die Gegend um Little

Falls hinter mir. Eine Entscheidung hatte ich schon längst gefällt. Wenn ich zu Hause bleiben würde, wären Jason, Mum und Phil auch in Gefahr. Ich war mir sicher, dass Mum keine Briefe von ihm bekommen hatte. Liam würde die Sache sowieso beenden, bevor der Skin-Burner überhaupt einen Fuß in Richtung Freiheit setzen könnte – oder ich lockte ihn nach New York und versuchte auf eigene Faust, ihm eine Falle zu stellen.
Ich war als Kind oft in Ilion gewesen. Ich kannte immer nur den einen Weg, den mein Vater benutzt hatte, um zur Schule zu kommen.
Ich hatte keine Ahnung, wo Liam wohnte, aber vielleicht könnte mich die Adresse, die ich in seiner Wohnung gefunden hatte, zu seinem Haus führen. Ich kramte das Stück Papier aus meiner Handtasche, fuhr langsam durch den Ort und studierte alle Straßenschilder, bis ich die Harter Street fand. Ich bremste, bog ab und folgte dem Straßenverlauf. Je weiter ich in die beschneite Straße hineinfuhr, desto mehr passten die Erzählungen von Liam in das Bild, welches ich von seinem Zuhause hatte.
Die Gebäude waren alt, teilweise ungepflegt und marode. Überall lag Unrat. Hausnummer zwei entdeckte ich fast am Ende der Straße. Ich parkte und stieg aus. Ich konnte im Innern Licht erkennen. Wohnte hier Liam?
Ich war nervös, mein Magen zog sich zusammen. Langsam stieg ich die Stufen hinauf und klingelte. Eine ältere Dame öffnete, lächelte mich freundlich an.
»Hallo, sind Sie Wanda? Wanda Rockmoore?«
»Ja, die bin ich. Und wer sind Sie?« Sie hatte ihr schneeweißes Haar zu einem Zopf hochgesteckt. Gütige

Augen musterten mich von oben bis unten.
»Ich bin Lisa Green, eine Freundin von Liam Norris. Können Sie mir sagen, wo ich ihn finde?«
Sie runzelte die Stirn. »Wen suchen Sie?«
»Liam Norris«, wiederholte ich.
Sie dachte nach und schüttelte den Kopf. »Einen Liam kenne ich nicht, tut mir leid.«
Mist! Aber sie musste ihn doch kennen! Warum sonst hatte er ihre Adresse in der Schublade gehabt?
»Tut mir wirklich leid, dass ich Ihnen nicht helfen kann«, sagte sie und wollte sich wieder abwenden.
Meine Güte! Wie konnte ich so blöd sein?!
»Entschuldigen Sie bitte, ich habe seinen Namen verwechselt. Ich möchte zu Norman, Norman Jenkins«, sagte ich schnell, bevor sie die Tür schloss.
Die alte Dame wurde blass, wich einen Schritt zurück und sah mich mit großen Augen an.
»Ich bin eine alte Schulfreundin und würde ihn gerne besuchen«, erklärte ich.
»Sie wollen zu Norman?«, fragte sie ungläubig.
Was war daran so seltsam? »Ja, können Sie mir sagen, wo ich ihn finden kann?«
Noch einmal musterte sie mich von Kopf bis Fuß, ihr Gesicht war immer noch blass und ihre Augen schimmerten feucht. »Er ist auf dem Friedhof.« Sie zeigte in die Richtung, in der die Straße endete. Nicht weit entfernt konnte ich die Spitze einer Kapelle entdecken – dort musste der Friedhof sein. Ich bedankte mich und machte mich auf den Weg. Wieso hatte sich die alte Dame so merkwürdig verhalten?
Ich vergaß sie und der Gedanke an Liam trieb mich an, schneller zu laufen. Es dauerte nicht lange, bis ich den kleinen Kirchhof von Ilion erreicht hatte. Laut

quietschend öffnete ich das Eisengatter, dann war es wieder unheimlich still. Schnee lag auf den Gräbern. Nur die Grabplätze, die besucht wurden, waren von ihrer weißen Decke befreit worden, sodass man die Namen der Verstorbenen lesen konnte.
Meine Stiefel knirschten unter dem Kies-Schnee-Gemisch. Angestrengt suchte ich nach Liam. Es dauerte eine ganze Weile, bis ich ihn am hinteren Ende des Friedhofs auf Knien vor einem Grab entdeckte. Mein Herz strömte über und am liebsten wäre ich ihm um den Hals gefallen, doch ich hielt mich zurück. Er schien völlig in sich versunken zu sein, bemerkte überhaupt nicht, wie ich langsam auf ihn zu lief. Mein Herz raste umso schneller, je näher ich kam. Ich war mir nicht sicher, ob ich ihn stören sollte oder nicht. Er sprach mit sich oder dem Verstorbenen, doch ich konnte nicht verstehen, was er sagte. Weinte er?
Ich blieb stehen und wartete. Eine ganze Weile verstrich, bis ich dann doch ein paar Schritte auf ihn zuging. Liam neigte seinen Kopf und entdeckte mich. Er sah furchtbar aus.
»Lisa!« Erschrocken richtete er sich auf.
»Entschuldige, ich wollte dich nicht stören«, sagte ich leise.
»Was ... was machst du hier?« Verwirrt sah er mich an. Seine Brust hob und senkte sich viel zu schnell und er schien nervös zu sein.
Ich ging noch ein paar Schritte auf ihn zu. »Ich wollte dich sehen. Du klangst gestern so einsam. Was ist denn los mit dir?«
Kurz schielte er zu dem Grabstein, an dem er gerade noch gekniet hatte, doch dann fixierte er mich mit finsterem Blick.

»Liam!« Ich streckte ihm meine Hand entgegen, doch er ergriff sie nicht. Angst kroch in mir hoch. Was war nur los mit ihm?
Mein Blick wanderte zum Grab. Und dann las ich den Namen, der dort in großen Buchstaben in Stein gemeißelt worden war.

Norman Jenkins
29.5. 1991 – 24.02.2012

***

Der Name riss mich aus meinen Gedanken. Alles drehte sich. Unvermittelt setzte mein Herzschlag aus. Tausend Fragen schossen mir durch den Kopf, doch keine davon fand den Weg über meine Lippen. Stattdessen starrte ich auf Liams wahren Namen, der dort geschrieben stand. Wie war das möglich? Er war doch nicht tot! Er stand doch lebendig vor mir!
»Lisa, ich ... kann dir das erklären!«
»Was hat das zu bedeuten, Liam? Ich meine, wir beide wissen, dass du Norman Jenkins bist. Wie kann das sein?« Ich zitterte.
Er schluckte und trat von einem Bein auf das andere. »Komm, lass uns woanders hingehen, wo es warm ist, dann erkläre ich dir alles«, brachte er mit belegter Stimme hervor. Doch ich wollte nirgendwo hingehen. Er griff nach meinem Arm, ich entriss mich ihm.
»Bitte Lisa.«
»Nein! Erklär es mir hier. Sofort!«
Seine Augen funkelten düster und ich spürte deutlich, wie er nach einem Ausweg suchte, doch dann sackte er in sich zusammen. »Ich bin nicht Norman Jenkins.«

Was?! Aber ...
»Ich bin Normans Zwillingsbruder.« Seine Stimme klang fest, aber ich hörte den Schmerz heraus, den ich so oft in seinem Gesicht gelesen hatte.
Meine Beine vibrierten. Ich konnte nicht klar denken, versuchte krampfhaft, diese Information zu verarbeiten, irgendwie zu begreifen.
»Du bist sein Zwillingsbruder?«
Er nickte. »Ja, ich bin Chris Jenkins.«
Unsicher durchforstete ich jeden Winkel meines Hirns nach einem Schnipsel, auf dem ich diese Information schon einmal gehört, gelesen oder sonst was hatte – ich fand nichts. Wie konnte es möglich sein, dass ich bisher noch nie etwas von einem Zwilling erfahren hatte?
»Norman und ich waren Brüder – eineiige Zwillinge.«
Ich war fassungslos. Für einen Moment schwankte ich und mir war schwindlig. Sofort griff Chris, Liam, oder wie auch immer er jetzt heißen mochte, nach meinem Arm und führte mich zu einer Bank. Er wischte den Schnee von der Sitzfläche, damit wir uns setzen konnten.
»Aber wieso hast du dich für Norman ausgegeben? Du hast mich die ganze Zeit belogen!«
Er senkte seinen Blick. »Du musst mir glauben, es tut mir leid. So oft wollte ich es dir sagen, aber ...«
»Aber?«
Er seufzte und blickte zum Grab seines Bruders. »Es ist nicht so einfach, Lisa. Es ist kompliziert.«
Wütend sprang ich auf. »Verdammt! Alles in unserem Leben ist kompliziert, Liam ... Warum hast du mich in dem Glauben gelassen, dass du Norman Jenkins bist?«
»Bitte setz dich wieder, ich werde versuchen, dir alles zu erklären.«

Ich war so sauer, dass ich ihn am liebsten stehengelassen hätte. Ich war so enttäuscht und verletzt! Ein Teil von mir wünschte sich eine plausible Erklärung und der andere Teil wollte ihn schlagen. Schließlich lenkte ich ein, setzte mich und sah ihn erwartungsvoll an. Er stützte die Ellenbogen auf seinen Knien ab und fuhr sich mehrmals durchs Haar. Es war offensichtlich, dass es ihm nicht leichtfiel.
»Norman war ein ruhiger Typ, sprach wenig, war dünner und empfindlicher als ich. Als wir vierzehn Jahre alt waren, entdeckte ich eines Tages dieses Brandmal. Ich stellte ihn zu Rede und er sagte, er hätte sich an einem Brandeisen verletzt. Ich fand diese Wunde merkwürdig, weil es nicht nach einer versehentlichen Verletzung aussah, sondern nach einem bewusst gesetzten Mal. Daraufhin beobachtete ich ihn. Schon bald fing er an, im Schlaf zu sprechen – das tat er oft, wenn ihn etwas belastete. Und so kam ich schließlich hinter sein Geheimnis. Norman war schwer traumatisiert und brauchte dringend Hilfe. Hätte ich die Fürsorge eingeschaltet, wären Norman und ich zu Pflegeeltern oder in ein Heim gekommen. Das konnte ich nicht zulassen. Er brauchte mich, ich war sein einziger Halt.«
»Und was war mit euren Eltern? Ich meine, sie hätten sich doch darum kümmern müssen.«
Liam lachte verächtlich. »Unser Vater war ein Säufer und Schläger. Er hat uns schon ein paar Jahre vorher im Stich gelassen. Damals waren Norman und ich neun oder zehn Jahre alt. Mum fiel in tiefe Depressionen, als er ging. Ich versuchte, uns mit Diebstählen und kleinen Gaunereien über Wasser zu halten. Als die Schweinerei mit deinem Vater und Norman herauskam, verloren

wir Mum dann ganz. Sie war zu krank, um sich um uns zu sorgen.«
»Deshalb hast du ihre Pflichten übernommen und dich um alles gekümmert«, sagte ich und vervollständigte seinen Gedanken. Er schwieg.
Mein Gott, wie schrecklich! Er war doch noch ein Kind gewesen! Ich war erschüttert und er tat mir so unendlich leid. Er hatte in seinem Leben hart kämpfen müssen.
»Nach ein paar Monaten ging es Norman etwas besser. Er ging wieder zur Schule, hatte sogar gute Noten. Er begann, Pläne zu schmieden, wollte studieren und Ingenieur werden. Aber es scheiterte immer an dem verdammten Geld.« Liam legte seinen Kopf in den Nacken, lehnte sich zurück und sah in den grauen Himmel.
»Ich bekam ein Angebot von der Army. Dadurch konnte ich das Heim für Mum, unsere Schulden und Normans Studium finanzieren. Ich nahm den Job an und ließ mich nach Afghanistan versetzen. Jeden Monat schickte ich ihm Geld, bis eines Tages ...« Er stockte und blickte auf den Grabstein seines Bruders. Tränen liefen über seine Wangen. Er zitterte und schien in seinen Erinnerungen gefangen. »Er hat sich vor zwei Jahren erhängt.«
Ich hielt den Atem an, versuchte zu begreifen, was die beiden Brüder alles hatten durchmachen müssen.
Ich legte meine Hand in seine, doch er zog sie zurück.
»Er hat es getan, weil er dieses schreckliche Erlebnis nicht vergessen konnte. Verstehst du, Lisa? Er wollte nicht mehr leben. Es hat ihn vollkommen zerstört, aufgefressen und letztendlich getötet.«
Er wischte sich die Tränen aus dem Gesicht, machte

seiner Wut Platz. Seine Augen blitzten hart und Hass flackerte darin auf. »Verstehst du jetzt, warum ich deinen Vater töten muss? Ich werde keine Ruhe finden, bis ich den Tod meines Bruders gerächt habe.«
Das war also seine Gerechtigkeit? Ich spürte, wie viel Willensstärke in dem Mordplan steckte, und mit einem Mal wurde mir klar, dass ihn nichts davon abbringen konnte – er wollte sich selbst zerstören.
Ich hatte ihn verloren. Es tat weh, zu erkennen, dass er damit auch auf mich verzichtete. Tapfer vergrub ich den Schmerz, wollte nicht egoistisch sein, weil es hier um mehr ging als eine unerfüllte Liebe.
»Das erklärt aber nicht, warum du dich für Norman ausgegeben hast«, sagte ich tonlos.
»Herrgott, Lisa! Ich tat es, um dich zu schützen.«
Was? »Um mich zu schützen?« Was sollte das bedeuten?
»Ich wollte dich damit vor mir beschützen ... Ach, vergiss es einfach.«
Ich erhob mich von der Bank und funkelte ihn wütend an. »Vergessen? Ich will es doch nur verstehen, Liam!«
Ungeduldig wartete ich, bis er ein Wort sagte, doch er blieb still, sah stur in den Schnee. Mein Gott! In mir überschlug sich alles. Ich fühlte diesen unsagbaren Schmerz und eine aufkeimende, tiefe Leere. Ich hatte ihn verloren, dabei hatte er nie zu mir gehört. Wir hatten nie eine Chance gehabt.
Enttäuscht und frustriert wandte ich mich von ihm ab und machte mich auf den Rückweg. Er folgte mir, holte mich sogar ein. Während wir den Friedhof verließen, sprach er kein Wort, zu tief war er in seine Gedanken verflochten. Ich unterdrückte den Drang, einfach loszurennen, riss mich zusammen, steuerte direkt auf

den Wagen zu.
»Lisa, warte!«
Ich reagierte nicht.
»Lisa, bitte! Ich kann verstehen, dass du sauer bist. Ich wohne gleich hier in Hausnummer drei. Lass uns noch einmal darüber reden«, sagte Liam, als ich wortlos das Auto aufschloss. »Bitte, Lisa. Es gibt so vieles, was ich dir sagen muss.«
»Oh Liam, merkst du nicht, dass es nichts mehr zu sagen gibt? Du hast dich entschieden.«
Ich sah in sein schönes Gesicht, blickte in seine schokoladenbraunen Augen. »Es tut mir so leid. Ich wünschte, wir hätten uns in einem anderen Leben kennengelernt«, flüsterte ich, stieg ein, ignorierte seine Einwände und sein Klopfen an die Fensterscheibe und fuhr los.

Kapitel 21

Lisa

Mit jeder Minute, die verging, gewann die Leere in mir Gewicht. Sie erreichte meine Brust und schließlich meinen Hals, drohte mir die Luft abzuschnüren. Ich ließ das Fenster runter und atmete die klare Winterluft tief ein. Ich hatte Liam verloren und damit war mein Herz gebrochen.
Ich fuhr einfach los, folgte der Straße, ohne darüber nachzudenken, wohin. Die Gegend war mir vertraut. Die Tankanzeige leuchtete auf. Ich ignorierte sie, fuhr einfach weiter über den Schotterweg. Wie oft war ich hier früher mit dem Fahrrad gefahren, hatte auf den Wiesen Blumenkränze für Mum geflochten? Hier war ich glücklich gewesen.
Der Weg führte zu meinem alten Lieblingsbaum und ... zur alten Scheune.
Ich hielt den Wagen an und stieg aus. Mein Blick ruhte auf dem Holzverschlag, dem Ort, in dem der Teufel sein Unwesen getrieben hatte.
Ekel überkam mich und ich spürte den Drang, mich zu übergeben. Doch ich konnte nicht – nicht jetzt.
Ich lief weiter über die Wiese, trat näher an den alten Schuppen heran. Die Löcher des maroden Daches blickten wie Augen eines Monsters auf mich herab – beobachteten mich. Es schien meine Gedanken genau zu kennen und fast konnte ich es spöttisch lachen hören.
»Ich habe keine Angst vor dir«, schrie ich in die Stille. Angetrieben von der Wut, die viele Jahre in mir

geschlummert hatte, warf ich mit aller Kraft Steine auf die Scheune.
Dieser Ort hatte alles zerstört – meine Kindheit, meinen Vater – ja, sogar mich selbst. »Du Scheusal! Wieso hast du uns das angetan? Du dreckiges Schwein! Ich hasse dich, hörst du?«, brüllte ich keuchend und warf den letzten Stein, bevor ich völlig erschöpft im Schnee zusammenbrach und bitterlich schluchzte. Die Steine konnten ihm nichts anhaben. Ich sah hinauf auf das verfallene Dach, blickte zu den zersplitterten Fensterscheiben und weinte erneut. Nichts half, den Schmerz auszuschalten. Ich konnte so wütend sein, wie ich wollte, nichts vermochte dieses Gefühl zu lindern. Mein Gesicht war tränennass, als ich erneut zur Scheune aufblickte. »Du wirst nicht gewinnen. Ich hasse dich so sehr, dass ich dir den Tod wünsche. Hörst du? Ich wünschte, du wärst tot!«
Die Stille verschluckte meine Schreie. Ein paar Krähen schienen zu lachen.
Ein Gedanke huschte durch mein Hirn. Er war nur ein kleiner Funke, dem ich durch meinen Hass Futter gab und ihn größer werden ließ. Er formte sich und bald beherrschte er mich, erfüllte mich mit Euphorie. Die Lösung wurde greifbar, ich sah sie direkt vor meinen Augen – ganz klar und einfach.
Die innere Leere war verschwunden, ich spürte nur die Kälte, die mein ganzes Handeln steuerte.
Ich lief zum Wagen zurück, öffnete den Kofferraum und nahm den Benzinkanister. Entschlossen stand ich vor der Eingangstür der Scheune. Es war gefährlich, hineinzugehen, das alte Holz konnte brechen und mich für immer unter sich begraben. Vorsichtig gab ich der Tür einen leichten Stoß mit meinem Stiefel. Das

marode Gehölz knarrte laut, als wollte es mich von meinem Vorhaben abhalten. Plötzlich krachte es laut und ein Stück vom Dach brach ein. Ich wich zurück und wartete, bis die Scheune wieder Ruhe gab. Drinnen war es dunkel, als ich hineinspähte. Ein Schauer fuhr mir den Rücken hinunter und Erinnerungen flammten vor meinem inneren Auge auf. Ich spürte, wie mein Herz zu wummern begann. Vorsichtig tat ich einen Schritt nach dem anderen. Alles lag still vor mir – der Ofen, der Traktor, das alte Heu. Ich schluckte, als ich zu der Stelle hinübersah, in der ich seine teuflischen Taten hatte ertragen müssen. Plötzlich konnte ich seine Stimme hören, wie sie sanft auf mich einredete.
»Sch ... nicht weinen, kleiner Schatz. Es wird nur einen kurzen Moment wehtun. Dann ist es vorbei und du wirst etwas ganz Besonderes sein, genau wie die anderen beiden, meine Prinzessin.« Wehrlos lag ich in seinen Armen, wurde von ihm festgehalten. Immer wieder küsste er mich, redete sanft und leise auf mich ein. Mein Haar hatte er zu einem Dutt zusammengebunden. Warum? Wieso? Ich hatte Angst, wollte mich losreißen, doch ich hatte keine Chance. Sein Griff war fest und erbarmungslos – ich war ihm ausgeliefert.
»Es wird wunderbar werden, kleiner Liebling. Aber dafür musst du jetzt zeigen, wie stark du bist.« Er stellte mich mit dem Gesicht voran an einen Balken. Fest presste er meinen Körper gegen das Holz und fixierte meinen Oberkörper mit Klebeband. Ich konnte weder Arme noch Beine bewegen. Es roch modrig und ich unterdrückte ein Würgen.
Was hatte er jetzt vor? Er ging zum Ofen hinüber, zog einen Handschuh an und holte eine Eisenstange aus

der Glut. Sie glühte orangefarben. Dann kam er auf mich zu, lächelnd, als würde er sich freuen. Ich spürte, wie Hitze von der Stange ausging. Panik brach in mir aus, als ich das diabolische Lächeln in seinem Gesicht sah. Ich war bewegungsunfähig.

Er beugte sich zu mir und begann zu flüstern. »Ich heiße dich willkommen. Durch dieses Zeichen wirst du nie vergessen, wem du gehörst. Es wird dich prägen und leiten und dich für immer an unsere Liebe erinnern.«

Er trat hinter mich. Mit einer Hand hielt er meinen Kopf gegen den Balken gepresst. Ich konnte nicht schreien, als die Hitze sich von hinten näherte.

»Sei stark, Laura!«, schrie Dad, als ich einen teuflisch brennenden Schmerz im Nacken wahrnahm. Mein Körper wand sich, versuchte zu entkommen. Aus meiner Kehle kamen gedämpfte Schreie, die durch das Klebeband abgefangen wurden. Der Schmerz wühlte sich durch meine Haut, es zischte, rauchte – ich wollte sterben. Das Leben wich aus meinem Körper, machte Platz für die Dunkelheit. Der Tod empfing mich und der Schmerz war mit einem Mal vergessen.

Heiß und stickig spürte ich seine sanfte Stimme an meinem Ohr. Die Finsternis, die mich in die Tiefe gerissen hatte, brachte mich zurück. Ich fühlte mich schlapp und müde. Nur mein Geist war wach, mein Körper lag schlaff in seinen Armen. Er wiegte mich wie ein Baby hin und her, mein Herz raste und mein Blut pulsierte, während er leise auf mich einredete. Ich schmeckte mein Blut, vermischt mit Tränen. Mein Nacken brannte wie Feuer und in der Luft hing der Geruch von verkohltem Fleisch – meinem Fleisch.

Es waren fürchterliche Schmerzen – körperlich wie

seelisch. Nichts vermochte sie zu lindern – außer vielleicht der Tod. Ich war zurück, in meinem neuen Gefängnis.

***

Keuchend stieß ich die Erinnerungen von mir, verbannte die Bilder aus meinem Kopf. Verzweifelt wollte ich seine Stimme zum Schweigen bringen, sie mit meiner eigenen übertönen. Meine Beine gaben nach und ich stützte mich an einer alten Kommode ab. Ich schmeckte das Blut in meinem Mund – metallisch, kupfern.

Es war kalt und doch fühlte ich die Hitze, die sich in mir sammelte.

Langsam schraubte ich den Deckel des Kanisters auf. Tränen verschleierten mir die Sicht. Meine Wut und der Hass vermischten sich, ballten sich zu einem Sturm, der in mir zu toben begann.

Ich musste mich befreien und es gab nur einen Weg. Stoßweise goss ich das Benzin über den Balken, das Holz, den alten Traktor, über den Ofen und das Heu, überall verschüttete ich etwas von dem Stoff, der mir Heilung versprach.

»Wie gefällt dir das?« Ich leerte das Benzin aus, bis kein Tropfen mehr übrig war. Ich lachte und ging wieder hinaus. »Und jetzt?«, schrie ich. »Jetzt wirst du brennen!« Ich nahm die Streichhölzer, die ich aus dem Maboo mitgenommen hatte, zündete gleich mehrere an und wartete, bis die Flamme an Stärke gewonnen hatte.

»Verrecke, du Mistkerl!« Ich warf die brennenden Streichhölzer hinein. Sofort entfachten sich die Flammen durch das Benzin. Es knisterte und knackte,

qualmte und breitete sich aus – das Feuer fraß sich durch die Scheune. Die Feuerzungen leckten an Holzwänden, an allem, was sich noch im Inneren befand.
Ich ging zurück, wollte sehen, wie der Qualm aus dem Dach hinaufstieg. Jetzt roch ich den Rauch und es duftete nach Freiheit.
Ich kniete im Schnee, meine Beine hatten keine Kraft mehr, mich zu halten. Weinend dachte ich an Norman und Alex. Was hatten sie alles durchstehen müssen – mehr als ich.
Das Feuer wütete jetzt in der ganzen Scheune, verschlang meinen Schmerz und die Qual. Ein lautes Dröhnen war zu hören, das von den Flammen zu kommen schien. Meterhoch türmten sich die Rauchwolken auf und plötzlich vernahm ich einen ohrenbetäubenden Knall. Mich erfasste eine Hitzewelle, die mir den Blick auf die Scheune nahm. Ein Schmerz traf mich am Kopf, alles wurde dunkel und ich spürte, wie ich in den kalten Schnee fiel. Dann wurde es finster.

»Süße, wach auf! Hörst du mich? Lisa?«
Jemand streichelte mein Gesicht. Er klang verzweifelt, aber seine Stimme war wunderschön, ich wollte, dass er weitersprach, mich weiter berührte.
»Scheiße, Lisa! Du machst mir Angst.«
Jemand trug mich und rannte. Ich konnte laut seinen Atem hören, Angst und Hektik lagen darin. Sein Herz raste und hämmerte wie verrückt.
»Verdammt! Kein Akku mehr!« Das war Liam.
Ich wurde weich gebettet, krampfhaft versuchte ich, meine Augen zu öffnen, doch ich war zu schwach. Ich

gab nicht auf, bis es mir gelang – wenn auch nur einen Spaltbreit.
»Gott sei Dank! Hast du Schmerzen?« Sein Gesicht war verschwommen, unklar und irgendwie trüb.
»Wo bin ich?«, brachte ich mühsam über meine Lippen.
»In dem Auto, mit dem du hergekommen bist. Ich bringe dich jetzt nach Hause. In Ordnung?« Ein Gurt wurde festgezogen und schon hörte ich einen Motor aufheulen.
Nur langsam erlangte ich das volle Bewusstsein wieder. Mein Kopf dröhnte, doch je länger ich die Augen offenhielt, desto wacher wurde ich.
Liam fuhr viel zu schnell. Immer wieder blickte er zu mir, vergewisserte sich, dass ich wach blieb.
»Wir sind gleich da. Hab keine Angst, du bist in Sicherheit.« Fünf Minuten später brachte er Phils Wagen mit quietschenden Reifen zum Stehen. Er stieg aus, rannte um den Wagen und öffnete die Beifahrertür. Sachte löste er den Gurt und hob mich aus dem Auto. Mein Kopf ruhte auf seiner Brust. Sofort nahm ich seinen Duft wahr, den ich nie vergessen wollte.
»Um Gottes willen! Was ist geschehen?«, hörte ich Mum kreischen. Dann vernahm ich Phils Stimme.
»Bringen Sie sie rein. Maggy, ruf sofort einen Notarzt.«
Liam legte mich sanft auf dem Sofa ab. Sofort hörte ich die weinerliche Stimme meiner Mutter, die Liam fragend ansah. »Sie? Aber Sie sind doch ...?« Mums Stimme brach, aber ich wusste genau, was sie gerade entdeckt hatte.
»Ich habe sie bewusstlos an der alten Scheune gefunden. Ich glaube, sie hat sie in Brand gesetzt.

Vielleicht sollten Sie noch die Feuerwehr rufen, es gab nämlich eine Explosion«, erklärte Liam.
Phil zog Liam aus dem Wohnzimmer. Ich versuchte ihm nachzusehen, doch mein Körper blieb regungslos. Mum und Tante Nancy kümmerten sich um mich und ein paar Minuten später war auch schon der Notarzt bei mir.

***

Als ich erwachte, lag ich in meinem Bett. Mein Schädel drohte, vor Schmerz zu explodieren, sobald ich mich bewegte. Ich hatte einen Verband um den Kopf gewickelt bekommen. Was war geschehen? Ich versuchte, mich zu erinnern. Da war nichts, nur diese unsagbare Leere.
»Schätzchen, alles wird gut«, hörte ich Mums Stimme, leise und sanft. Sie beruhigte mich.
»Mum?«
»Ja, Liebling?«
Ich öffnete die Augen und blickte in ihr Gesicht. Ich musste ein paarmal blinzeln, bis ihre Konturen klarer wurden, doch ich hörte an ihrer Stimme, wie sie lächelte. »Wo ist er?«
»Du meinst den jungen Mann, der dich hergebracht hat?«
Ich nickte leicht.
»Der ist unten bei Phil. Hast du Schmerzen? Möchtest du etwas trinken?« Sie hob ein Glas mit Wasser an meine Lippen. Ich nahm nur kleine Schlucke, aber ich spürte, dass es mir gleich besser ging.
»Der Arzt sagt, du wurdest bei der Explosion von einem Trümmerteil am Kopf getroffen und hast eine

Gehirnerschütterung.« Das erklärte meine Kopfschmerzen. »Möchtest du etwas gegen die Schmerzen?«
»Ja ... und ich möchte Liam sprechen«, flüsterte ich.
Mum löste eine Brausetablette im Wasserglas auf.
»Später. Phil nimmt gerade seine Aussage auf. Du hast uns allen einen großen Schrecken eingejagt und ein ganz schönes Durcheinander hinterlassen. Aber alles halb so wild, mach dir keine Gedanken.«
Mum führte das Wasserglas mit dem Schmerzmittel an meinen Mund und ich trank es, so gut ich konnte, aus. Ein paar Minuten später driftete ich wieder in einen tiefen Schlaf.
Erst zwei Tage später war ich imstande aufzustehen, noch etwas wackelig auf den Beinen lief ich umher. Natürlich blieben mir die Fragen von Phil und Mum über den Brand und über Liam nicht erspart. Daran, wie die Verletzung entstanden war, konnte ich mich nicht mehr genau erinnern. Ich wusste nur noch, wie gut es sich angefühlt hatte, die alte Scheune abzufackeln. Ich bereute nichts. Von dem Gespräch mit Liam auf dem Friedhof und von seinem Geständnis erzählte ich natürlich niemandem. Stundenlang dachte ich darüber nach, fühlte den Schmerz in meinem Herzen und versuchte, es irgendwie zu verstehen.
Den wahren Grund, warum er sich für seinen Bruder ausgegeben hatte, war er mir noch schuldig geblieben. Dabei fragte ich mich, ob das jetzt noch wichtig war. Er hatte sich gegen diese Gefühle entschieden, er wollte mich nicht. Er wollte sich selbst zerstören, weil er glaubte, sich dann besser zu fühlen – ganz egal, ob er für den geplanten Mord auf dem elektrischen Stuhl landen würde oder nicht. Ich konnte einfach nicht

verstehen, warum er das alles in Kauf nahm.
Phil hatte wegen dieser Sache seinen Weihnachtsurlaub abbrechen müssen. Schnell hatte man herausgefunden, dass die Explosion durch Benzin im alten Traktor verursacht worden war. Junge, Junge! Ich hatte wirklich großes Glück.
Am späten Abend des dritten Tages lag ich in meinem Bett und grübelte. Ich konnte nicht schlafen und schlich mich leise aus meinem Zimmer. Ich ging in die Küche, um mir eine Flasche Wasser zu holen, dabei hörte ich, wie Mum, Tante Nancy und Phil sich über mich unterhielten.
»Der Junge ist genauso ein Opfer, Maggy«, sagte Nancy.
»Das weiß ich doch, aber ich will wissen, wie Laura und er in Kontakt kamen.«
»Das wird wohl in New York passiert sein«, meinte Phil. »Wie dem auch sei – ich habe ihn überprüft. Er ist in Ilion kein unbeschriebenes Blatt. Vor ein paar Jahren hat er ziemlichen Mist gebaut – Diebstähle, Drogendelikte, unerlaubter Waffenbesitz – das Übliche. Wobei die Verhältnisse, in denen er aufgewachsen ist, alles andere als einfach waren. Aber seit dem Tod seines Bruders ist er ruhiger geworden. In seiner Akte steht, dass er ein verdammt guter Schütze ist und einigen Kameraden das Leben gerettet hat.«
»Lauras Leben hat er auch gerettet. Ich will gar nicht darüber nachdenken, was passiert wäre, wenn er sie nicht rechtzeitig gefunden hätte«, hörte ich Mum.
»Trotzdem mache ich mir Vorwürfe. Vielleicht hätten wir sie zwingen müssen, diese Therapie zu machen. Offensichtlich hat Laura große Probleme mit dieser Sache.«

»Quatsch!«, unterbrach Tante Nancy meine Mum, »ich glaube, deine Tochter hat sich mit diesem Brand selbst von ihren Dämonen befreit. Vertrau ihr, Maggy. Laura ist ein kluges Mädchen.«
»Und was ist das zwischen den beiden? Ich meine, das, was dieser Liam ausgesagt hat, und wie er sich nach ihr erkundigt hat ... da muss doch etwas sein, oder nicht?«
»Ganz sicher sogar! Auf jeden Fall ist Laura über beide Ohren in ihn verliebt. Da bin ich mir sicher.«
»Aber wie kann sie mit ihm glücklich sein? Es gibt einfach so vieles, was die beiden an die Vergangenheit bindet. Ich meine, sein Bruder hat sich das Leben genommen.«
»Laura ist erwachsen, sie wird schon wissen, was sie tut. Also gönn ihr das bisschen Glück, sie hat es verdient. Überlass ihr die Entscheidung, ob sie hier bleibt oder zurück nach New York geht. Ich weiß, sie ist deine Tochter und es fällt dir unsagbar schwer, aber allein Laura kann entscheiden, was sie tun will.«
»Siehst du! Sogar deine Schwester ist dieser Meinung, Maggy. Dann hatte ich doch nicht so unrecht.«
»Ist ja schon gut, Phil. Im Grunde weiß ich ja, dass ihr recht habt. Es fällt mir einfach nur so schwer.«
»Jeder Mutter würde das schwerfallen. Ich denke, du solltest den Dingen einfach ihren Lauf lassen. Wir werden sehen, wie Laura sich entscheiden und was noch geschehen wird.«
Wie schön, dass alle sich meinen Kopf zerbrachen. Mir reichte es. Ich hatte genug gehört, um wieder in mein Zimmer zu huschen.
Wenigstens hatte Tante Nancy mich nicht verraten. Ich war mir sicher, wenn Mum erfahren würde, dass ich sogar einen Privatdetektiv beauftragt hatte, um Liam

und Alex zu finden, würde sie wahrscheinlich an meinem Verstand zweifeln.
Fakt war, ich musste unbedingt mit Liam sprechen. Seit meinem Unfall hatte ich ihn nicht wiedergesehen. Tante Nancy erzählte mir, dass er nach seiner Aussage vor ein paar Tagen nach Hause gegangen war, seitdem hatte sie nichts mehr von ihm gehört.
Es war gegen halb zwölf, als ich die Entscheidung traf, mich aus dem Haus zu schleichen. Gerade waren Tante Nancy, Mum und Phil zu Bett gegangen. Ich stibitzte Phils Wagenschlüssel, schloss leise die Tür hinter mir und huschte über die Ausfahrt. Zum Glück hatte Phil vergessen, sein Auto in die Garage zu stellen, sonst hätte das Quietschen des Garagentors ihn vielleicht geweckt.
Auf direktem Weg fuhr ich nach Ilion. Ich parkte vor Liams Haus, blieb aber im Auto sitzen. Licht brannte in Hausnummer drei. Mein Herz klopfte heftig.
Nach einer gefühlten Ewigkeit stieg ich aus und spürte, wie meine Knie immer weicher wurden, je näher ich der Eingangstür kam.
Ich klingelte. Schritte näherten sich und die Tür wurde geöffnet. Liam, nur in Jeans bekleidet, mit nackten Füßen! Damit fegte er all die Worte aus meinem Kopf, die ich mir auf dem ganzen Weg zurechtgelegt hatte. Mein Blick wanderte über seine Tattoos, die ich zum ersten Mal zu Gesicht bekam. Große, schwarze Tribals zierten seine Oberarme und seinen Oberkörper. Ich zwang mich, ihm ins Gesicht zu sehen.
Entgeistert starrte mich Liam an. »Lisa? Was machst du denn hier?«
»Wir müssen dringend miteinander reden.«
»Jetzt?« Er fuhr sich durchs Haar.

»Wann sonst?«
Er nickte und ließ mich eintreten. Das Haus war nicht besonders groß, durch einen kleinen Flur gelangte ich ins Wohnzimmer. Der Fernseher war eingeschaltet. Sofort knipste Liam ihn aus und fing an aufzuräumen. Offenbar war es ihm peinlich, dass ich ihn so überfiel. Während sich Liam ein T-Shirt überzog und den vollen Aschenbecher und leere Bierflaschen aufräumte, sah ich mich weiter um. »Bitte, du musst wegen mir nicht sauber machen«, sagte ich.
Er hörte nicht auf – schnell war seine Wäsche auf dem Sessel verschwunden. Er verschwand in der Küche und klapperte laut mit dem Geschirr. Ich lief ihm hinterher. »Liam, bitte. Hör auf, sauber zu machen. Ich bin gekommen, weil ich dich unbedingt sprechen muss.«
Er wandte sich zu mir um.
»Es ist nur ... ich bin in den letzten Tagen fast durchgedreht und ...«, brach er mitten im Satz ab.
»Erzähl mir, was du Phil erzählt hast.«
»Ich habe nur gesagt, dass ich dich an der Scheune gefunden habe und dass ...«
Ich schüttelte den Kopf. »Das weiß ich bereits, ich meine, woher wir uns kennen. Hast du ihnen von den Briefen erzählt?«
»Nein, natürlich nicht. Sie wissen nichts von den Briefen. Aber was uns beide betrifft, habe ich die Wahrheit gesagt. Da dein Stiefvater der Polizeichef ist, wird er das alles sowieso herausfinden.«
»Und über deine ... Absichten? Haben sie da etwas herausgefunden?«
Er sah mich mit undurchdringlichen Augen an. »Nein. Es sei denn, du hast ihnen von meinen Plänen erzählt.«
Nach all der Zeit, in der wir uns kannten, verletzte es

mich, dass er mich das fragte. »Traust du mir das zu?«, entgegnete ich schnippisch.
Kaum merklich schüttelte er den Kopf. »Ich war mir nicht sicher, weil du wütend auf mich warst. Aber im Grunde habe ich mir die letzten Tage eingeredet, dass du das nicht tun würdest.«
»Ich würde dich niemals verraten, Liam.«
»Gut.« Seine Wangenknochen mahlten. Sein Gesicht wirkte versteinert, was mich ein wenig einschüchterte.
»Okay, dann ... weiß ich jetzt alles, was ich wissen wollte«, murmelte ich und wandte mich zum Gehen.
»Das alles tut mir sehr leid, Liam.«
»Was tut dir leid?«
»Alles.« Wir schwiegen und die Atmosphäre in der Küche veränderte sich plötzlich. Der Raum kam mir jetzt viel kleiner vor und die Luft knisterte. Ich nahm seine Nähe viel zu intensiv wahr. Das war nicht gut für mich, ich sollte gehen.
»Mir tut es auch leid«, wisperte er und machte einen Schritt auf mich zu. Er stand jetzt so nahe bei mir, dass ich zu ihm aufsehen musste.
»Was tut dir leid?«, fragte ich flüsternd.
»Dass ich dich belogen habe .... ich wollte dir schon so oft alles sagen, aber ich konnte nicht.«
Ich runzelte die Stirn. »Wieso nicht?«
»Weil die Wahrheit alles noch mehr verkompliziert hätte.«
»Wieso musst du immer in Rätseln sprechen, Liam? Bitte sag mir jetzt endlich, warum du mir das alles verschwiegen hast! Warum hast du dich für Norman ausgegeben?« Meine Stimme klang schärfer als beabsichtigt.
Seine Mundwinkel zuckten und in seinen Augen

flackerte es merkwürdig. »Weil du in mir Gefühle weckst, die ich nicht haben darf.«

Ich verdrehte die Augen. Was meinte er damit? »Geht das etwas präziser?« Meine Nerven waren zum Zerreißen gespannt.

»Solange du geglaubt hast, dass ich Norman bin, wusste ich, dass wir uns nicht näherkommen können. Du hast selbst von dieser unsichtbaren Grenze gesprochen. Dadurch war es viel einfacher, die Finger von dir zu lassen. Wir wussten beide, dass es keinen Sinn hatte.«

Er verwirrte mich und irgendwie glaubte ich ihm auch nicht. »Aber wieso? Du legst doch ständig andere Frauen flach – und streite das jetzt bloß nicht ab, immerhin habe ich dich gestalkt. Ich weiß es genau«, sagte ich mit erhobenem Zeigefinger.

Er lachte schallend, wurde aber sofort wieder ernst. Sachte zog er mich in seine Arme, sein Blick durchbohrte mich. »Hast du eine Ahnung, wie schwer es mir gefallen ist, dich nicht zu küssen oder zu berühren? Ich wollte dich so sehr, gleichzeitig wurde mir klar, je mehr ich diese Gefühle zuließ, desto mehr brachte ich damit meinen Plan in Gefahr. Trotzdem warst du wie eine Sucht für mich. Nicht nur, weil ich deinen Körper wollte, sondern ...« Seine Stimme wurde rau. »Weil du aus mir einen besseren Menschen machen wolltest. Ich habe keine Ahnung, was du in mir siehst, aber du bringst Seiten in mir hervor, die ich völlig vergessen habe. Seit Jahren habe ich nicht mehr so viel gelacht oder Spaß am Kochen und all diesen Dingen gehabt. Ich mag es, dir beim Lernen zu helfen oder mit dir spazieren zu gehen. Und jedes Mal, wenn wir Zeit miteinander verbracht haben, war die

Verlockung, mich auf dich einzulassen, einfach so groß. Ich plane die Sache mit deinem Vater schon so lange. Noch nie habe ich auch nur eine Sekunde daran gedacht, ihn doch zu verschonen – bis du in mein Leben getreten bist. Von da an wusste ich, dass ich in der Falle sitze. Ich bin hin und her gerissen, verstehst du?«
Ich schnappte nach Luft und sah ihn fassungslos an. Zuerst glaubte ich, er würde scherzen, doch dann sah ich die Ernsthaftigkeit, die Zerrissenheit und die Angst in seinen Augen.
Er war nicht der Junge, dem mein Vater all die schrecklichen Dinge angetan hatte, also gab es eigentlich nichts, was uns beide daran hindern konnte, diese neuen und völlig unbekannten Gefühle kennenzulernen. Allein die Vorstellung, dass Liam sich darauf einlassen würde, ließ mich erzittern.
»Verstehst du mich, Lisa?«
»Ja«, sagte ich mit gedämpfter Stimme. »Je mehr du diese Gefühle zulässt, desto schwieriger wird es für dich ... ihn zu erschießen.« Erst, als ich die Worte selbst ausgesprochen hatte, begriff ich, was sie wirklich bedeuteten. Es war, als würde ich die stumme Bitte in seinen Augen lesen, ihn weiter in diesen Konflikt zu treiben. Es war wie ein kleines Licht, das ich endlich erkennen konnte. Ich hatte eine Chance.
»Was wäre so schlimm daran, wenn ich dich von deinem Plan abbringen würde?«
Augenblicklich versteifte er sich, ließ mich los und lief ins Wohnzimmer. Ich ging ihm nach. »Liam, ich versuche, eine Lösung für uns zu finden. Aber ich muss wissen, warum dir sein Tod so wichtig ist.«
Er stand am Fenster und blickte in die Nacht hinaus.

Langsam ging ich auf ihn zu. »Es ist der Hass, Lisa. Er verfolgt mich, treibt mich an, hat aber auch dafür gesorgt, dass ich all die Jahre überlebt habe.«
Ich verstand ihn nur zu gut – so lange hatte ich den gleichen Hass gespürt, doch als ich die alte Scheune angezündet hatte, war der Hass mit ihr in Flammen aufgegangen und ich fühlte nur noch Gleichgültigkeit.
»Gib mir eine Chance, Liam, wenigstens bis ...«
Plötzlich und unerwartet drehte er sich zu mir, blickte mir tief in die Augen. »Ist das dein ernst?«
»Hast du nicht auch darüber nachgedacht, wie es zwischen uns sein könnte?«, fragte ich und spürte wieder diese Anziehungskraft, die sich jedes Mal zwischen uns aufbaute, wenn er näherkam.
Er nickte. »Schon viele Male. Dann ist das jetzt ein Deal zwischen uns. Wir lassen es einfach zu, bis ich gehen muss, bis der Zeitpunkt gekommen ist.«
»Das sind noch zwei Monate«, sagte ich und konnte nicht fassen, dass er sich wirklich darauf einlassen würde.
»Sagen wir, wir geben uns diese zwei Monate. Danach geht jeder seiner Wege.«
Ich konnte es nicht glauben, wir verhandelten hier tatsächlich über die Dauer unserer Beziehung.
»Und wenn du nach dieser Zeit feststellst, dass du ihn nicht mehr töten willst?«
Er grinste verschlagen, weil er meinen Hintergedanken erkannte. »Das wird nicht passieren, glaub mir.«
Innerlich schloss ich eine Wette ab. Ich würde alles dransetzen, ihn davon zu überzeugen, dass ich die bessere Wahl war.

Kapitel 22

Liam

Lisa war unglaublich! Sie würde sich nicht so leicht geschlagen geben und das reizte mich. Doch jetzt, da alles zwischen uns gesagt war und wir beide bereit waren, uns auf dieses Abenteuer einzulassen, konnte ich den Drang, sie endlich zu küssen, nicht länger unterdrücken. Allein die Vorstellung, sie endlich an mich zu reißen, ihre Lippen einzunehmen, bis sie atemlos war, trieb mich fast in den Wahnsinn.

»Und wenn du nach dieser Zeit feststellst, dass du ihn nicht mehr töten willst?«

Ich konnte das Grinsen nicht unterdrücken. Ich wusste genau, was sie vorhatte. »Das wird nicht passieren, glaub mir.« Trotzdem lag so viel Wahrheit in ihrer Frage, die mir Angst einjagte und die ich niemals zulassen durfte – doch jetzt hatte ich nur Augen für sie. Ich unterdrückte meine Zweifel und ließ mich von ihrem süßen Wesen gefangen nehmen.

Ich zog sie an mich, sah ihr tief in die Augen und fuhr mit dem Daumen über ihre Lippen. Sie waren so voll und sinnlich! Wie lange hatte ich darauf gewartet! Sie war wie eine verbotene Frucht, von der ich endlich kosten durfte. Genau wie ich, konnte sie es nicht mehr erwarten. Noch einen Augenblick hielt ich inne, doch dann gab ich nach und küsste sie – zärtlich und sanft. Sofort wurde ich von den Emotionen überrollt, die diese Berührung in mir auslöste. Sie rissen mich mit sich und schalteten jegliche Vernunft in mir aus. Ich wollte sie so sehr und auf jede erdenkliche Weise!

Unser Kuss wurde verlangender, leidenschaftlicher. Meine Zunge glitt in ihren Mund. Sie machte mich so an! Meine Hände wanderten zu ihrem Po, ich kniff hinein und sofort drängte sich der Wunsch in den Vordergrund, ihre nackte Haut zu spüren.
Unsere Zungen fanden sich, berührten sich sanft und entlockten ihr ein Seufzen. Sie warf den Kopf in den Nacken, als meine Lippen über ihren Hals fuhren. Tausend kleine Küsse hauchte ich auf ihre zarte Haut, sog ihren Duft ein und gab mich ihr völlig hin.
Nach Beherrschung ringend hielt ich mich zurück. Mit ihr sollte es keine schnelle Nummer werden, die nur mir Befriedigung verschaffte – bei ihr war es so anders. Sie war so erregt, dass sie ihre Hüfte gegen meine Lenden presste. Ein Stöhnen entfuhr ihr, eindeutig spürte sie, wie hart ich war. Ich drückte sie noch fester gegen mich. Meine Hand wanderte hinauf zu ihrem Rücken, weiter zu ihrem Nacken. Meine Finger wollten sich in ihrem Haar vergraben.
Sofort versteifte sie sich, riss die Augen auf und wich erschrocken zurück. Wir atmeten beide schwer. Sie senkte ihren Blick, traute sich nicht, mich anzusehen. Mein Herz setzte aus.
»Süße? Was ist los? Hast du es dir doch anders überlegt?«, fragte ich leise.
Sie schüttelte den Kopf. »Nein, es ist nur ... Es ist schwer für mich. Noch niemals hat mich jemand ... dort berührt.« Ihre Stimme brach. Und erst nach ein paar Sekunden begriff ich - das Brandmal.
Der Hass auf diesen Mistkerl wand sich um meine Eingeweide, erdrückte mich fast. Ich schloss die Augen, bis es wieder still in mir war und die Gefühle für Lisa die Oberhand gewannen.

Ich trat zu ihr. Behutsam legte ich einen Finger unter ihr Kinn und hob es an. »Sieh mich an, Süße. Niemand wird dir je wieder solche Schmerzen zufügen. Dafür werde ich sorgen. Vertraust du mir?« Sie kämpfte mit sich. Ich gab ihr Zeit.
»Ja«, antwortete sie leise und es schwang eine gehörige Portion Angst in ihrer Stimme mit. Ein wenig schüchtern stand sie vor mir und begann langsam, die Knöpfe ihrer Bluse zu öffnen. Dabei sah sich mich an. Ich war überwältigt von ihrem Vertrauen, ihrem Charme und von ihrem entschlossenen Willen.
Ich schluckte, als sie die Bluse von ihren Schultern streifte und unachtsam auf den Boden fallen ließ.
Sie war so wunderschön, so unglaublich sexy! Ihre Haut schimmerte seidig und mein Verlangen stieg ins Unermessliche, doch noch hielt ich mich zurück.
Langsam drehte sie sich um, bis sie mit dem Rücken zu mir stand.
Ich hielt den Atem an, als ich erkannte, dass ich sie berühren durfte. Ihr Oberkörper hob und senkte sich viel zu schnell. Ich spürte ihre Angst, ihre Unsicherheit und ihre Anspannung – mit jedem Atemzug hörte ich ihr Zittern. Sachte legte ich meine Hand auf ihre Schulter, sie sollte sich langsam daran gewöhnen. Ich gab ihr Zeit, bis ihr Atem sich beruhigte und ihr Herz in einem gleichmäßigen Rhythmus schlug. Ganz vorsichtig streifte ich ihr Haar und schob es über ihre Schulter, legte damit das Mal frei.
Jetzt ruhte mein Blick genau auf ihrem empfindlichen Punkt – ihrem Brandzeichen. Eine kreisrunde Narbe, mit einem geschwungenen M in der Mitte, erinnerte an die Schrecken der Vergangenheit. Es war verheilt, doch der Schmerz, der darunter verborgen lag, musste für

sie unermesslich sein. Ich schloss die Augen, versuchte es zu akzeptieren.
»Berühr mich, Liam«, hauchte sie und blickte seitlich über ihre Schulter zu mir.
Ich trat noch näher an sie heran. Mit beiden Händen umfasste ich ihre Schultern und legte sanft und vorsichtig meine Lippen auf die geschundene Narbe. Es fühlte sich weich und warm an. Kurz zuckte sie zusammen und sog scharf die Luft ein. Ich legte so viel Zärtlichkeit in meinen Kuss, wollte, dass sie ihren Schmerz vergaß – sich für immer davon befreite. So verharrten wir einige Sekunden. Je länger meine Lippen sanft auf ihrem empfindlichen Punkt lagen, desto mehr entspannte sie sich. Meine Lippen wanderten zu ihren Schultern, an ihren Hals. Sie lehnte sich an meine Brust.
»Du bist so wunderschön, Laura Melory.«
Meine Arme umschlangen ihre Taille, fuhren über ihren flachen Bauch.
»Schlaf mit mir, Liam«, wisperte sie und da gab es für mich kein Halten mehr. Ich hob sie hoch, sie legte ihre Arme um meinen Hals und ich trug sie in mein Schlafzimmer.

***

Sachte legte ich sie auf mein Bett und ließ sie nicht aus den Augen, als ich mein T-Shirt über den Kopf zog. Ich streifte meine Hose ab, achtlos ließ ich alles zu Boden fallen und legte mich neben sie.
»Bist du dir immer noch sicher?«, fragte ich mit rauer Stimme. Ihr Blick war verschleiert vor Erregung, ihre Hände glitten über meine Brust und sorgten für ein

Prickeln auf meiner Haut. Ihr Atem strich über mein Gesicht und endlich nickte sie. Meine Lippen fanden ihre, unser Kuss wurde heißer und steigerte mein Verlangen ins Unermessliche.
Ich schob meine Finger unter ihren BH und zog ihn langsam hinunter, sodass ihr Busen frei lag. Ihre Nippel richteten sich auf, reckten sich mir entgegen. Ich konnte es nicht erwarten, sie mit meiner Zunge zu schmecken. Ihr Stöhnen klang wie Musik, die ich noch nie gehört hatte – süß und lockend. Zärtlich biss ich hinein und saugte daran. Gott! Wie wunderbar sie auf mich reagierte! Sie warf ihren Kopf hin und her, schien die kleine Folter zu genießen. Schnell streifte ich den Slip von ihren Hüften. Noch nie hatte mich ein nackter Körper so erregt. Sie war perfekt – perfekt für mich. Ich zog meine Boxershorts aus. Ausgehungert küsste ich sie und strich mit meiner flachen Hand über ihre Brust, über ihren Bauch, hinab zu ihrer Scham. Die ganze Zeit hielt sie ihre Augen geschlossen und je tiefer meine Hand sank, desto kräftiger ging ihr Atem.
Sie war so feucht – bereit für mich. Ich wollte ihr die Wonne zeigen, zu der ihr Körper fähig war. Mit einem Finger drang ich in sie ein, reizte ihre empfindlichste Stelle mit dem Daumen. Dabei riss sie die Augen auf und keuchte.
Schmunzelnd nahm ich jede Regung ihres Gesichts wahr. Sie gab sich den Empfindungen hin, die ich mit meinem Finger weckte. Meine Bewegungen wurden schneller und sie bog ihren Körper durch, was meine Ungeduld steigerte. Ich wollte sie – jetzt!
Vorsichtig zog ich meine Hand zurück, um ein Kondom aus dem Nachttisch zu holen.
»Bitte ...!«, bettelte sie hungrig.

»Schutz muss sein, Babe. Gib mir ein paar Sekunden.« Mit den Zähnen riss ich die Verpackung auf und stülpte das Gummi über.
Scheiße! Meine Hände zitterten vor Lust. Endlich beugte ich mich über sie. Ich spürte ihre warmen Schenkel, ihre Finger fuhren über meinen Oberkörper.
»Du hast keine Ahnung, wie oft ich mir das schon vorgestellt habe«, sagte ich, rau vor Verlangen. Ein Schauer der Lust durchflutete meinen Körper. Es kostete meine ganze Willenskraft, um nicht mit einem einzigen Stoß hart in sie einzudringen.
Sie schloss ihre Augen, als ich in sie eindrang. Ich tat es sehr langsam, wollte ihr die Möglichkeit geben, sich an mich zu gewöhnen. Ein Hindernis bremste mich und da war es mit meiner Beherrschung vorbei. Ich war zu erregt, um weiter auszuharren. Mit einem kräftigen Stoß drang ich vor, füllte sie komplett aus. Scharf sog sie die Luft ein und ihre Nägel krallten sich in meine Schultern.
»Alles okay?«
Einen Moment war sie nicht in der Lage zu antworten und ich hielt inne. Mit federleichten Küssen bedeckte ich ihr Gesicht, ihr Kinn und ihren Hals, strich eine Haarsträhne aus ihren Augen.
»Ja«, flüsterte sie.
»Soll ich weitermachen?«
»Ja ... bitte!« Ihre Stimme klang heiser. Der Schmerz schien verklungen zu sein.
Langsam bewegte ich mich in ihr. Sie war so verflucht eng, feucht und einfach nur perfekt. Noch nie hatte sich etwas so gut angefühlt. Ich ließ mich fallen, gab mich ihrem Rausch völlig hin.
Meine Stöße wurden kräftiger, je schneller ihr Atem

ging. Ich steigerte das Tempo, stieß hart und unnachgiebig zu. Wahnsinn! Ihr Stöhnen stachelte mich weiter an, bis plötzlich ein lauter Schrei aus ihrer Kehle drang. Noch zwei Mal presste ich mich fest in sie hinein und ergoss mich tief in ihr. Ich war im Himmel.

***

Auf einen Ellenbogen gestützt, betrachtete ich ihr schönes Gesicht.
»Wow!«, flüsterte sie und lächelte.
Ich grinste.
Sie schien absolut überwältigt von ihren Empfindungen. »Das war ... irre! Ich wusste nicht, dass es sich so anfühlen würde.«
Zärtlich fuhr mein Finger über ihren Arm. »Und das war erst der Anfang«, erwiderte ich verheißungsvoll.
»Du hast ja einiges vor!« Sie legte sich seitlich zu mir und schob ihre zusammengelegten Hände unter ihre Wange.
»Wir haben nicht viel Zeit«, erinnerte ich sie und sofort verschwand das Lächeln aus ihrem Gesicht. »Können wir bitte dieses Thema aussparen und unsere Zeit genießen?«
Sie hatte recht. Über unsere baldige Trennung zu sprechen, trübte nur unnötig die Stimmung.
»Stimmt, entschuldige.«
Eine Weile lag sie einfach nur da, während ich sie streichelte.
»Danke«, flüsterte sie plötzlich.
Ich runzelte die Stirn. »Wofür?«
»Für dein Weihnachtsgeschenk.« Sie strahlte mich an.
»Nicht der Rede wert, Süße.«

»Die Akropolis in Miniaturausgabe ist total süß - dass du das nicht vergessen hast!« Sie küsste mich zärtlich. Was hatte sie nur mit mir getan? Sie war so süß, dass ich ihr kaum widerstehen konnte.
Seit Tagen hatte ich mir Sorgen um sie gemacht. Nichts hatte ich von ihr gehört, seit ich sie an der brennenden Scheune gefunden und nach Hause gebracht hatte. Immer nur die gleichen Aussagen des Polizeichefs, wenn ich angerufen hatte – es würde ihr den Umständen entsprechend gut gehen. Nächtelang hatte ich mir Vorwürfe gemacht, mir den Kopf zerbrochen, was alles hätte passieren können – der blanke Horror. Und das nur, weil ihre Macht über mich immer größer wurde und ich nicht den Mut fand, mir meine Gefühle endlich einzugestehen. Ich war ein Feigling und im Grunde hatte ich sie nicht verdient.
»Verzeihst du mir?«, fragte ich in die Stille hinein.
Lisa legte ihre Hand auf meine Wange, streichelte mich mit dem Daumen. »Du darfst mich nie wieder anlügen, Liam. Wenn das hier funktionieren soll, dann musst du fortan ehrlich zu mir sein.«
»In Ordnung.« Ich richtete mich auf und beugte mich über ihren Körper. »Aber kannst du mir verzeihen?«
Ihre Hand fuhr durch mein Haar und sie griff fest hinein. »Schon geschehen«, flüsterte sie. Ich senkte meinen Kopf und küsste ihre Lippen. Schnell entfachte das Feuer in mir und ein neues Spiel begann.
Diesmal wurde Lisa mutiger und ging auf Entdeckungstour. Noch nie war ich von einer Frau so fasziniert gewesen. Sie war so völlig anders als die Damen, mit denen ich sonst ins Bett stieg.
Alles schien sich zu intensivieren, sie brachte mich durcheinander und doch war alles so klar. Mit ihr

fühlte ich mich leicht und unbeschwert – ein absolut neues Gefühl. Aber ich musste vorsichtig sein. Wenn unsere Zeit vorbei war, durfte ich mich nicht von Sentimentalitäten leiten lassen. Für knapp zwei Monate, die uns noch blieben, gestattete ich mir ein wenig Glück.

Kapitel 23

Lisa

Ich war im Himmel! Jetzt wusste ich, wie Hannah sich fühlte, wenn sie mit Jake zusammen war. Dieses warme, überwältigende und tiefe Gefühl, das mich von Kopf bis Fuß eingenommen hatte, als ich meinen ersten Orgasmus bekommen hatte, würde ich nie vergessen. Es war, als würde ich mich auflösen – als würde ich in tausend Teile zerspringen. Durch Liam fühlte ich mich sexy und anziehend. Ich hätte nie gedacht, dass ich tatsächlich in der Lage wäre, solche Empfindungen auch in ihm auszulösen. Das machte mich mutiger. Meine Hände erkundeten seinen Körper, fuhren über seinen harten Bauch, über jede Linie seiner Muskeln. Es fühlte sich toll an. Und sein unverwechselbarer Liam-Duft brachte mich fast um den Verstand.
Ein zweites Mal streifte er ein Kondom über und zog mich auf sich. Mit meinen Händen stützte ich mich auf seiner Brust ab. Erwartungsvoll lag er vor mir und grinste frech. Deutlich spürte ich sein Glied an meiner Scham. Instinktiv wusste ich, was ich tun musste. Ich erhob mich und senkte mich langsam auf ihn herab – nahm ihn ganz in mir auf. Ein Seufzer entfuhr mir. Himmel! Wie elektrisiert lief mir ein Schauer den Rücken hinunter – Liam stöhnte.
»Du bist so unglaublich eng! Und jetzt tu, was immer du willst.«
Langsam und forschend begann ich, mich zu bewegen. Ich kreiste mit meinem Becken, trieb damit die Wellen in meinem Unterleib weiter an. Liam liebkoste meine

Brüste mit seinen Händen, steigerte dadurch unser Spiel. Aus den Wellen wurde eine wahre Flut, die immer mehr von mir verlangte. Ich warf meinen Kopf in den Nacken und stöhnte unkontrolliert. Wir wurden gierig, wollten die Erlösung endlich spüren. Liam umfasste meine Hüften, steigerte das Tempo und presste meinen Unterleib fest gegen seinen. Kurze Zeit später war ich verloren, ließ mich einfach mitreißen. Seine Hände umschlossen meine Brüste und in dem Moment, als der Orgasmus mich überrollte, kniff er mit leichtem Druck in meine Knospen. Ich keuchte auf und wurde in ungeahnte Höhen katapultiert. Liam schrie laut meinen Namen, als er mir Sekunden später folgte. WOW! Wieder war ich überwältigt von den Empfindungen meines Körpers, ließ mich völlig erschöpft auf seiner Brust nieder, bis wir zu Atem kamen. Wenig später kuschelte ich mich an ihn und schlief in seinen Armen ein.

Ich erwachte, fühlte mich unendlich geborgen und wohl in meiner Haut. Liam lag schlafend an mich gekuschelt und seine Wärme hüllte mich ein. Erinnerungen an unsere Liebesnacht flammten auf, ließen ein süßes Ziehen in meinem Bauch zurück. Stopp! Ich riss die Augen auf. Die Morgendämmerung brach durchs Fenster herein. Mist! Ich musste so schnell wie möglich nach Hause, bevor meine Eltern bemerkten, dass ich die Nacht nicht in meinem Bett verbracht hatte.

Vorsichtig nahm ich Liams Arm und befreite mich aus seiner Umklammerung. Hoffentlich weckte ich ihn nicht. Leise schwang ich die Beine aus seinem Bett. Er bewegte sich und drehte sich auf den Rücken, schlief jedoch weiter. Erleichtert sammelte ich meine

Klamotten auf und zog mich an.
Phil stand normalerweise früh auf, aber vielleicht könnte ich mich ungesehen zurück ins Zimmer schleichen.
In unserem Haus brannte noch kein Licht, als ich den Schlüssel ins Schloss steckte. Erleichtert betrat ich den Flur, zog meinen Mantel aus und wollte nach oben schleichen, als ich im Wohnzimmer eine dunkle Gestalt sitzen sah. Ich zuckte zusammen.
»Wo warst du die ganze Nacht?« Das Licht der Stehlampe wurde eingeschaltet und Mum sah mich mit einem grimmigen Gesichtsausdruck an. Hatte sie etwa die ganze Nacht auf mich gewartet?
»Mum, ich ...«
»Laura, wo warst du?«
Ich fühlte mich wie ein Schulmädchen, das vergessen hatte, ihre Hausaufgaben zu machen, und das ärgerte mich. Es hatte keinen Sinn, sie zu belügen. Ich war erwachsen genug und konnte meine Entscheidungen allein treffen.
»Mum, ich bin kein kleines Kind mehr.«
»Warst du bei ... ihm?«, fragte sie in einem Unterton, der mir nicht gefiel.
»Ja.« Langsam ging ich zum Sofa. »Und wenn du es genau wissen willst, ich bin mit Liam zusammen.«
Sie starrte mich an, als hätte ich ihr mitgeteilt, dass ich beschlossen hatte, auf den Mond zu fliegen.
»Ich ... ich weiß nicht, was ich dazu sagen soll.« Sie fuhr sich durchs Haar. Mir war klar, dass das bei ihr nicht gerade einen Freudensturm auslöste, aber letztlich war nichts Verwerfliches dran. Außerdem kannte sie Liam nicht – und das war auch gut so.
»Du brauchst nichts dazu zu sagen. Ich hab mich aus

dem Haus geschlichen, weil ihr schon geschlafen habt und ich dringend mit ihm sprechen musste. Ich wollte euch nicht wecken.«
»Und wie lange läuft das schon zwischen euch?«
Wieso kam ich mir vor, als hätte ich etwas ausgefressen? »Eine Weile.«
Sie nickte, schien es aber zu akzeptieren. »Ich habe mir einfach Sorgen gemacht, Laura. Nach den Ereignissen der letzten Tage ist das ja auch kein Wunder.«
Sie sprach den Brand der alten Scheune an. Bisher hatten sie mich damit weitestgehend in Ruhe gelassen, aber jetzt musste ich einfach mal ein paar Dinge klarstellen.
»Mum, es tut mir leid, dass ihr euch so viele Sorgen um mich gemacht habt. Ich weiß, dass es im Grunde nicht richtig war, die Scheune anzuzünden. Aber schließlich tut der Verlust niemandem weh. Grandpa ist schon eine Weile tot und die alte Bruchbude vermisst keiner. Mir hat es jedenfalls geholfen.«
»Geholfen? Wie meinst du das?«
»Na ja, das mag etwas verrückt klingen, aber ich habe damit meine Albträume und Ängste besiegt. Das hat mich irgendwie befreit. Ich kann es dir nicht so genau beschreiben. Ich weiß nur, seitdem geht es mir viel besser und ich fühle mich wirklich erleichtert. Ich bin jetzt ruhiger und innerlich im Gleichgewicht.«
»Dann hat es dich also doch belastet?«
Ich blickte auf meine Hände. »Nur manchmal, aber es war okay. Ich meine, ich bin nicht durchgedreht oder so. Es ist vorbei und mir geht es jetzt wirklich gut.«
Sie setzte sich neben mich. »Oh Kleines, warum hast du mir das nicht erzählt?« Sie legte einen Arm um meine Schulter.

Ich seufzte. »Du hättest mich niemals nach New York gehen lassen und mich weiterhin behandelt wie ein rohes Ei. Ich ... konnte das einfach nicht mehr ertragen.«
Traurig schüttelte sie den Kopf. »Ich wusste nicht, was ich sonst für dich tun sollte. Ich war überfordert.«
»Vergiss, was gewesen ist, das kann man nicht mehr ändern. Aber ich wollte sowieso noch etwas mit dir besprechen ... Du darfst den gleichen Fehler nicht bei Jason machen, Mum.«
Sie runzelte ihre Stirn. »Was? Wie meinst du das?«
Ich erzählte ihr, was Jason mir anvertraut hatte, wie schlecht es ihm ging und unter welchem Druck er in der Schule stand. »Ich habe ihm gesagt, dass wir nicht den gleichen Vater haben, dass mein richtiger Vater im Gefängnis sitzt und dass Phil ihn dorthin gebracht hat und ein Held ist.«
Sie lehnte sich zurück und sah mich fassungslos an.
»Mum, rede mit ihm darüber. Ich wäre froh gewesen, wenn du mit mir gesprochen hättest. Aber damals dachtest du, Schweigen würde Normalität bringen. Aber das tat es nicht. Jason fühlt sich allein. Er ist intelligent genug, um zu schnallen, dass da etwas war.«
»Und das hat er dir wirklich erzählt?«
»Ja. Ich musste ihm zwar alles aus der Nase ziehen, doch nach einer Weile rückte er endlich mit der Sprache raus.«
Sie war geschockt und ich konnte mir vorstellen, dass sie enttäuscht war, weil sie Jasons Probleme in der Schule nicht bemerkt hatte. Sie stand auf und ging nachdenklich zum Kamin. »Mein Gott! Bin ich wirklich so blind?« Immer wieder schüttelte sie den Kopf.
»Nimm dir Zeit mit ihm. Er wird es dir bestimmt auch

erzählen.«
Sie war so vertieft in ihre Gedanken, dass ich mir nicht sicher war, ob sie mir zuhörte.
»Mum? ... Mum?«
Sie tauchte aus ihren Grübeleien wieder auf. »Ja. Entschuldige, mir ist nur eben etwas klargeworden.«
»Und was?«
Sie wischte sich über die Stirn. »Ich bin im Begriff, bei Jason den gleichen Fehler zu machen. Und das muss ich verhindern.«
Ich war so froh, dass sie mir nicht krumm nahm, dass ich Jason einen Teil der Wahrheit erzählt hatte. Sie reagierte cooler darauf, als ich geglaubt hatte.
»Dann bist du mir nicht böse?«
Endlich sah sie auf. »Nein, ich bin dir nicht böse. Aber wenn du das nächste Mal über Nacht fortbleibst, sag es uns einfach. In Ordnung?«
Ich lachte. »In Ordnung.«
Mir fiel ein Stein vom Herzen, als ich in mein Zimmer ging und mich auf mein Bett warf.

***

Liam und ich verbrachten nun jeden Tag in Ilion zusammen. Stundenlang gingen wir im Schnee spazieren, er kochte für mich, ließ sich originelle Rezepte einfallen und wir liebten uns in seinem Haus. Ich war glücklich – zum ersten Mal seit langer Zeit. Nur in manchen Momenten schweiften seine Gedanken ab und seine Stimmung veränderte sich. Dann war er verschlossen, ließ meine Nähe nicht zu. Mir war klar, dass er einen Kampf mit sich ausfocht, und manchmal hatte ich das Gefühl, nicht gegen diese dunkle Seite in

ihm anzukommen. Es gab nichts, was ich tun konnte, außer bei ihm zu bleiben, auch wenn er mich dann nicht wollte. Unser Deal stand. Bevor mein Vater entlassen werden sollte, würden Liam und ich uns trennen – zumindest glaubte er das.
Ich wollte es ihm so schwer wie möglich machen. Mein Ziel war, dass er sich für das Leben und nicht für das Gefängnis oder sogar den elektrischen Stuhl entschied. Es gab andere Wege, sich von der Vergangenheit zu befreien.
An Silvester, unserem letzten Abend vor meiner Abreise nach New York, stellte ich mein Weihnachtsgeschenk auf sein Regal im Wohnzimmer. Er würde es finden, wenn ich fort war, und es würde ihm vielleicht ein Lächeln abknöpfen.
Die Abreise rückte näher. Mum hatte akzeptiert, dass ich mich nicht in Little Falls verstecken wollte. Trotzdem weinte sie, als sie mich zum Busbahnhof brachten. Unter tausenden von Versprechungen zu telefonieren, Bilder zu schicken und gut auf mich aufzupassen, machte ich mich endlich auf den Rückweg nach New York.
Ich ging mit einem guten Gefühl. Mum würde sich um Jason kümmern, Phil ließ den Skin Burner durch seine polizeilichen Kontakte überwachen und die Scheune existierte nicht mehr. Nun war sie Geschichte und damit für mich nicht mehr relevant.
Die ganze Fahrt über vermisste ich Liam. Er wollte erst zwei Tage später zurückkommen und ich zählte schon die Stunden. Wir schrieben uns kleine Nachrichten, sie versüßten mir die Heimfahrt.
Am späten Nachmittag schloss ich meine Wohnung auf. Mimi, die in der Zwischenzeit von Hannah versorgt

worden war, kam sofort miauend angelaufen, wand sich um meine Beine, bis ich die Taschen abstellte, sie hochnahm und sie anständig begrüßte. Sie schnurrte zufrieden. Mit meiner Katze auf dem Arm ging ich ins Wohnzimmer. Wie üblich blinkte mein Anrufbeantworter, auf dem Hannah, Aidan und Stella mir ein fröhliches neues Jahr wünschten.
Nacheinander rief ich sie alle an. Schließlich gab es eine Menge zu erzählen und außerdem wollte ich von Stella wissen, wann genau ich zu meiner nächsten Schicht antreten sollte.
Der Alltag hatte mich schnell wieder. Gleich am nächsten Tag stand ich im Neil´s und bediente. Stella berichtete mir ausführlich von den Schandtaten unserer Kollegin, die mich während meines Urlaubs vertreten hatte. Natürlich ließ sie kein gutes Haar an ihr, aber es amüsierte mich – die Fehltritte waren wirklich witzig.
Am nächsten Abend war es dann so weit. Endlich, endlich lag ich wieder in Liams Armen! Wie üblich, war er in meine Wohnung eingebrochen und hatte mich mit einem tollen Essen überrascht. Ihn in meiner Küche vorzufinden, verursachte dieses warme Gefühl in mir, das mich alles andere vergessen ließ. Ich war so verliebt, dass ich unsere Probleme ignorierte. Ich wusste nur, dass ich noch ein viel größeres Problem haben würde, wenn ich es nicht schaffen sollte, ihn von dem Mord abzubringen. Doch diese Gedanken schob ich beiseite – noch hatte ich Zeit. Ich sah nur Liam, wollte alles so intensiv wie möglich mit ihm erleben.

***

Liam war zu einem festen Tages- und Nachtprogrammpunkt in meinem Leben geworden, was natürlich nicht jedem gefiel. Aidan akzeptierte zwar, dass ich einen Freund hatte, doch er ließ mich spüren, wie sehr ich ihn damit verletzte. Er tat mir leid, aber meine Gefühle für Liam wurden von Tag zu Tag stärker, und schließlich wollte ich Aidan keine falschen Hoffnungen machen.

Während ich in der Uni mit Aidan und den Professoren kämpfte, steckte Hannah mitten in ihren Hochzeitsvorbereitungen. Das Datum, der Ort und die Gästeliste standen schon fest. Sie war so aufgeregt, dass sie hin und wieder einen Schluckauf davon bekam. Ich half ihr, die Einladungskarten auszusuchen, und schließlich fand sie in einer Brautboutique ihr Traumkleid. Märchenhaft würde sie darin aussehen, mit der wunderschönen Schleppe, dem steinchenverzierten Kleid und der engen Korsage. Ich war ganz verzaubert und insgeheim träumte ich von Liams Zugeständnis, bei mir zu bleiben. Das Gefühl, ihn zu verlieren, schnürte mir die Kehle zu. Doch dann dachte ich wieder an die vielen Tage und Nächte, die wir noch vor uns hatten. Bisher hatte er jede Minute bei mir verbracht, sogar alle Nächte mit mir geteilt. Es war die schönste Zeit meines Lebens.

Eines Abends wollte Liam etwas unternehmen. Er probierte seit Neuestem gerne Dinge aus, die er bisher noch nie getan hatte. Ich vermutete, er wollte einfach seine Kindheit nachholen, und ich unterstützte ihn dabei.

Er führte mich durch den Central Park zu Ice Rink.

»Schlittschuhlaufen?«

Er zuckte kurz mit seinen Augenbrauen und grinste.

Mir war nicht klar, wen er genau aufs Glatteis führen wollte - mich oder sich selbst?
Vor der Eisfläche blieben wir stehen und sahen den Leuten zu, die elegant und sicher übers Eis glitten. Zweifelnd blickte ich zu einem Paar, das sich wackelig und völlig unsicher auf das Wagnis einließ. Im Geiste sah ich mich schon mit gebrochenen Gliedmaßen und einem Körper, der, übersät mit blauen Flecken, im Neil ´s Kaffee verkaufte.
»Das kann unmöglich dein Ernst sein, Liam.«
»Wieso nicht?« Er grinste spitzbübisch. »Es sieht schwerer aus, als es in Wahrheit ist. Schau!« Er nickte in die Richtung von ein paar Mädchen, die in der Mitte der Eisbahn perfekte Pirouetten drehten.
»Ich glaube, ich passe.«
»Na, komm schon, kleiner Feigling. Ich halte dich.« Er zog mich an der Hand zum Verkaufsstand. Liam bezahlte für die Schuhe, drückte mir mein Paar in die Hand und lief mit mir zu einer Bank am Rande der Eisfläche.
So schwer sah es wirklich nicht aus, aber mir fielen nur die Personen in der Menge auf, die alle paar Sekunden mit einem Aufschrei auf ihren Hintern landeten.
Wir zogen unsere Schlittschuhe an. Liam stand schon auf dem Eis und versuchte sich an ein paar kleinen Übungen. Er glitt langsam ein paar Meter.
»Es ist tatsächlich nicht so schwierig. Komm! Das wird Spaß machen.« Er reichte mir seine Hand. Vorsichtig ergriff ich sie und ließ mich von ihm aufs Eis ziehen.
»Siehst du, ist doch gar nicht so schwer.«
Meine Hände krallten sich an ihm fest, während er mich rückwärts immer weiter zog. Ich konzentrierte mich auf meine Füße und gewöhnte mich langsam

daran. Nach ein paar Metern fand ich es plötzlich nicht mehr so schlimm und traute mich, zu ihm aufzusehen.
»Das macht ja richtig Spaß«, rief ich begeistert aus.
Er ließ meine Hand los. »Jetzt probier zu gleiten.« Er machte es mir vor und ich ahmte ihn nach. Es funktionierte! Ich hatte zwar ein paar Probleme mit dem Gleichgewicht, doch je länger ich auf dem Eis stand, desto besser fand ich mich zurecht. Ich wurde sicherer, fand einen Rhythmus mit ihm und konnte die Atmosphäre genießen. Die New Yorker Skyline bildete einen unglaublichen Kontrast im Abendlicht. Die Lichter der Stadt begannen gerade zu funkeln, während die Sonne hinter den Wolkenkratzern alle Facetten aus Blau und Rot zauberte.
»Das ist so wunderschön, Liam«, sagte ich.
»Nicht so schön wie du«, erwiderte er. Erst jetzt bemerkte ich, dass er mich beobachtet hatte. Wenn er solche Dinge von sich gab, brachte er mich stets zum Erröten.
Wir glitten weiter, aber dabei übersah ich einen kleinen Kieselstein auf dem Eis, kam ins Strudeln und krallte mich an Liam fest. Ich war so panisch, dass auch er das Gleichgewicht verlor und wir beide unsanft aufs Eis knallten.
Liam drückte mich fest an sich, sodass ich relativ weich auf ihn fiel. »Oh Gott! Hast du dich verletzt?«
Er lachte keuchend, legte seine Arme um mich und drehte mich auf den Rücken. »Nein, aber das ist eine gute Möglichkeit, dich endlich zu küssen. Am liebsten würde ich dich sofort hier auf dem Eis nehmen!«
Es verschlug mir den Atem. Seine plötzliche Nähe und seine Idee ließen mich den Sturz sofort vergessen. Erotische Bilder schossen mir durch den Kopf, ließen

mich auf eine tolle Nacht hoffen.
Schon fühlte ich seine Lippen. Sie waren warm und weich und konnten die tollsten Dinge mit mir anstellen. Die Gefahr war nur, dass ich bei seinen Küssen dazu neigte, die Öffentlichkeit völlig auszublenden.
Schnell eroberte er meinen Mund, saugte und biss zärtlich in meine Lippen. Ein süßes Prickeln schoss mir durch den Unterleib, als sich unsere Zungen berührten. Meine Finger griffen in sein Haar und ich spürte deutlich die harte Wölbung in seiner Hose. Ein Seufzer drang aus meiner Kehle.
»Nehmt euch gefälligst ein Zimmer«, rief jemand, der an uns vorbeifuhr.
Liam gab meine Lippen frei und lachte. Dabei strich er mir eine Haarsträhne aus dem Gesicht.
»Wow! Wofür war der denn?«, hauchte ich benommen.
»Damit will ich dir Danke sagen.«
»Wofür?«
»Na, für den Shaker. Ich hätte es beinahe vergessen ... Noch nie hat mir jemand so ein besonderes Geschenk gemacht«, sagte er. »Wo in aller Welt hast du den nur gefunden?« Ehrliche Begeisterung flackerte in seinen Augen auf.
Oh Gott! Daran hatte ich gar nicht mehr gedacht! Seit Tagen waren wir schon zurück, waren so beschäftigt mit uns, dass der Shaker nie wieder zur Sprache gekommen war.
Ich zuckte mit den Schultern. »In irgendeinem Laden. Gefällt er dir?«
»Sehr«, lächelte er. »Er wird mich immer an dich erinnern.« In seinem Blick funkelte es schmerzlich und sofort war mir klar, was er meinte.

Mein Lächeln erfror. Hatte jemand eine Ladung Eiswasser über mir entleert? Das Feuer, welches gerade noch in mir gebrannt hatte, erlosch. Ich stieß ihn von mir herunter. »Wir hatten abgemacht, dass wir nicht darüber sprechen, bis es so weit ist.« Ich weigerte mich, an die bevorstehende Trennung zu denken. Wir hatten noch Zeit – viel Zeit!
»Sei nicht sauer, Lisa. Aber ich finde, wir sollten den Tatsachen ins Auge sehen«, sagte er und sah dabei zu, wie ich total umständlich versuchte aufzustehen. Liam erhob sich ebenfalls, fast mühelos. Er reichte mir seine Hand, die ich wütend ausschlug. Ich scheiterte kläglich, brauchte drei Anläufe, bis ich endlich sicher in der Senkrechten blieb, um ihn böse anzufunkeln.
»Wieso sagst du das? Das ...« Abrupt hielt ich inne, sah ihn völlig verdutzt an. Sein Gesicht war ernst, seine Augen unergründlich, und als er seinen Blick senkte, wusste ich, was er vorhatte. Er wollte sich jetzt schon trennen.
Zweifelnd schüttelte ich den Kopf. »Nein!«, flüsterte ich. »Tu das nicht!« Heiße Tränen stiegen auf. »Das kannst du uns nicht antun!«
Er presste seine Lippen aufeinander, konnte mich nicht mehr ansehen. Ich hatte recht, Liam wollte die Trennung - jetzt schon!
Vorsichtig fuhr ich an den Rand der Eisfläche, damit ich mich am Geländer festhalten konnte. Er folgte mir.
»Warum willst du das, was wir haben, jetzt schon zerstören? Habe ich etwas falsch gemacht?«
»Nein, du hast überhaupt nichts falsch gemacht. Ich will dir einfach nicht wehtun, verstehst du?«
Seine Worte bohrten sich wie ein Giftstachel in mein Herz. Er wollte mir nicht wehtun? Empfand er nicht

das Gleiche wie ich? Alles schrie in mir.
»Aber genau das tust du in diesem Moment«, flüsterte ich. Er konnte mich nicht länger ansehen und fixierte einen Punkt auf dem Eis. Sein Gesichtsausdruck war versteinert, nichts konnte ich in seinen Augen lesen.
Ohne ein weiteres Wort fuhr ich zum Ausgang, setzte mich auf die Bank und zog die Schlittschuhe aus. Liam kam mir nach, doch ich ignorierte ihn. Ich gab die blöden Kufendinger ab und lief quer durch den Central Park nach Hause.
Heiße Tränen stiegen auf, die über meine Wangen rollten. Ich rannte los, wollte weg, dem Schmerz entkommen. Weit hinter mir hörte ich jemanden meinen Namen rufen. So schnell ich konnte, verließ ich den Park.
In wenigen Minuten hatte ich meine Wohnung erreicht, knallte laut die Tür hinter mir zu und brauchte eine Weile, bis ich wieder zu Atem kam. Es tat weh und je länger die Stille und Einsamkeit von den Wänden widerhallten, desto tiefer wurde der Schmerz.
Es klopfte am Wohnzimmerfenster und ich wusste genau, dass er davorstand. Meistens ließ ich das Fenster unverschlossen, damit Liam jederzeit hinein konnte, doch heute hatte ich es verschlossen.
Ich ging zum Fenster, in der festen Absicht, die Vorhänge zuzuziehen.
»Lisa, lass mich rein«, bat er, doch ich reagierte nicht, zog den Schlaufenschal zu und blieb direkt dahinter stehen.
»Süße, bitte!«
Ich riss den Vorhang wieder auf. »Komm mir jetzt nicht mit dem scheiß Süße-Gelaber, Liam«, schrie ich so laut, dass er mich verstehen konnte.

»Es tut mir leid, okay? Können wir bitte miteinander reden?«
Natürlich würde ich ihn hineinlassen, aber mein Ego ließ ihn gern noch eine Weile in der Kälte stehen. Schließlich öffnete ich den Hebel und beobachtete, wie er durchs Fenster kletterte. Sorgfältig schloss er es.
»Es tut mir leid, Lisa. Ich wollte keinen Streit mit dir.« Er fuhr sich durchs Haar. »Es wird von Tag zu Tag schwerer und vielleicht ist es besser, wenn wir uns jetzt verabschieden.«
Darüber hatte ich auch schon gegrübelt, doch letztlich führte der Schmerz, der allein durch den Gedanken aufkam, dazu, dass ich es nie länger in Erwägung zog – ich konnte es einfach nicht ertragen. »Natürlich tut es weh, aber ich war noch nie im Leben so glücklich und uns gehören noch ungefähr vier Wochen. Willst du mir die nehmen?«
Er trat auf mich zu, strich eine Träne aus meinem Gesicht. »Ich will dir niemals wehtun, aber es ist schwer, weil ich weiß, dass ich keine andere Wahl habe. Früher oder später wird es geschehen.«
Ich schlang meine Arme um ihn und sog tief seinen Duft ein. »Aber es hat erst angefangen und ich ...«
Weiter kam ich nicht. Liam küsste mich verzweifelt – gierig und ausgehungert. »Ich war so dumm. Verzeih mir«, keuchte er, während er mit fiebrigen Fingern versuchte, die Knöpfe meiner Bluse zu öffnen. Dabei küsste er mich stürmisch.
»Verlass mich nicht, bitte.«
»Niemals.« Mit einem Ruck riss er die Bluse auf. Sofort spürte ich seine Hände überall und stöhnte auf. Wir hatten es eilig, uns von den Klamotten zu befreien. Erst als er sich tief und laut aufstöhnend in mir versenkte,

konnte ich für eine Weile alles vergessen.

Kapitel 24

Lisa

Von diesem Tag an sprachen wir nie wieder über die Trennung. Doch etwas hatte sich zwischen uns verändert. Wenn wir uns liebten, war er sehr liebevoll, aufmerksam und charmant. Doch viele Male erwachte er schweißgebadet aus seinen Träumen, konnte dann oft nicht mehr einschlafen. Er litt unter seinen Dämonen, die er Tag für Tag vor mir zu verbergen versuchte.

Der Tag X rückte näher und damit auch das Ende. Ich fragte mich, ob meine Liebe ausgereicht hatte, um ihn umzustimmen. Ich wusste genau, dass er viel darüber nachdachte und immer noch einen Kampf mit sich ausfocht.

Eine Woche, bevor der Skin-Burner entlassen werden sollte, stieg ich mal wieder in seine Wohnung ein. Von Anfang an hatten wir nie auf unser Einbruch-Ritual verzichtet. Ich schmunzelte. Es war so herrlich verrückt – ich liebte es und wollte nie damit aufhören.

»Du kommst spät, Süße«, sagte Liam, aber sein Lächeln war gequält und erreichte seine Augen nicht. Sie waren zu dunkel für die Fröhlichkeit, die aus seinem Mund zu kommen schien. Es war nur so eine Ahnung, doch ich spürte, dass etwas in der Luft lag.

»Ich musste noch etwas erledigen.« Lächelnd streifte ich meine Tasche von der Schulter und zog meine Jacke aus. Sofort schlangen sich seine Hände von hinten um mich, er liebkoste meinen Nacken, hauchte viele kleine, federleichte Küsse darauf. Jeder einzelne

von ihnen sollte mich ablenken, mich verrückt nach ihm machen, dabei war ich ihm schon längst verfallen. Ich sah ihm beim Kochen zu, wir unterhielten uns und sprachen über unseren Plan fürs Wochenende – das Letzte, für immer. Hastig strich ich diesen Gedanken, zerrte die Hoffnung in mir hervor, sie fühlte sich eindeutig besser an.
Später liebten wir uns – schnell, hart und voller Leidenschaft - bis wir erschöpft waren und Liam einschlief. Vorher wollte ich ihn noch fragen, was passiert war, doch ich schaffte es nicht, hatte Angst davor, weil ich seine Antwort fühlte.
Vorsichtig strich ich über seine Haut, fuhr mit dem Finger seine Tattoos nach. Wie sollte ich nur ohne ihn glücklich bleiben? War das nun das Ende?
»Ich liebe dich, Liam«, flüsterte ich so leise, dass ich ihn nicht störte. Ich wollte es nur einmal aussprechen – nur einmal. Da bewegte er sich und öffnete seine Augen.
»Hey Schönheit! Du bist ja wach.«
Ich lächelte ihn an. »Ich denke über dich nach.«
Er strich mit dem Finger über meine Nase. »Das sollst du doch nicht ... aber ... ich denke auch über dich nach«, gab er zu. Sofort fing mein Herz zu trommeln an. »Und was denkst du so über mich?«
Er legte sich seitlich hin und rückte ganz nah an mich heran, sodass mich sein Atem fast berührte. Ich sah Liebe in seinem Blick, aber auch etwas Bedrohliches, Finsteres, ein Monster, das nur darauf wartete, mich zu vernichten.
»Ich denke, dass du eine ganz außergewöhnliche Frau bist. Du bist das Beste, was mir jemals widerfahren ist. Ich wünschte, ich könnte dich glücklich machen.«

Da! Jetzt hatte er es ausgesprochen. Ich wünschte, ich könnte dich glücklich machen. Es hallte in mir nach, wie ein Echo, das niemals enden würde. Ich konnte nur mit ihm glücklich sein. Und er?
»Warst du je glücklich, Liam?«, fragte ich. Als er schwieg, konnte ich die Tränen nicht zurückhalten. Seine Stille bestätigte meinen Verdacht. Wortlos drückte er mich an sich, ließ mich weinen, mich trauern, weil er wusste, dass ich es wusste.
Er streichelte mich, bis ich eingeschlafen war.
Sonnenlicht kitzelte mich, als ich aufwachte. Der Platz neben mir war leer und kühl. Die Erinnerung weckte meine Sinne und sofort war ich hellwach. Ich schwang meine Beine aus dem Bett und ging ins Wohnzimmer – dort fand ich ihn nicht. Im Badezimmer auch nicht, ich rannte in sein Sportzimmer und blieb wie angewurzelt vor der leeren Wand stehen.
Gestern hingen dort noch die Pläne des Gefängnisses, die Fotos, Bilder und Zeitungsausschnitte. Die kleinen Löcher der Reißnägel erinnerten daran, was Liam bald tun wollte.
Ich war wie erstarrt, diese Leere füllte mich, ganz langsam. Ich lief in die Küche und mein Herz zog sich zusammen, krümmte sich, als mir klar wurde, dass er fort war. Ich keuchte. Liam hatte mich verlassen.
Sobald mein Hirn die Information aufgenommen hatte, wurde sie ungefiltert und brutal in mein Herz gesendet.
»Oh Gott!«, stöhnte ich. Tausend Widersprüche wirbelten durch meinen Kopf, ich war unfähig, klar zu denken. Da war nur diese kalte, tiefe Leere – ein Nichts. Stunden vergingen, in denen ich auf dem Boden vor der Küche saß. Ich konnte nicht weinen, nicht schreien. Ich saß einfach nur da, fröstelte, fühlte

mich matt, wie erschlagen. Alles hatte er zurückgelassen, seine Kleidung, seine Möbel, sein Leben – und mich.

***

Draußen tobte das Leben, doch ich bekam davon nichts mit. Mein Körper war eine leere Hülle, die Mahlzeiten zu sich nahm, schlief und atmete – die funktionierte. Stunden verbrachte ich vor dem Fenster, hoffte, er würde gleich die Feuerleiter hochkommen.
Die Tage vergingen und irgendwie auch die Nächte. Ich sah jedem Motorradfahrer hinterher und im Neil‘s behielt ich die Eingangstür stets im Auge. Die Arbeit und die Uni ertrug ich – irgendwie.
Die Blicke der Leute – der Menschen, die mich liebten – Gott, es war wie damals in Little Falls. Wussten sie, dass er mich verlassen hatte? Wussten sie, dass er meine Seele mitgenommen hatte?
Tag X hatte begonnen. Nervös schrubbte ich schon den ganzen Morgen meine Wohnung. Noch hatte Liam Zeit, mein Fenster stand weit offen. Er sollte es so einfach wie möglich haben, bei mir einzubrechen. Ich spürte die Kälte kaum, nur Mimi hatte sich genervt in mein Schlafzimmer zurückgezogen. Der Nachrichtensender war eingeschaltet und ich wartete und wartete ... hoffte mit jeder Sekunde.
Immer wieder schaute ich zum Fenster und von dort aus zu der hübschen Nachrichtensprecherin, die vom Wetter, der politischen Lage im Osten und der Haushaltsdebatte berichtete.
Ich zuckte zusammen, als es an der Tür klingelte. Liam? Sofort regte sich etwas in mir, kitzelte mich. Die

Leere wich. Ich wusste es! Ich lächelte und öffnete die Tür.
»Sag mal, geht es dir nicht gut?«
Der kleine Funke Hoffnung erstarb sofort, als ich in Aidans besorgtes Gesicht starrte.
»Alles okay«, sagte ich tonlos und lief wieder ins Wohnzimmer. Verdutzt, weil ich ihn einfach stehen gelassen hatte, folgte er mir.
»Also, wenn ich ehrlich sein darf, du siehst furchtbar aus. Bist du sicher, dass dir nichts fehlt?«
Ich nahm den Putzschwamm und schrubbte den Schrank im Wohnzimmer weiter.
»Es geht mir gut, Aidan.«
»Wieso ist es hier so kalt?« Er blickte zum Fenster, ging hinüber und wollte es schließen.
»Nicht zumachen!«, schrie ich panisch. »Sonst kann er nicht reinkommen!«
Aidan stutzte. Mit zusammengekniffen Augen musterte er mich. »Was? Wer?« Er schüttelte verständnislos den Kopf. »Was ist denn los und ... was tust du da, Lisa?«
»Wonach sieht es denn aus? Ich putze«, gab ich zur Antwort.
»Äh, Lisa? Du hast den ganzen Oberlack deines Schrankes abgelöst.«
Tatsächlich war von dem Lack wirklich nicht mehr viel übrig. Das Holz schimmerte matt durch und sah aus wie ein riesiger, heller Fleck.
Ich zuckte mit den Schultern. »Und wenn schon.« Meine Aufmerksamkeit wurde abrupt auf den Fernseher gelenkt.

»Wir unterbrechen das aktuelle Programm für eine Eilmeldung. Im Bundesstaat New York wurde heute

ein Ex-Häftling nach seiner Entlassung vor dem Sing Sing Gefängnis erschossen. Bei dem Opfer handelt es sich um Mason Melory, auch bekannt als »Skin-Burner von Little Falls«.
Melory verbüßte seine zehnjährige Haftstrafe und sollte heute auf freien Fuß kommen.
Der Täter erschoss Melory vom gegenüberliegenden Gebäude. Er war sofort tot.
Anschließend richtete sich der Täter selbst mit einem Kopfschuss. Das Tatmotiv ist zur Stunde noch unbekannt ...«

Der Schwamm fiel mir aus der Hand, während die Worte, "*richtete sich der Täter selbst mit einem Kopfschuss*", in mir widerhallten. Ganz langsam drang der Schmerz aus meinem Herzen, wühlte sich durch meine Eingeweide, erfasste meinen Bauch und meine Brust, schlängelte sich hinauf zu meiner Kehle, nahm mir die Luft zum Atmen. Helle Blitze tanzten vor meinen Augen und lähmten mich. Kraftlos sank ich auf die Knie, mein Mund stand offen – ich keuchte. Meine Augen füllten sich mit Tränen und trübten mir die Sicht. »Neeeiiinnn!«, schrie ich auf, wurde sofort von heftigem Schluchzen erschüttert. »Bitte nicht!«, flehte ich und brach zusammen.
»Lisa!« Hände griffen nach mir, sorgten dafür, dass ich nicht auf den Boden knallte. Ich wurde weich auf das Sofa gesetzt und jemand fragte mich etwas, doch ich konnte nicht antworten, nichts verstehen. Der Schmerz dröhnte in meinem ganzen Körper, machte mich taub, stumm und blind.
»Um Gottes willen, Lisa! Du machst mir Angst.«
Jemand rüttelte mich kräftig an den Schultern, bis ich

aus dem Schock erwachte.
»Er ist tot, Aidan. Ich habe ihn verloren – für immer. Ich habe versagt«, weinte ich.
»Lisa, bitte sage mir doch, was passiert ist! Ich weiß nicht, was ich tun soll!« Das Telefon klingelte und Aidan sprach mit jemandem. Er richtete seinen Blick zum Fernseher.
Ein Banner mit der Sondermeldung wurde permanent am unteren Bildschirmrand eingeblendet. Fotos wurden gezeigt, Kamerateams filmten, während die Polizei ihre Arbeit machte.
Aidan verspannte sich und sah mit offenem Mund auf mich herab. Die Erkenntnis traf ihn, doch er sagte nichts. Verwirrt fuhr er sich durchs Haar. Er setzte sich wieder zu mir, wählte eine Nummer und sprach mit jemandem.
»Hannah wird gleich hier sein ...«
Mein Handy klingelte und wieder ging Aidan ran. Ich legte mich hin, machte mich winzig klein und schluchzte.
»Das war deine Mutter.«
Ich wusste nicht mehr, wie viel Zeit verstrichen war, aber als ich Hannahs Duft wahrnahm und ihre Arme spürte, brach der Schmerz erneut in mir auf. Sie und Aidan redeten, doch ich hörte alles wie durch einen Schwamm.
»Süße, ich bin hier. Es wird alles wieder gut.« Hannah streichelte mich.
»Nichts wird wieder gut, nie wieder. Er ist tot, Hannah. Er hat meinen Vater und sich selbst getötet«, flüsterte ich und wurde erneut von einem Weinkrampf geschüttelt. Liam war doch kein Mörder – nicht mein Liam! So viel Hass – das konnte gar nicht sein! Meine

Seele weigerte sich, es zu glauben, und doch war da diese innere Gewissheit.

»Es ist kalt hier. Kannst du mal das Fenster schließen, Aidan?«, fragte Hannah fröstelnd.

»Nein, nicht schließen!«, fuhr ich sie laut an. »Sonst kann er doch nicht ...« Ich brach mitten im Satz ab, stand auf, ging zum Fenster und berührte weinend den Rahmen.

Hannahs und Aidans Blicke folgten mir.

Es klingelte an der Tür, doch diesmal wusste ich, dass Liam nie wieder kommen würde.

Ich hörte Tante Nancys Stimme und sogleich spürte ich ihre Arme. »Es ist vorbei, Kleines«, sagte sie und sie hatte recht – es war endgültig vorbei.

Hannah, Aidan und Tante Nancy kümmerten sich um alles. Sie hüllten mich in Decken und ließen mich vor dem Fenster auf einem Stuhl sitzen. Es wurde telefoniert, erklärt und über mich gesprochen, man brachte mir Tee und Brühe. Selbst Jakes Stimme vernahm ich. »Das ist kein Problem, Hannah. Bleib bei ihr. Morgen sehen wir weiter. Aber ruf mich später an, Liebling.«

Irgendwann hatte ich mich beruhigt.

»Lisa?« Aidan kniete vor mir. Ausdruckslos erwiderte ich seinen Blick.

»Ich werde jetzt nach Hause gehen. Ich komme morgen wieder, aber Hannah und deine Tante Nancy sind bei dir«, sagte er leise. »Du wirst müde sein, willst du nicht ein wenig schlafen?«

»Nein, ist schon in Ordnung.«

Er küsste meine Wange. »Falls etwas ist, ruf mich jederzeit an, ja?«

Ich nickte, Aidan erhob sich und ging.

Gegen Abend, als die Sonne unterging, wärmten die letzten Strahlen mein Gesicht. Ich stellte mir vor, dass es Liams Hände wären, die mich zärtlich berührten. Es fühlte sich wunderbar an. Als ich die Augen öffnete, sah ich direkt in die Sonne, sie blendete mich. Die Vögel zwitscherten, Autos fuhren auf der Straße und irgendwo hörte ich die Rotoren eines Hubschraubers. Als die Sonne untergegangen war und kalte Winterluft ins Zimmer strömte, stand ich auf und schloss endgültig das Fenster.

Tante Nancy und Hannah beobachteten mich besorgt.

»Ist euch kalt?«, fragte ich und schaltete die Heizung ein. Beide saßen mit ihren Jacken auf dem Sofa und starrten mich an.

»Möchtest du etwas essen, Liebes?«, fragte Tante Nancy, die eine Tasse mit dampfendem Tee in ihren Händen hielt.

»Nein, schon gut. Ich glaube, ich werde schlafen gehen.«

»Gute Idee«, meinte Hannah. »Ich mache dir eine Wärmflasche.« Sie stand auf und ging in die Küche.

»Tante Nancy, du brauchst nicht hierzubleiben. Du hast bestimmt viel zu tun.«

»Aber Kind, dein Vater wurde heute erschossen. Da bleibe ich bei dir. Die Arbeit läuft mir nicht fort.« Sie kam auf mich zu.

»Du kannst wirklich gehen, ich gehe jetzt schlafen. Wir können nichts daran ändern.«

»Bist du sicher?«

»Ja, geh nur. Hannah wird bei mir bleiben. Falls etwas ist, dann ruft sie dich an.«

Tante Nancy überlegte kurz, nickte dann aber einverstanden. »In Ordnung.«

Kaum hatte Tante Nancy die Wohnungstür hinter sich geschlossen, ging ich zu Hannah in die Küche.
Erneut traten Tränen in meine Augen. »Hannah, weißt du, wer meinen Vater erschossen hat?«
Sie war gerade dabei, das Wasser aus dem Wasserkocher in die Wärmflasche umzufüllen. »Soweit ich weiß, ist das noch unbekannt. In den Nachrichten haben sie gesagt, dass ...«
»Es war Liam!«, unterbrach ich sie und keuchte auf.
»Was?« Mitten in ihrer Bewegung hielt sie inne.
»Ich ... ich hab dir das verschwiegen.«
»Ja, aber ... weißt du, was du da sagst?« Sie war schockiert.
Ich nickte und ließ mich von ihr auf das Sofa ziehen.
»Jetzt erzähl mir alles der Reihe nach.«

***

Hannahs Augen wurden größer und größer, als ich ihr alles erzählt hatte. Immer wieder weinte ich, während ich ihr die Wahrheit über Liam, seine Identität, seinen Plan und unseren Deal verriet. Sie war fassungslos, als ich endete.
»Oh. Mein. Gott. Wie hast du das alles nur ausgehalten? Und jetzt hat er es wirklich getan! Ich kann es noch gar nicht richtig glauben!«
Es tat so unglaublich weh. »Ich weiß nicht, wie ich es ohne ihn aushalten soll. Es tut so weh, zu wissen, dass ich ihm nicht genug war. Ich habe es nicht geschafft, ihn davon abzubringen. Und jetzt? ... Jetzt lässt er mich mit allem allein zurück.«
»Süße, ich bin mir sicher, dass er für dich genauso empfunden hat. Aber vielleicht waren seine Erlebnisse

einfach so heftig, dass er keinen anderen Ausweg fand. Ich meine, vielleicht war das alles zu viel für ihn, um mit dir glücklich zu sein.«
Auch, wenn Hannah wohl recht hatte, fragte ich mich ständig, ob wir es nicht doch geschafft hätten. Wir schwiegen und ich beruhigte mich. Mein Kopf ruhte in ihrem Arm und ich gab mich meiner Traurigkeit hin. Wenigstens hatte ich sie – Hannah, meine beste Freundin. Ich war so dankbar dafür.
Es war still in meiner Wohnung. Sekunden, Minuten verstrichen, ohne dass wir ein Wort sprachen. Plötzlich hörte ich ein dumpfes Kratzen von draußen. Einbildung? Wunschvorstellung? Oder der Wind?
Es wiederholte sich, diesmal war das Kratzen so laut, dass wir beide gleichzeitig zum Fenster hinüberblickten. Ich erstarrte, hielt den Atem an. Bestimmt wurde ich gerade verrückt und meine Fantasie spielte mir einen Streich. Doch Hannah hatte das Geräusch auch gehört und stand auf. Sie schaute durch die Scheibe. Keuchend presste sie ihre Hand vor den Mund und blickte zu mir.
Mir gefror das Blut in den Adern. Ich wagte kaum zu hoffen.
Schnell öffnete sie den Riegel und schob das Schiebefenster hinauf. Stockend lief sie rückwärts zum Sofa.
Ein Bein kletterte hinein und ein mir vertrauter Oberkörper folgte. Sein dunkles Haar glänzte und er atmete schwer. Er richtete sich auf und unsere Blicke trafen sich, das Blut rauschte durch meine Adern. Je mehr mein Verstand kapierte, wer vor mir stand, desto mehr wich dieses leere Gefühl aus meinem Körper – machte Platz für Liam. Wie ein Nebel löste sich der

dumpfe Schmerz auf und war bald nur noch eine blasse Erinnerung.
Ein Lächeln umspielte die Lippen, die ich so sehr liebte. »Es tut mir leid, es ging nicht früher«, murmelte er. Ungläubig und mit offenem Mund ging ich auf ihn zu, sah in sein schönes Gesicht, konnte nicht glauben, dass er es wirklich war. Täuschte ich mich?
Als ich direkt vor ihm stand, wirbelte alles in meinem Kopf durcheinander. Wie konnte das sein? »Du bist doch tot!«, flüsterte ich, stupste zur Sicherheit in seine Brust.
»Nein, Baby. Ich bin hier.«
Dann spürte ich seine warmen Hände um mein Gesicht, sein Blick hielt mich gefangen. Als ich seinen Duft wahrnahm, wusste ich, dass ich nicht träumte. Er war tatsächlich hier!
Ich fiel um seinen Hals, bedeckte seine Brust mit kleinen Küssen, bis er beide Hände um mein Gesicht legte, mich ansah und ich endlich, endlich seine Lippen wieder spürte. Ich schmeckte ihn, kapierte, dass ich ihn nicht verloren hatte, dass er gesund vor mir stand. Die Anspannung fiel von mir ab, bis eine leise Stimme mir zuflüsterte, dass er sich trotzdem gegen mich entschieden und mich verlassen hatte.
Ich versteifte mich und plötzlich war diese Stimme laut und unüberhörbar. Meine Gedanken rasten, meine Hände ballten sich zu Fäusten. Ich konnte nicht anders, beendete unseren Kuss und funkelte ihn böse an. Wütend fing ich an, gegen seine Brust zu trommeln, während er versuchte, mich festzuhalten. »Du Scheißkerl, ich hab geglaubt, du seist tot!«, schrie ich weinend, als er mich fest an sich presste. »Du hast mich verlassen!«

»Ich weiß und es tut mir leid, Lisa. Ich bin so schnell gekommen, wie ich konnte. Beruhige dich, Liebling! Die Polizei wollte eine Aussage und hat mich so lange aufgehalten.«
Verwirrt sah ich auf. »Ich verstehe überhaupt nichts mehr. Die Polizei?« Gespannt wartete ich auf seine Erklärung.
»Ich habe deinen Vater nicht erschossen.« Immer noch hielt er meine Hände. Jetzt verstand ich noch viel weniger. »Was? Aber wenn du es nicht warst, wer dann?«
Er seufzte. »Alex Holding.«
Das Bild von Alexander, dem jungen Familienvater, erschien vor meinen Augen. Das passte doch überhaupt nicht zusammen!
»Vor ein paar Tagen bekam ich einen Anruf. Mein Informant erzählte mir, dass Alex sich eine Waffe besorgt hatte und sich auffällig verhielt.«
»Auffällig?«
»Ja. Er trank über seine Verhältnisse viel Alkohol und prügelte sich in einer Kneipe in Ghent. Deshalb fuhr ich hin.«
»In der Nacht, in der du mich verlassen hast?«
»Ja. Ich wollte mit Alex reden und herausfinden, was er vorhat. Wir trafen uns und redeten. Er erzählte mir, dass er nie mit der Vergangenheit klargekommen war. Einige Zeit war es sogar so schlimm, dass er sich ritzte, sich selbst verletzte, um das alles zu vergessen. Seine Eltern versuchten viel, um ihm zu helfen, doch als seine Mutter starb, stürzte ihn das in eine tiefe Depression. Irgendwann lernte er Melissa kennen. Sie war damals schon schwanger von einem anderen. Er verliebte sich in sie und bot ihr an, das Kind mit ihr gemeinsam

aufzuziehen. Er hoffte, durch die kleine Emilia könnte er das alles hinter sich lassen, hätte eine Aufgabe, Verantwortung. Doch es kam alles anders. Seine Liebe war zu einseitig, sie stritten sich viel und es funktionierte nicht so, wie er es sich vorgestellt hatte. Er sah nur diesen einen Ausweg, um endlich Frieden zu finden.«

»Aber das ist doch Wahnsinn!«, wisperte ich schockiert. Alex hatte auf mich einen festen und stabilen Eindruck gemacht. Aber letztlich kann man nicht in die Köpfe der anderen hineinsehen.

»Ich habe versucht, es ihm auszureden. Er versprach, es nicht zu tun, aber irgendwie traute ich ihm nicht. Als der Tag gekommen war, wollte ich noch einmal mit ihm reden. Ich fuhr ihm nach Ossining hinterher, aber es war bereits zu spät. Als ich am Gebäude ankam, befand sich Alex bereits auf dem Dach. Ein Schuss fiel, als ich die Tür zum Dach öffnete. Da wusste ich - es war geschehen. Mit dem zweiten Schuss tötete er sich selbst.« Liam schwieg, starrte ins Leere.

»Ich kann es immer noch nicht glauben«, sagte ich. »Das hätte ich niemals von Alex gedacht! Er klang damals so überzeugend, als er sagte, er hätte jetzt eine Familie, auf die er aufpassen müsste.«

»Das habe ich leider auch gedacht ... Stundenlang gab ich meine Aussage zu Protokoll, bis sie mich dann endlich gehen ließen.«

Es tat mir so leid für Alex. Es musste die Hölle für ihn gewesen sein. Armer Kerl! Wie es jetzt wohl seinem Dad ging?

Mein Vater hatte nur Leid und Verzweiflung verursacht. Selbst jetzt, nach seinem Tod, blieben Menschen zurück, die erneut viel Leid ertragen

mussten – der arme Mr. Holding.
Und was war mit Liam? Ich fragte mich, ob es ihm leid tat, dass er meinen Vater nicht selbst erschossen hatte. Sofort spürte ich die alte Distanz zwischen uns.
Hannah saß die ganze Zeit still im Sessel und hatte alles mit angehört. Sie blickte mich an und wusste, welche Gedanken sich gerade in meinem Kopf abspielten.
»Lisa, ich denke, ich gehe jetzt.« Sie stand auf. »Ich glaube, ihr braucht Zeit, um alles zu besprechen.«
Sie umarmte mich. »Wenn irgendetwas ist, dann ruf mich an, ja?«
Ich nickte, war ihr dankbar, dass sie so viel Feingefühl hatte.
»Schön, dass du doch am Leben bist, Liam«, sagte sie zu ihm. Er nickte. Kurz darauf waren wir allein.
Keiner sagte etwas. Die Stille und die Ungewissheit waren unerträglich.
»Ich glaube, ich bin dir eine Erklärung schuldig«, begann Liam und trat auf mich zu. Nachdenklich fuhr er sich durchs Haar. »Es tut mir leid, Lisa. Ich wollte dich nicht verletzen.«
»Das hast du aber«, erwiderte ich grimmig. »Du bist gegangen und hast dich entschieden.«
»Ja, ich habe mich entschieden, aber für dich – für uns.«
Ich kniff die Augen zusammen und sah ihn fragend an.
»Das hat sich aber vor ein paar Tagen noch ganz anders angefühlt.«
»Du hast recht, ich habe dich verlassen. Aber nicht aus dem Grund, weil ich dich nicht wollte, sondern weil ich die Zerrissenheit nicht mehr ausgehalten habe.«
Misstrauisch fixierte ich ihn.

»Ich ging, weil ich Alex umstimmen wollte, das habe ich dir doch gesagt.«
»Aber du hattest genau das Gleiche vor wie er. War der Grund nicht der, dass du deine Rache selbst durchziehen wolltest?«
Er schloss die Augen. »Du hast Recht. Lange Zeit gab es keinen anderen Gedanken für mich, als diesen Bastard endlich zu erledigen. Ich war davon besessen. Doch dann bist du in meine Wohnung eingebrochen und hast meinen ganzen Plan durcheinandergewirbelt. Irgendwann kamen Gefühle ins Spiel. Sie machten mir Angst, denn ich kannte sowas nicht. Auf der einen Seite wollte ich ständig in deiner Nähe sein und auf der anderen Seite wusste ich, je länger ich mit dir zusammen war, desto weniger war ich in der Lage, den Mord zu begehen.« Er stand direkt vor mir und sah mir tief in die Augen. Sein Geständnis brachte mein Blut in Wallung.
»Du hast mein Leben verändert, Lisa. In der Nacht, in der ich ging, traf ich die schwerste Entscheidung meines Lebens – aber ich ging. Ich wollte fort, wollte nicht mehr fühlen und dich auch nicht länger quälen.«
Tränen rannen wieder meine Wangen hinunter. »Als ich mit Alex sprach, wurde mir klar, dass ich meinen Hass für deine Liebe eintauschen musste. Ich habe lange gebraucht, um zu verstehen, was in mir vorging. Aber als ich den gleichen Hass in Alex' Augen gesehen habe, wusste ich, dass ich dich um jeden Preis haben wollte, dass ich dich brauchte.
Ich habe mich für dich entschieden – du hast gewonnen, Lisa.« Mit dem Daumen strich er die Tränen aus meinem Gesicht und mein Herz quoll über.
»Lisa, ich liebe dich – mehr als alles andere auf der

Welt. Kannst du mir verzeihen?«
Er sah aus wie ein kleiner Schuljunge, mit seinen schokoladenbraunen Augen, in denen ich mich verlor.
»Nur, wenn du mir das nie wieder antust.«
»Nie wieder«, flüsterte er. Ich schlang meine Arme um ihn und gab mich seinem Kuss hin. Während unsere Lippen aufeinander lagen, hob er mich hoch und trug mich zum Sofa. Mit mir auf seinem Schoss ließ er sich nieder. Sofort entbrannte das Feuer zwischen uns und ich war verloren.

Im Wonnemonat Mai ...

Anmutig und voller Schönheit schreitet Hannah in ihrem weißen Hochzeitskleid den langen, roten Teppich entlang. Aus der Menge der Gäste ist ein Raunen zu hören, als sie mit einem charmanten Lächeln auf Jake zu läuft. Sie sieht glücklich aus. Ein perfekter Tag zum Heiraten. Es ist angenehm warm und im Garten von Hannahs und Jakes neuem Haus blühen rundherum die verschiedensten Blumen.
Sie werden hier wohnen – hier werden sie alt miteinander. Im Geiste sehe ich schon die kleinen Mini-Jakes durch den Garten toben. Ich grinse verträumt.
»Lisa!«, ermahnt mich Hannah flüsternd, weil ich meinen Einsatz verpasst habe. Schnell helfe ich ihr mit dem Kleid, hebe und richte die wunderschöne Schleppe und gehe auf meinen Platz zurück. Junge, Junge! Auf was man alles achten muss, wenn man Trauzeugin ist!
»Danke«, formt Hannah tonlos mit den Lippen, ich zwinkere ihr zu. Der Geistliche beginnt seine Predigt, schnell schweifen meine Gedanken ab, ich höre die gesprochenen Worte wie durch Watte.
Mein Blick wandert über die Hochzeitsgäste. In einer der hinteren Reihen kann ich Matt erkennen. Neben ihm sitzt eine junge Frau mit kurzem, dunklem Haar. Sie hat etwas Wildes und sehr Lebendiges an sich. Das liegt wahrscheinlich an ihrer Haarsträhne und ihrem Kleid – beides grell pink. Matt hält ihre Hand und wirft ihr verliebte Blicke zu – sie küssen sich.
Ganz vorne in der ersten Reihe sitzt Hannahs Mum. Sie weint die ganze Zeit und tupft sich mit einem

Taschentuch über die Augen. Auf der linken Seite sitzt Jakes Familie. Die männlichen Familienmitglieder müssen sich fehl am Platz fühlen, ständig zerren sie an ihren Krawatten und schauen grimmig. Bestimmt sind das Jakes Brüder. Hannah hat mir von ihnen und den Problemen erzählt.
Gleich neben seiner Mutter sitzt eine ältere Dame in einem Rollstuhl, vermutlich Jakes Granny, und neben ihr ein Pfleger – breit gebaut, muskulös und noch keine dreißig Jahre alt. Sie ist mir vor der Trauung schon aufgefallen, weil sie Jake ein paar Sprüche um die Ohren gehauen hat, die die ganze Hochzeitsgesellschaft unterhielten. Eine sehr sympathische Frau, ich mochte sie auf Anhieb. Nur den Pfleger finde ich merkwürdig und mir kommt der Verdacht, dass er mehr ist als nur jemand, der einer alten Dame hilft. Sie sind sehr vertraut miteinander – nun denn, jedem das seine.
Natürlich sitzt meine Tante Nancy auch unter den Gästen. Sie erwidert meinen Blick und zwinkert mir zu. Ich lächle.
Als ich weiter in die Runde schaue, entdecke ich ihn endlich. Sofort macht mein Herz einen Satz. Ganz hinten steht Liam und blickt zu mir. Er sieht zum Anbeißen aus in dem Anzug. Ob sich seine Wirkung auf mich jemals ändern wird?
Nach Alex´ Beerdigung erfuhren wir von seinem Vater, wie schwer sein Junge es all die Jahre hatte. Er ließ sich nicht helfen, verschloss sich und fand keinen Weg aus der Dunkelheit heraus, die ihn umfing. Für die Presse war der Fall von Selbstjustiz natürlich ein gefundenes Fressen. Tagelang wurde die alte Sache wieder ans Licht gezerrt und in ein paar Talkshows ausführlich diskutiert. Ich bin so froh, dass nur wenige Menschen

meine wahre Identität kennen.
»Ja, ich will«, haucht Hannah und holt mich aus meinen Gedanken. Sie tauschen die Ringe. Nur ein Blick in Jakes Gesicht reicht aus, um zu wissen, dass er Hannah unendlich liebt.
»Sie dürfen die Braut jetzt küssen«, sagt der Geistliche und Jake zieht Hannah an der Taille zu sich, blickt ihr sekundenlang in die Augen, bevor er sie innig küsst. Es ist ein langer und intensiver Kuss und dauert ... Die Gäste kichern schon leise.
»Mein Junge, heb dir den Rest für später auf. Oder willst du uns als Zeugen?«, ruft Granny. Hannah, Jake und die Leute lachen. Endlich lösen sie sich voneinander und verlassen Hand in Hand den kleinen Altar.
Wow! Ich kann es nicht glauben – Hannah hat es geschafft! Die Leute stehen auf und applaudieren, während Jake und Hannah über den roten Teppich zurücklaufen. Sie strahlen und ich freue mich so sehr für die beiden.
Die Menge versammelt sich um das Brautpaar, bildet so etwas wie eine Schlange – sie gratulieren und beglückwünschen die Frischvermählten.
Endlich finde ich Liam. Er schenkt mir ein Lächeln und küsst mich. »Hallo Schönheit.«
»Hi! Wo warst du so lange?«
»Bei Logan. Er hat mir den Anzug geliehen.« Gespielt pingelig wischt er unsichtbare Fussel von seiner Schulter. Erst jetzt sehe ich, dass er nicht seinen eigenen Zwirn trägt, den ich noch letzte Woche mit ihm gekauft habe.
»Will ich wissen, was aus deinem geworden ist?«, frage ich und ziehe misstrauisch die Augenbraue hoch.

Er schmunzelt und verdreht die Augen. »Ich bin beim hinausklettern aus deinem Fenster hängen geblieben.« Typisch! »Das ist jetzt nicht dein Ernst! Wir hatten doch abgemacht, dass wir von nun an die Eingangstüren benutzen wollen.«
Seine Arme umschlingen mich. »Ja, das hatten wir. Aber ich liebe es, bei dir ein- und auszubrechen«, erklärt er rau und küsst mich. Sein Mund fühlt sich toll an und ich muss mich zusammenreißen, um nicht laut aufzustöhnen, als Liam seine Erregung gegen meinen Bauch presst.
Schnell beende ich seine Zärtlichkeit. »Komm, wir müssen Hannah und Jake gratulieren.« Es fällt mir genauso schwer wie ihm, doch ich ziehe ihn einfach mit mir und wir stellen uns in der Schlange ganz hinten an. Vor uns steht ein Pärchen. Sofort fällt mir die junge Frau in dem grellpinken Kleid wieder auf.
»Matt?«
Er dreht sich zu mir um. »Lisa!« Matt lächelt und wir umarmen uns herzlich. »Es ist so schön, dich mal wieder zu sehen. Darf ich dir meine Frau Lucinda vorstellen?«
»Hi, sag einfach Lu zu mir«, lacht sie. Lu ist wirklich sehr hübsch. Jetzt, da ich sie endlich mal persönlich kennenlerne, kann ich Matts schnellen Sinneswandel nachvollziehen. Sie wirkt so völlig anders als Hannah. Lu scheint zu wissen, was sie will. Sie ist sehr sympathisch.
Lu reicht mir ihre Hand, die ich gern annehme.
»Das ist mein Freund Liam«, stelle ich vor.
»Hallo, wie geht´s?«
»Danke, gut!«, erwidert Liam die Floskel.
»Wir bleiben nicht lange. Ich will ihnen nur

gratulieren«, sagt Matt und deutlich sehe ich ihm an, wie nervös er ist. Aber ich bin tief beeindruckt. Dass Matt heute hier ist, zeigt Größe.
»Ich glaube, Hannah und Jake werden sich freuen«, erwidere ich und versuche ihm dadurch die Anspannung zu nehmen, was ihm natürlich überhaupt nicht hilft.
»Matt ist ein wenig nervös«, sagt Lu und ich bemerke, dass ihm nicht recht ist, dass Lu es ausspricht. Natürlich ist mir sofort klar, warum. Immerhin haben Matt und Jake sich damals um Hannah geprügelt.
»Lu, bitte«, beschwört er sie und verdreht die Augen.
»Also, wenn du mich fragst, Matt, ich finde, das ist ein netter Zug von dir.«
»Siehst du, wenn Lisa das so sehen kann, dann wird das Hannah auch«, bestätigt Lu meine Worte. Sie greift seine Hand und verschränkt sie mit ihrer.
Wir rutschen auf und sind bald an der Reihe. Dabei entdecke ich einen Elefantenanhänger an einer Kette um Lus Hals und erinnere mich daran, dass Matt etwas von einem verrückten Elefanten erzählt hat, mit dem er zu kämpfen hatte. Ich will nicht taktlos erscheinen und traue mich nicht, Lu danach zu fragen, aber nach allem, was ich noch weiß, spielt ein Elefant namens Morten eine große Rolle zwischen den beiden.
»Wir sollten uns unbedingt mal treffen. Wir sehen uns kaum noch«, sage ich, um Matt eine Verschnaufpause zu geben.
»Ja, das wäre wirklich toll, nicht wahr, Schatz?« Lächelnd sieht er zu Lu, die begeistert nickt. »Ja, absolut. Ich wünsche mir schon lange, Matts Freunde mal kennenzulernen.«
Die Schlange vor uns hat sich aufgelöst und Matt und

Lu stehen nun vor Hannah und Jake. Da ich hinter ihnen bin, kann ich alles genau beobachten.
Als Hannah Matt sieht, zucken ihre Mundwinkel nervös. Sie ist unsicher.
»Hallo Hannah«, lächelt Matt, küsst sie rechts und links auf die Wange. »Ich wünsche dir von Herzen alles Gute.« Er räuspert sich verlegen. »Ich bin gekommen, um mich bei deinem Mann zu entschuldigen«, sagte er und blickt zu Jake.
Die Leute um uns herum verstummen, da die meisten die Geschichte zwischen Hannah, Matt und Jake kennen. Für einen kurzen Augenblick ist die Atmosphäre angespannt.
»Ich habe viel falsch gemacht und Dinge gesagt, die mir heute leidtun. Ich habe Hannah verstanden und ohne sie hätte ich meine Frau Lu nie kennengelernt.« Er sieht zu ihr und lächelt kurz.
»Ich habe erkannt, dass wir immer viel eher Freunde waren als alles andere, Hannah. Du hattest recht und ich hoffe, ihr könnt meine Entschuldigung annehmen.« Er streckt Jake seine Hand entgegen und sieht ihn abwartend an.
Wenn wir nicht auf einer grünen Wiese stehen würden, dann könnte man eine Stecknadel fallen hören.
Jake zögert, schaut Matt ernst an, doch dann wandelt sich seine eiskalte Miene in ein warmes Lächeln.
Erleichtert atmet Matt aus, als Jake seine Hand ergreift.
»Vergessen wir, was damals war«, sagt Jake.
»Vielleicht können wir Freunde werden.«
Hannah nimmt Matt in die Arme. Sie ist sichtlich froh und errötet.
Matt lächelt zufrieden. »Darf ich euch meine Frau

Lucinda vorstellen?« Lu tritt vor und gratuliert den beiden. »Herzlichen Glückwunsch. Sagt einfach Lu zu mir.«
»Danke, Lu. Wir freuen uns, dass ihr hier seid ... Also, Hannah und mir würde es viel bedeuten, wenn ihr an unserem Tag unsere Gäste seid. Bitte bleibt«, sagt Jake und legt seinen Arm um Hannahs Taille.«
»Ehrlich?« Matt sieht zu Lu, die strahlend mit den Schultern zuckt und ihm so zu verstehen gibt, dass sie gerne bleiben würde. »Gern, wenn euch das nichts ausmacht. Es wäre uns eine Ehre.«
Innerlich verdrehe ich schon die Augen über so viel Schmalz. Aber Matt war noch nie anders und das liegt an seiner Erziehung – Junge aus gutem Hause und so. Aber ich freue mich und bin erleichtert.
Als Lu und Matt zur Seite treten und Liam und ich endlich an der Reihe sind, falle ich meiner Freundin um den Hals.
»Oh Hannah, ich freue mich so für dich! Herzlichen Glückwunsch.« Ich muss mir eine Träne verkneifen. Sie sieht so unglaublich glücklich aus. Sie ist die schönste Braut, die ich jemals gesehen habe.
»Danke, Lisa.« Sie sieht mich an – voller freundschaftlicher Liebe. Bevor ich nun wirklich anfange zu weinen, küsse ich sie schnell auf die Wange, löse mich von ihr und umarme den Ehemann meiner besten Freundin. Ich fühle mich ein wenig melancholisch, weil die Geschichte der beiden sich wie ein Märchen anfühlt.

***

Die Hochzeitsfeier ist im vollen Gange. Liam und ich

sitzen zusammen mit Lu und Matt, Tante Nancy und ihrem neuen Lover, der locker ihr Sohn sein könnte, und drei weiteren Gästen, die ich nicht kenne, am Tisch. Eine Band spielt Livemusik und Kellner schenken Getränke aus, während ein paar kleine Kinder tobend über die Wiese rennen.
Am Nachmittag schneiden Jake und Hannah die Hochzeitstorte an und verteilen die Stücke.
»Wow! Die Torte sieht toll aus, ist aber bestimmt sehr süß. Willst du auch ein Stück probieren?«, frage ich Liam. Er ist schon eine Weile so still. Manchmal überkommt mich in diesen Minuten die Angst. Ich versuche, mir das nie anmerken zu lassen, aber eine gewisse Unsicherheit habe ich trotzdem noch.
Er grinst und lehnt sich zu mir rüber. »Statt einem Stück Torte könnte ich mir jetzt etwas ganz anderes vorstellen. Du siehst sehr sexy aus in deinem Brautjungfernkleid – zum Anbeißen«, flüstert mir Liam ins Ohr und sofort reagiert mein Körper, sendet ein kleines, süßes Zucken durch meinen Unterleib. Junge, Junge!
»Du bist wirklich unersättlich«, lache ich, stehe auf und wackle betont mit dem Hintern, weil ich weiß, dass Liam mir hinterherschaut.
Natürlich hat Tante Nancy Augen im Kopf und versteht mein Spiel sofort. Als ich zurückkomme, grinst sie mich an. »Wie ich sehe, geht es dir wirklich gut. Ich bin sehr froh, Liam, dass sich alles zum Guten für euch gewendet hat.«
»Lisa hat mir keine andere Wahl gelassen«, scherzt er.
Matt blickt zu uns. »Manchmal muss man auch zu seinem Glück gezwungen werden, stimmt´s, Lu?«
»Oh ja, das kann ich nur bestätigen«, sagt sie grinsend.

»Sag mal, Matt, ich habe gehört, du hast eine Tierschutzorganisation gegründet. Was hat es damit auf sich?«, will ich wissen. Das passt überhaupt nicht zu dem Matt, den ich kenne. Aber so, wie es aussieht, hat Lu ihn sehr verändert und ich kann schon den ganzen Nachmittag miterleben, wie aus einem Snob ein leidenschaftlicher Mann geworden ist, der endlich zu seinen Gefühlen stehen kann.
»Oh, das musst du Lu fragen. Sie ist die Präsidentin von AFL und auch für die Pressearbeit zuständig.«
»Red doch nicht so geschwollen, Matt«, tadelt sie ihn lachend und richtet sich dann an mich. »Matts Firma unterstützt ein paar Hilfsprojekte. Wir sammeln Geld auf verschiedenen Galas und Wohltätigkeitsveranstaltungen. Wenn du möchtest, kann ich dir gerne mal mehr darüber erzählen.« Sie macht große Augen. »Oder besser, ich lade euch mal ein. Wir haben eine Aufzuchtstation, in der wir gerade entzückende Elefantenkinder aufpäppeln, nur ein paar Flugstunden von hier. Es würde euch bestimmt gefallen.«
Wow! »Ja, sehr gern. Ich habe noch nie einen Elefanten gesehen.«
»Ich mag Elefanten«, sagt Liam. »Wo kommen diese denn her?«
Lu scheint ganz in ihrem Element zu sein. Ihre Augen strahlen, wenn sie von ihren Tieren berichtet. Ich mag sie, sie ist ein natürlicher Typ, wenn auch etwas flippig. Ihr Bericht wird durch einen Tusch der Band unterbrochen. Hannah steht in der Mitte der Wiese und hat ein Mikrofon in der Hand. »Meine Lieben, bevor Jake und ich in die Flitterwochen abreisen, würde ich gerne meinen Brautstrauß an eine noch

unverheiratete Dame loswerden. Deshalb bitte ich alle Mutigen nach vorn.«
Hannah legt das Mikrofon beiseite und wartet auf die jungen Mädchen.
»Los! Was sitzt du hier rum? Schwing deinen Hintern da hin, aber flott!« Innerlich verfluche ich meine Tante.
»Ja, ja, ich geh ja schon, aber du kommst gefälligst mit«, entgegne ich und ziehe sie einfach hinter mir her.
Zu Tante Nancy und mir gesellen sich noch weitere Frauen. Die Leute fangen an zu lachen und erst kann ich nicht sehen, warum. Ich trete aus der hinteren Reihe hervor.
Granny hat etwas Mühe, über die Wiese zu rollen. Aber sie gibt nicht auf und Hannah wartet höchst amüsiert, bis sie ihren Platz ganz vorne bei den Junggesellinnen eingenommen hat. »Da gibt es überhaupt nichts zu lachen, Leute. So ein Brautstraußwurf ist eine ernste Sache – vor allem für Frauen in meinem Alter«, sagt sie und die Leute brechen in Gelächter aus.
Im Hintergrund hört man, wie Jakes Mutter immer wieder nach ihr ruft. »Mutter! Komm zurück!«
Hannah hat mir schon einiges von Granny erzählt und sie tatsächlich mal zu erleben, hat schon etwas für sich. Sie ist wirklich ein Unikat.
»So, Hannah-Schätzchen, es kann losgehen. Ich bin so weit«, sagt sie und streckt vollmotiviert ihre Arme in die Luft, die wie Tentakeln auf den Brautstrauß warten.
Ich kichere laut mit den anderen Gästen. Granny ist wirklich zum Totlachen komisch.
Hannah dreht sich um und die Band spielt einen Trommelwirbel, während von Drei runtergezählt wird.
»Drei ... Zwei ... Eins.«
Hannah nimmt Schwung und wirft ihren Brautstrauß

in die Luft. Er dreht sich und kommt direkt auf die Mädchen zugeflogen, die ihre Hände danach ausstrecken.
Aber leider ist Hannah noch nie wirklich gut in Sport gewesen. Sie wirft den Strauß zwar hoch, aber nicht weit genug. Dadurch droht er, ein paar Meter vor der Meute ins Gras zu fallen.
Doch genau im richtigen Augenblick gleitet Granny in ihrem Rollstuhl weit genug nach vorn, sodass ihr der Blumenstrauß direkt in den Schoss fällt. Sofort ergreift sie ihn und streckt ihn triumphierend in die Höhe. Dabei lacht sie schallend.
Die Menge ist begeistert und klatscht.
Ihr Pfleger betritt die Wiese. Sie hält ihm den Brautstrauß entgegen und wedelt damit auffordernd vor seiner Nase herum. Er grinst, verliert aber sämtliche Farbe aus seinem Gesicht. Das Gelächter der Menge wird lauter und dröhnender, nur Jakes Mutter ist knallrot und findet es total peinlich.
Also ich finde es großartig und setze mich beschwingt zu Liam.
»Die ist wirklich grandios«, sagt er und lacht immer noch, während der Pfleger Granny zurück an ihren Platz schiebt.
Die Sonne geht langsam unter, überall werden Kerzen angezündet. Die Musik setzt ein und Hannah und Jake beginnen ihren Hochzeitstanz. Danach werden sie in die Flitterwochen abreisen.
Alle Augen sind auf die beiden gerichtet, nur Liams Blick nicht, denn dieser durchbohrt mich. Ich spüre es genau und es geht mir durch und durch.
Ich blicke zu ihm. Er ist ernst, fast so, als würde er über etwas nachdenken, doch dann lächelt er und erreicht

damit, dass ich mich an ihn lehne. Mein Rücken ruht jetzt an seiner Brust und er legt seine Arme um meine Mitte. Gemeinsam sitzen wir da und sehen Hannah und Jake zu.

Als die Musik endet, ist es dann so weit. Ein letztes Mal greift Jake zum Mikrofon.

»Meine lieben Gäste, Hannah und ich sind überglücklich, dass ihr alle heute diesen großen Tag mit uns gefeiert habt. Esst, trinkt und tanzt – feiert weiter! Ich werde jetzt meine süße Frau entführen und wir sehen uns in ein paar Wochen wieder ... Ach, danke an alle, besonders an meine Granny.« Er haucht ihr einen Kusshand zu und Granny tut so, als würde sie sie auffangen und sich auf ihre Wange heften.

Wir applaudieren, während Jake Hannah an die Hand nimmt und winkend den Garten mit ihr verlässt. Die Musik setzt ein und einige Paare beginnen zu tanzen. Seufzend blicke ich zu Liam. Plötzlich steht er auf, nimmt meine Hand und zieht mich mit sich.

»Liam, was hast du vor?«

Er antwortet nicht, führt mich ein Stück über die Wiese. Ein Kellner mit einem Tablett kreuzt unseren Weg. Ganz frech nimmt Liam die Weinflasche, die der verdutzte Kellner balancierend über die Wiese trägt, und marschiert einfach mit mir an der Hand weiter Richtung Pool. Was hat er nur vor?

Abseits der Feier setzen wir uns auf zwei Liegestühle. Das hellblaue Wasser glitzert, sofort bekomme ich Lust, meine Füße in das Nass zu stecken. Er öffnet die Flasche und reicht sie mir. Ich trinke ein paar Schlucke.

»Ich muss dir etwas sagen«, beginnt er und sofort rutscht mir das Herz in die Hose. Ich sehe ihn an und versuche, etwas aus seiner Miene zu deuten.

»Bevor du das erste Mal in meine Wohnung eingebrochen bist, war ich dabei, eine Riesendummheit zu begehen.«

Ich runzele die Stirn.

»Mir ging es sehr schlecht. Ich hatte ständig diese Träume, konnte kaum schlafen, mich quälten die Gedanken und die Erinnerungen. Irgendwann fing ich an, ab und zu mal eine Tablette zu nehmen, denn dann träumte ich nicht. Aber bald reichte das nicht mehr und ich fing an, mehrere zu schlucken.«

»Was hast du genommen?«, frage ich misstrauisch.

Er zögert, doch dann antwortet er geradeheraus.

»Schlaf-, Schmerz- und Beruhigungstabletten ... Ich wusste, dass diese Substanzen alles zerstören konnten, was ich plante, weil ich dadurch nicht mehr ich selbst war. Aber es war so schwer für mich, weil die Träume und Erinnerungen mir wirklich zusetzten. Ich glaubte, ich würde verrückt werden. Ich redete mir ein, es auch ohne zu schaffen, bis ich eines Nachts wieder völlig fertig wegen der Albträume war. Zuerst funktionierte es ohne Medikamente, doch je länger ich nichts nahm, desto schlimmer wurde es. Und als der Augenblick gekommen war, als ich die Tabletten nehmen wollte, passierte etwas, wofür ich heute sehr dankbar bin.«

Er nimmt meine Hand und hält einen Moment inne.

Ich platze fast vor Neugier.

»Und was?«

»Du musst dir vorstellen, der schrecklichste Dämon zerrt an dir und gibt erst Ruhe, wenn du ihn mit Tabletten fütterst, die direkt vor deiner Nase liegen. Ich kämpfte dagegen an, griff schon danach, da hörte ich deine Stimme in meinem Kopf. Ich kann dir nicht sagen, was genau passierte, aber dadurch konnte ich

dem Drang nach dem künstlichen Frieden in eine andere Richtung lenken.« Was will er mir damit sagen? Ich bin durcheinander und stehe auf, weil ich so besser denken kann. »Willst du mir etwa beichten, dass du ein Drogenproblem hast? Ich dachte, diese Zeit hättest du schon lange hinter dich gebracht, in deiner Jugend?« Angst keimt in mir auf.
»So ist es auch. Die Lösung warst du – die ganze Zeit über. Ich war einfach nur zu blöd, es gleich zu kapieren, Lisa. Du hast mich gerettet. Ich bin seitdem sauber, ich habe mich davon befreit, die Tabletten habe ich die Toilette hinuntergespült. Und das alles, weil ich durch dich keine Albträume mehr habe.«
»Warum hast du mir nie etwas davon erzählt?«
Er zuckt mit den Schultern. »Ich schämte mich. Wir hatten beide genug um die Ohren, die letzten Monate.«
Ich nicke. »Das stimmt.«
Er steht auf und tritt zu mir. Dann nimmt er meine Hand und geht auf die Knie. Sofort ist mein Mund trocken und mein Herz fängt zu rasen an. Ich starre auf ihn hinunter. Er wird doch nicht ...?
»Ich mache dir keinen Antrag, keine Angst.«
Sofort entspanne ich mich ein wenig.
»Aber ich will dir eine andere Frage stellen.«
Er sieht mich mit seinen schokoladenbraunen Augen an und innerlich bebe ich vor Liebe zu ihm. »Mein Leben war verkorkst, du weißt das. Ich bin nicht perfekt, habe wirklich grobe Macken und Fehler. Ich bin mürrisch und launisch, verschwiegen und manchmal kann ich auch meine Klappe nicht halten. Aber du gibst mir das Gefühl, ein besserer Mensch zu sein, du vervollkommnest mich, bei dir fühle ich mich richtig und gut.

Ich liebe dich, Laura Melory – Lisa Green. Eigentlich schon vom ersten Augenblick an – damals im Maboo. Aber ich Idiot habe es erst verstanden, als ich auf dem Heimweg von Alex war. Du hast mich verändert und du hast dafür gesorgt, dass ich wieder Ich sein kann. Die erste Hälfte unseres Lebens war Mist! Aber jetzt können wir alles selbst entscheiden. Bitte, bleib bei mir. Ich meine, so richtig ..., in einer gemeinsamen Wohnung. *Du und ich* ... und Mimi, natürlich.«

Er sieht mich so hoffnungsvoll an, dass ich nicht lange für eine Antwort brauche. Doch in meinem Hals steckt gerade dieser Kloß, den ich nicht loswerde.

Diesmal kann ich gegen die Tränen nichts unternehmen, sie steigen auf und laufen über mein Make-up. Meine Liebe schlägt gerade Purzelbäume, die kein Mensch kontrollieren kann. Ich bin überwältigt, knie mich zu ihm hinunter, sodass wir uns in die Augen sehen können.

Wir sind uns nahe, schmecken unseren Atem und spüren die Wärme des anderen.

»Ja, *du und ich*, wir haben *ein neues halbes Leben* verdient. Wir werden uns etwas Schönes suchen und von vorne beginnen.« Wir küssen uns zärtlich.

»Ist das jetzt das totale Happy End?«, frage ich.

Er grinst. »Absolut, Baby!«

Was wurde aus …

Lisa Green und Liam Norris
ziehen in eine gemeinsame Wohnung, zum Spaß steigen beide beim Einzug über das Fenster ein.
Lisa schmeißt ihr Architekturstudium und Liam holt seinen Schulabschluss nach. Ein Jahr später eröffnen sie ihre eigene kleine Cocktailbar, welche Lisa nach Liams Wünschen entworfen hat.
Durch die Liebe von Lisa kann Liam die Schatten seiner Vergangenheit endgültig hinter sich lassen und seine inneren Dämonen bezwingen.

Hannah und Jake
verbringen wundervolle Flitterwochen in Europa. Jake unterstützt Liam mit der Bar und wird Teilhaber. Hannah erwartet ihr erstes Kind – einen Jungen. Lisa und Liam dürfen die Paten sein.

Matt und Lu
werden enge Freunde von Hannah und Jake. Lu lädt Lisa und Liam zu einer Gala ein und sie lernen die AFL kennen. Liam wird Pate eines kleinen Elefantenbabys namens Morten Junior, den Lu aus einem Zirkus aus Russland gerettet hat.

Tante Nancy
betreibt weiterhin erfolgreich ihre Kunstgalerie. Ein halbes Jahr später entschließt sie sich, Ehe Nummer fünf einzugehen, jedoch gibt sie nach acht Monaten schon wieder die Trennung bekannt. Zum Trost gönnt sie sich den neuen »The One« von New York.

Aidan
absolviert sein Studium an der Uni und bekommt danach ein tolles Angebot von einem der renommiertesten Architekturbüros an der Ostküste. Er akzeptiert, dass Lisa nie die gleichen Gefühle für ihn hatte, und verabschiedet sich von ihr in aller Freundschaft.
Nach etlichen Affären merkt er, dass er auf Jungs steht.

Granny
zieht in eine beliebte Senioren-Residenz nach Florida. Dort mischt sie die Golden Oldies auf, wird umgarnt von vielen Verehrern und treibt das Personal mit ihrer schlagfertigen und ehrlichen Art in den Wahnsinn. Hannah und Jake besuchen sie oft. Sie verbringt noch viele heiße Lebensabende unter Königspalmen.

Stella
arbeitet bis heute im Neil´s und vermisst Lisa sehr. Sie muss nun mit der verhassten, jungen Kollegin vorlieb nehmen, die alles andere im Kopf hat, als zu arbeiten. Des Öfteren hat sie Neil schon im Aufenthaltsraum mit ihr beim ... erwischt.

Phil, Maggy und der kleine Jason
leben weiter zufrieden in Little Falls. Seine Eltern erzählen dem kleinen Jason, was damals vorgefallen ist und helfen ihrem Sohn, mit den Mobbingproblemen in seiner Schule umzugehen. Da er nun weiß, dass sein Vater ein Held ist und den größten Verbrecher aus Little Falls eingesperrt hat, ist sein Selbstbewusstsein viel größer geworden und er kann sich sehr gut verbal

zur Wehr setzen.
Der Junge liebt es, Lisa und Liam in New York zu besuchen.

Tante Augusta und Onkel Morris
lassen sich scheiden. Seit dem Vorfall an Weihnachten kann Morris sich seiner Exfrau gegenüber durchsetzen und ihr endlich die Meinung sagen. Er hat sie aus dem gemeinsamen Haus rausgeschmissen und dank des Ehevertrages bekommt sie auch keinen Cent von Onkel Morris‘ kleinem Vermögen.

Die Cousinen Natalie und Mira
Während Natalie zu ihrer Mutter hält, bleibt Mira bei ihrem Vater. Sie kann sich sogar mit Lisa anfreunden und besucht sie hin und wieder in New York.

Mr. Holding
ist sehr traurig über den Verlust seines Sohnes. Er hat gespürt, wie sehr sich dieser gequält hat, aber über die Tiefe der Depressionen ist er sich nicht bewusst gewesen. Sein einziger Trost ist die kleine Emilia.

Melissa (Mel)
hat schon länger geahnt, dass Alex seine Vergangenheit nicht vergessen konnte. Das ist auch der Grund, warum ihre Beziehung auseinanderbrach. Nach Alex´ Tod bleibt sie bei Mr. Holding und gemeinsam ziehen sie die kleine Emilia auf.

Logan
ist erleichtert, als er mitbekommt, dass sein Freund Liam nicht der Mörder von Mason Melory ist und sich

umgebracht hat. Bis heute sind Liam und er enge Freunde. Auch Lisa schließt er in sein Herz. Er hilft ihnen bei der Renovierung ihrer neuen, gemeinsamen Wohnung.

Mimi
das kleine Kätzchen von Lisa, lebt mit den beiden zufrieden in der neuen Wohnung und hat Nachwuchs bekommen.
Eines der Kätzchen bekommt ein neues Zuhause bei Stella, das andere leistet Sandy, Matts Schwester, Gesellschaft.

Zum Schluss ...

möchte ich ganz herzlich DANKE sagen.

Danke Anja Horn. Von der Idee bis zum letzten Satz habe ich mich immer auf dich verlassen können. Ohne dich wären Hannah & Jake, Matt & Lu, Lisa & Liam niemals so real und absolut authentisch geworden.

Danke Lisa Frank (Bookrix) für deine Unterstützung deinen unermüdlichen Einsatz und deine so wertvollen Ratschläge. Ich bin so froh, dass ich bei dir gelandet bin!

Danke Sandra Nyklasz (Bookrix Lektorin) für deine Geduld und deine Ausdauer. Ich freue mich schon auf die neuen Projekte mit dir.

Danke Vivian Tan für die wundervollen Cover dieser Reihe. Du hast dich selbst übertroffen. Täglich schreiben mir Leser, wie schön und ansprechend deine Arbeiten sind.

Danke meinem Bookrix Team - Gunnar, Nils, Sandra, Andreas, Lisa und Julia. Leute, ihr seid großartig! (Falls ich jemanden vergessen habe - entschuldigt bitte.)

Danke Renate Heilemann von Nadys Bücherwelt für deine Begeisterung, deine wundervollen Rezensionen und deine Freundschaft. Du bist genauso buchverliebt

wie ich, deshalb finden unsere Gespräche nie ein Ende - dafür schätze und bewundere ich dich.
Alle Rezensionen zu meinen Büchern und zu vielen weiteren tollen Autorenkollegen findet ihr bei Nadys Bücherwelt. Schaut doch einfach mal vorbei:

http://nadys-buecherwelt.jimdo.com/

Danke Beate Döring von Buchplaudereien für deine Ehrlichkeit und deine Freundschaft. Es war eine tolle Zeit und hat Spaß gemacht, zusammen mit dir, eine Besonderheit für Jake auszudenken. Etwas besseres hätten wir für ihn nicht finden können.
Ohne deinen Scharfsinn müssten so manche Protas in verrückte und komplizierte Körperhaltungen ausharren.
Du bist ein Teil von YOU & ME und ich bin sehr dankbar dafür.
Besucht Beates Blog, und ihre zauberhaften Rezensionen:

http://www.buchplaudereien.de/

Danke Jenny Wäldchen für deine unglaublich nette Art und deine Hilfe. Auf dich kann ich mich immer verlassen, auch wenn du viel um die Ohren hast - mein ganz persönlicher Sherlock Holmes.

Danke Dina Dokara. Egal wann, egal wie, du findest alles. Das liegt dir einfach im Blut und Gott sei Dank habe ich dich gefunden.

Danke Heidi Rochler deine Begeisterung für YOU &

ME und seine Charakteren, waren meine ständige Ermutigung und mein Antrieb. Durch dein Fingerspitzengefühl und deine Menschenkenntnis wurden meinen Figuren Leben eingehaucht.

Danke Alexandra Bender für deine Unterstützung, Hilfe und deine Begeisterung für meine Geschichten. Was würde ich bloß ohne dich machen?

Danke an meinen Mädels Alison Evans, Michelle Ward und Kerstin Krepper, dass ihr immer an mich geglaubt und mich ermutigt habt, dass ihr für mich da seid, egal zu welcher Tages- oder Nachtzeit!
Friends for ever!

Danke Stinchen. Ich freue mich über deine offene Art und deine Hilfsbereitschaft - gib niemals auf und bleib wie du bist.

Mea Suna – Seelensturm Band 1
Bestseller 2014

»Er war ein Taluri, gefährlich, stark und geheimnisvoll. Und obwohl mir klar war, dass er meine Schwester töten will, war ich fasziniert von ihm.«

Die junge Jade Lewis belauscht heimlich ein Gespräch ihres Onkels. Ihre 4 Minuten jüngere Zwillingsschwester Amy soll in tödlicher Gefahr schweben. DER TALURI, ein eiskalter Killer, hat den Auftrag sie zu töten. Mutig beschließt Jade, für das Leben ihrer Schwester zu kämpfen und ist fest entschlossen, sich jeder Gefahr zu stellen. Als sie dem

Taluri gegenübersteht, löst er verwirrende Emotionen in ihr aus. Kann Jade hinter das Geheimnis der Taluris blicken?

Leserstimmen:

Wow! Ich bin absolut begeistert von dieser wirklich packenden Geschichte, die mich nicht losließ.

Als ich Mea Suna auf den Kindle geladen habe, dachte ich, es handle sich um einen ganz netten Jugendroman mit einem bisschen Fantasie. Ich hatte nicht erwartet, dass der Roman soooo gut ist.

Ich habe noch nie einen Fantasie-Roman gelesen. Aber trotzdem, oder gerade deshalb hat mich die Geschichte so gefesselt. Es ist eine Fantasie-Story in der Neuzeit. Es liegt eine Menge Liebe und Kribbeln in den Zeilen.

Band 2 Mea Suna – Seelenfeuer im Handel

Herbst/Winter 2015
Band 3 Mea Suna – Seelenschmerz
Band 4 Mea Suna – Seelentod

Impressum:

ISBN-13: 978-1511673280
ISBN-10: 1511673281

Autorin:
Any Cherubim
www.any-cherubim.jimdo.com

Lektorat/Korrektorat:
Anja Horn/Sandra Nyklasz

Umschlaggestaltung:
Bildgestaltung: Vivian Tan Ai Hua
www.facebook.co/aihua.art
Bildmaterial: „Alehyn_Andrei" -Shutterstock.com
und „Keo" -Shutterstock.com

Herstellung Druck:
On-Demand Publishing LLC
100 Enterprise Way
Suite A200
Scotts Valley, CA 95066
www.createspace.com

6299590R00211

Printed in Germany
by Amazon Distribution
GmbH, Leipzig